刑法総論

CRIMINAL LAW: GENERAL PART

著・内田幸隆
　　杉本一敏

有斐閣ストゥディア

本書のコピー，スキャン，デジタル化等の無断複製は著作権法上での例外を除き禁じられています．本書を代行業者等の第三者に依頼してスキャンやデジタル化することは，たとえ個人や家庭内での利用でも著作権法違反です．

はしがき

　本書は，初学者向けに書かれた「刑法総論」の概説書です。「刑法総論」とは，「刑法」という法律分野の「総論」に当たる部分をいいます。

　とはいえ，これでは説明になっていませんから（笑），「英語」の学修にたとえてみましょう。英語を身につけようとするとき，具体的な「単語」や「熟語」や「表現方法」から入っていく，というやり方もあれば，まずは「文法」のルールをひと通り頭に入れる，というやり方もあるでしょう。そして多くの場合は，両方のやり方を併用するでしょう。そして，「刑法」でいえば，1つ1つの犯罪の成立要件がどのようなものかを考えるのが，英語の「単語」や「熟語」を身につけることに当たります。また，すべての犯罪の成立について前提となる一般的なルールがどのようなものかを考えるのが，英語の「文法」のルールを身につけることに当たります。刑法でも，両方の学修のやり方を併用することが望ましいのかもしれませんが，本書では，まず刑法の一般的なルールに焦点を当てて考えていきます。

　「刑法」についてもう少し詳しく言いますと，「刑法」とは，人が犯罪を行ったときに，その人を処罰するための法律です。刑法による処罰が認められるためには，問題の行為が，刑法が定めている何らかの「犯罪」に当たらなければなりません。このように，人の行為が刑法の定める「犯罪」に当たるか，という判断を行うときも，いわば一般的な「文法」に当たるルールと，具体的な「単語」や「熟語」に当たる各種犯罪についての細かい知識との，両方が必要になるのです。そして「刑法総論」というのは，そのうちの前者の，「文法」に当たる一般的なルールについて勉強する分野です。

　具体的に言うと，刑法という法律は，「第1編　総則」と「第2編　罪」の2部構成でできています。このうち，「第1編　総則」には，犯罪が成立するか否かを判断する際にいつも関係してくる一般的なルールが置かれています。例えば，「総則」に置かれている刑法41条は，「14歳に満たない者の行為は，罰しない」と規定していますが，このルールは，殺人であれ，窃盗であれ，放火であれ，どんな犯罪が問題になる場合であっても適用される一般的な決まり

です。「刑法総論」という分野においては，このように，刑法の「第1編　総則」に規定されている各種規定と，それに加えて，（「第1編　総則」には規定されていないけれども）各種の犯罪に共通する原理・共通するルールについて，検討を行います。これに対して，いわば「単語」や「熟語」の知識の修得に当たるのが，「刑法各論」の分野です（そこでは，殺人罪，窃盗罪，放火罪，などなど，1つ1つの具体的な犯罪について，その成立に必要な条件を検討していきます）。

　このように，犯罪の成否を判断するにあたっては，従うべき「文法」とでも言えるような「体系」があります。これを「犯罪論体系」と呼びます。この「犯罪論体系」に従って，あらゆる事件における犯罪の成否が判断されます。本書の序章，および第1章❸において，犯罪論体系の「全体像」が簡単に示されています。本書の第2章〜第10章では，いよいよ，この犯罪論体系に沿って，犯罪成立判断のための一般的ルールを1つ1つ見ていくことになります。しかし，その前に，本書の第1章❶では，およそ「刑法」や「刑罰」というものが果たす役割について一般的に考え，第1章❷では，「罪刑法定主義」という刑法の「大原則」について触れています。最後に，本書の第11章では，刑法が定めている「刑罰」について簡単に説明しています。

　以上で見たように，「刑法総論」というのは，判断のための1つの大きな「枠組み」（体系）を勉強する分野です。したがって，本書の各部分の内容も，お互いに（体系的に）関連性を持っています。そのため，何度も前の部分に立ち戻って，内容の相互関連性を確認しながら勉強を進める必要が出てきます。これはなかなか大変な作業ですが，いったん全体の関連性がつかめたならば，犯罪成立判断のための全体的な「地図」が手に入ったことになります。あとは，その「地図」をもとに（場合によってはそれを修正しながら），具体的な事例・事件における犯罪の成否を，自分で考えることができるようになります。

　本書は，初学者向けの，いわば「ハンディ地図（マップ）」を目指したものです。読者のみなさんが自分自身の本格的で確固とした「地図」を手に入れるために，本書が何らかの手助けになればと願っています。

　　　2019年9月

内田幸隆　杉本一敏

著者紹介

* [ ]内は担当箇所

<ruby>内<rt>うち</rt></ruby> <ruby>田<rt>だ</rt></ruby> <ruby>幸<rt>ゆき</rt></ruby> <ruby>隆<rt>たか</rt></ruby>　　［第1章・第5章・第7章・第8章・第11章］

 2004年　早稲田大学大学院法学研究科博士後期課程単位取得満期退学
 現　職　明治大学法学部教授

<ruby>杉<rt>すぎ</rt></ruby> <ruby>本<rt>もと</rt></ruby> <ruby>一<rt>かず</rt></ruby> <ruby>敏<rt>とし</rt></ruby>　　[**序**章・第2章～第4章・第6章・第9章・第10章］

 2004年　早稲田大学大学院法学研究科博士後期課程単位取得満期退学
 現　職　早稲田大学大学院法務研究科教授

目　次

刑法総論

CHAPTER 0　刑法総論の見取り図　　1

1　刑法総論とは …………………………………………………… 2
2　刑法の構成 ……………………………………………………… 2
3　犯罪論体系 ……………………………………………………… 2
　　1　構成要件該当性（3）　**2**　違法性阻却事由（正当化事由）（3）
　　3　責　任（4）

CHAPTER 1　刑法の基礎理論　　6

1　総　説 ………………………………………………………… 7
　　1　刑法とはどのような法なのか（7）　**2**　刑法の目的とは何か（8）　**3**　刑法と倫理の関係（9）　**4**　自己を害する場合に刑法は介入できるか（9）　**5**　犯罪化・非犯罪化の根拠（10）　**6**　なぜ犯罪者に刑罰を科すのか（11）
2　罪刑法定主義 ………………………………………………… 14
　　1　罪と罰が法によって規定されることの意義（15）　**2**　法律主義（15）　**3**　明確性の原則（17）　**4**　事後法の禁止（18）　**5**　類推解釈の禁止（20）　**6**　刑罰法規の適正（実体的デュー・プロセス）（21）
3　犯罪論の概要 ………………………………………………… 22
　　1　犯罪が成立するまでの段階（22）　**2**　構成要件該当性（23）
　　3　違法性（23）　**4**　有責性（24）

CHAPTER 2　構成要件　　26

1　総　説 ………………………………………………………… 27
　　1　構成要件の意義（27）　**2**　犯罪成立の第1条件：構成要件該当

性（27）　**3**　構成要件の内容（28）　**4**　犯罪の種類（32）

２　因果関係 ……………………………………………………………… 35
　　1　総　説（35）　**2**　条件関係（事実的因果関係）（37）　**3**　相当因果関係・危険の現実化の問題事例（39）　**4**　相当因果関係説（40）　**5**　危険の現実化（44）　**6**　「危険の現実化」の判断方法（47）

３　不作為犯 ……………………………………………………………… 52
　　1　総　説（53）　**2**　成立要件その１：実行行為（55）　**3**　成立要件その２：保障人的地位（56）　**4**　成立要件その３：因果関係（65）

CHAPTER 3　故　意　68

１　故意論 ………………………………………………………………… 69
　　1　総　説（69）　**2**　故意の内容（71）

２　事実の錯誤 …………………………………………………………… 73
　　1　総　説（74）　**2**　具体的事実の錯誤（74）　**3**　因果関係の錯誤（80）　**4**　抽象的事実の錯誤（82）

CHAPTER 4　過　失　88

１　過失理論 ……………………………………………………………… 89
　　1　過失犯とは（89）　**2**　過失犯の要件（90）　**3**　予見可能性（93）

２　過失の諸問題 ………………………………………………………… 103

CHAPTER 5　違法性　110

１　総　説 ………………………………………………………………… 111
　　1　違法性の意義（111）　**2**　違法性の実質（112）　**3**　主観的違法論と客観的違法論（112）　**4**　行為無価値論と結果無価値論（113）

5 主観的違法要素の要否（114）　**6** 可罰的違法性の理論（117）

2 正当防衛 ……………………………………………………… 118
　　　1 正当防衛の意義（119）　**2** 違法性が阻却される根拠（119）　**3** 正当防衛の成立要件（122）　**4** 急迫性（123）　**5** 不正の侵害（126）　**6** 防衛意思（127）　**7** 防衛行為の必要性・相当性（129）　**8** 過剰防衛（131）　**9** 誤想防衛・誤想過剰防衛（135）　**10** 防衛行為と第三者との関係（137）

3 緊急避難 ……………………………………………………… 138
　　　1 緊急避難の意義（138）　**2** 緊急避難の法的性格（139）　**3** 緊急避難の成立要件（142）　**4** 現在の危難（142）　**5** 避難行為と避難意思（144）　**6** 保全法益（145）　**7** 補充性（145）　**8** 法益の均衡性（146）　**9** 自招危難（147）　**10** 過剰避難（148）　**11** 誤想避難（149）

4 法令行為・正当業務行為 ……………………………………… 150
　　　1 緊急行為と正当行為（150）　**2** 法令行為の意義（150）　**3** 法令行為の具体例（151）　**4** 正当業務行為の意義（152）　**5** 正当業務行為の具体例（152）

5 被害者の同意 ………………………………………………… 153
　　　1 超法規的違法性阻却事由の意義（153）　**2** 被害者の同意の意義（153）　**3** 被害者の同意と違法性阻却の根拠（155）　**4** 同意傷害の具体例（155）　**5** 同意の要件（157）　**6** 推定的同意（161）　**7** 危険の引受け（162）　**8** 安楽死・尊厳死（163）

CHAPTER 6　責　任　165

1 総　説 ………………………………………………………… 166
　　　1 責任とは（166）　**2** 刑法上の責任（167）　**3** 責任の要件（169）

2 責任能力 ……………………………………………………… 170
　　　1 責任能力（170）　**2** 刑事未成年者（173）

3 原因において自由な行為 …………………………………… 173

4 違法性の錯誤 ………………………………………………… 180
　　　1 総　説（181）　**2** 「違法性の錯誤」の場合の罪責（182）　**3** 事実の錯誤と違法性の錯誤の区別（185）

5 期待可能性 …………………………………………………… 189

CHAPTER 7 未遂犯　191

1 総説 …… 192
1 未遂犯の意義（192）　2 犯罪の発展段階（193）　3 未遂犯の処罰根拠（194）

2 狭義の未遂犯 …… 195
1 成立要件（195）　2 実行の着手（195）　3 行為意思・計画の考慮（196）　4 早すぎた構成要件の実現（197）　5 具体的危険の発生（198）

3 不能犯 …… 200
1 意義（200）　2 未遂犯と不能犯の区別（200）　3 判例の動句（203）

4 中止犯 …… 204
1 意義（204）　2 中止犯の法的性格（204）　3 中止行為（206）　4 任意性（209）

CHAPTER 8 共犯　213

1 総説 …… 214
1 正犯と共犯の類型（214）　2 正犯と共犯との関係（216）

2 間接正犯 …… 219
1 間接正犯の意義（219）　2 間接正犯と共犯との関係（219）　3 間接正犯の類型（221）

3 共同正犯 …… 223
1 実行共同正犯の成否（223）　2 共謀共同正犯の成否（224）

4 教唆犯 …… 226
1 教唆犯の意義（226）　2 教唆犯の要件（227）　3 未遂の教唆（228）

5 幇助犯 …… 228
1 幇助犯の意義（228）　2 幇助犯の要件（229）

6 共犯の諸問題 …… 233
1 共同の本質と錯誤の処理（233）　2 身分犯と共犯（234）　3 過失の共犯（238）　4 承継的共犯（240）　5 共犯からの離脱（242）

CHAPTER 9 罪数論　247

1. 罪数論の意義 …………………………… 248
2. 本来的一罪 …………………………… 251
3. 科刑上一罪 …………………………… 255
4. 併合罪 …………………………… 257

CHAPTER 10 刑法の適用範囲　260

1. 場所的適用範囲 …………………………… 261
2. 時間的適用範囲 …………………………… 265

CHAPTER 11 刑罰の種類　268

1. 刑罰の体系 …………………………… 269
2. 死刑 …………………………… 269
3. 懲役・禁錮・拘留 …………………………… 270
4. 罰金・科料 …………………………… 270
5. 没収・追徴 …………………………… 271
6. 刑の適用 …………………………… 271

事項索引 (276)
判例索引 (281)

本書を読む前に

1　本書の使い方

　本書は，はしがきで述べたとおり，「刑法総論」の分野を概説した教科書です。本書の「本文」では，刑法総論の重要事項を，できる限り幅広く記述しました。本書では，以下のような工夫が施されています。本書を読み進めるにあたっては，これらも利用していただければと思います。なお，本書は，入門的な教科書としての性質上，文献の引用は行っていません。

●リード文

　各章の冒頭に，リード文（その章で扱っている事柄についての，ごく簡単な導入）が設けられています。これを一読して，その章で扱われるテーマのイメージを持ってください。

●CASE

　各章においては，「CASE」として，具体的な事例が挙げられています。その章で問題となっているのは，その事例に示されているような論点です。まず，「CASE」を一読して，「このような場合に，犯罪は成立するのか，しないのか」ということを，少し考えてみてください。その「CASE」を念頭に置いて読み進めてもらえば，本文の説明内容がつかみやすくなると思います。なお，各章の本文の中では，それぞれの「CASE」に対する簡単な「解答」が示されています。

●注記

　各頁の端には，「注記」があります。ここでは，本文に出てきた用語について補足説明をしたり，若干の情報を補充したりしています。本文を読む際の参考情報として参照してください。

●発展的な理解のために

　本文中に，▶の記号で始まる，小さめの字で説明がなされている部分があり

ます。ここでは，やや発展的な事柄を説明したり，本文の説明に対する反対説の立場からの主張に言及したりしています。難しいと感じたら，この部分は（最初は）とばして読んでもらってもかまいません。余裕ができたら，一度，目を通してみてください。

● CHECK

各章（または各節）の最後には，「CHECK」項目が設けられています。これは，その章（または節）において説明がなされていた重要な点を，「質問」の形で，箇条書きでまとめたものです。これらの「CHECK」項目の質問に対して，自分の言葉で答えてみてください。思い出せない，十分に答えられない，と感じたら，もう一度，その章（または節）の該当部分に戻って，内容を確認してみてください。

2 本文中の表記について

● 法令名の表記

本文中（ ）内の条文引用で法令名の表記がないものは，原則として刑法の条文であることを示しています。その他の法令名については，正式名称が長いものに限り適宜通称を使用しています。

● 裁判例略語

大（連）判	大審院（連合部）判決	高判（決）	高等裁判所判決（決定）
最大判（決）	最高裁判所大法廷判決（決定）	地判（決）	地方裁判所判決（決定）
最判（決）	最高裁判所判決（決定）	簡判	簡易裁判所判決

● 判例集略語

刑録	大審院刑事判決録	刑月	刑事裁判月報
刑集	大審院（最高裁判所）刑事判例集	判時	判例時報
高刑集	高等裁判所刑事判例集	判タ	判例タイムズ
下刑集	下級裁判所刑事裁判例集		

※判決文中の旧字・旧かなづかいは，読みやすいように現代表記にあらためています。

CHAPTER 序章

刑法総論の見取り図

1 刑法総論とは

刑法総論では,「刑法が適用されて,犯罪が成立するか否か」ということを判断する,その「判断の仕方」を学ぶ。本書は,この「判断の仕方」について,各章で順を追って説明していく。最初に,全体の「見取り図」を示しておくことにしよう。

2 刑法の構成

「刑法」という法律は,「第1編　総則」(1条〜72条)と,「第2編　罪」(73条〜264条)という2つの部分で構成されている。前者は**総則**,後者は**各則**と呼ばれる。

3 犯罪論体系

それでは,「犯罪が成立するか否か」は,どのようなやり方で判断されるのだろうか。「刑法」という法律の中には,「犯罪の成否はこのような順番で,このように判断していきましょう」という手順やフローチャートが示されているわけではない。しかし,「刑法」という法律に見られる構成のあり方を手がかりにして,「犯罪の成否」を判断するための合理的なやり方を探っていくと,一定のフローチャートのようなもの(問題の事件に対して,順を追って1つずつ判断を加えていくことで,最終的に「犯罪が成立するか否か」を判断できるような判断の体系)が考え出されることになる。これを**犯罪論体系**と呼ぶ。どんな犯罪でも,原則として,この体系に従ってその成否が判定される。それでは,その内容を具体的に見ていこう。

1　構成要件該当性

　刑法の各則は、例えば、殺人罪（199条）、傷害罪（204条）、窃盗罪（235条）のように、「どのような行為によってどのような結果を生じさせると、どんな犯罪に当たるのか」ということを1つずつ規定している。各則の条文は、原則として、「〇〇した者は、××に処する」という形式になっている。この条文の前半部分（「〇〇した者は、」）は、その犯罪が成立するために必要な条件を定めている部分であり、これを犯罪の**構成要件**という。例えば、199条（殺人罪）は「人を殺した者は、……」と規定しており、ここから、刑法の定める殺人罪の構成要件は「人を殺した」ことである、ということがわかる[1]。

　そして、具体的な事件の事実関係が、各則の条文が定める構成要件に当たっているという判断を**構成要件該当性**という。例えば、XがAをけん銃で撃って死亡させた、という事実があった場合、この事実は殺人罪（199条）の「人を殺した」という構成要件に該当しているということになる。殺人罪、傷害罪、窃盗罪など、何らかの犯罪が成立するかを判断するための「第1の判断」は、事実が、各則の条文が定めている犯罪の構成要件に該当することである。

2　違法性阻却事由（正当化事由）

　構成要件に該当しただけでは、まだ犯罪が成立するとはいえない。各則の条文に該当する場合であっても、刑法が例外的に「罰しない」としている場合があるからである。例えば、正当防衛（36条）の条件を満たしていた場合には、「人を殺した」（殺人罪の構成要件に該当した）場合であっても、殺人罪は成立しない（例えば、Xが、Aに殺されそうになったので、自分の命を守るためにやむを得ずAを撃退し、殺害してしまった場合）。このように、刑法は、犯罪の構成要件に該当したとしても、例外的に「違法性がない（正当である）」として、犯罪に当たらないとさ

[1] なお、後半の「××に処する」の部分は、刑法の法的効果（刑罰による制裁）を示した部分であり、これを、その犯罪の**法定刑**という。例えば199条（殺人罪）の法定刑は、「死刑又は無期若しくは5年以上の懲役」である。

れる場合をいくつか規定している。これを**違法性阻却事由（正当化事由）**という。違法性阻却事由は，刑法の総則において規定されている。そういうわけで，事実が犯罪の構成要件に該当していても，「第2の判断」として，例外的に違法性阻却事由に該当し，不可罰となる余地はないかを判定することになる。

3 責任

　犯罪の構成要件に該当し，違法性阻却事由にも当たらないことになると，行為者のした行為が**違法**であることは確定する。しかし，犯罪成立のためには，まだ最後の「第3の判断」が残っている。刑法は，違法な行為に対して直ちに（例外なく）「刑罰」という制裁を科そうとしているわけではなく，一定の条件のもとで（行為者が違法な行為に出たことを非難できる場合に限って），制裁を科すことを予定している。行為者を非難することができる，と認められるための条件を**責任**の要件という。刑法は，総則において，故意があったこと（38条），責任能力があったこと（39条）などを責任の要件として規定している。行為者において，これらの責任要件が充足されていなかった場合には（責任阻却），犯罪は不成立となる。

　以上でざっと見てきた犯罪論体系を図にすれば，CHART 0.1のようになる。この犯罪論体系を構成している各段階（構成要件該当性，違法性阻却事由，責任）については，第1章3において詳しく触れる。

CHART 0.1 犯罪論体系

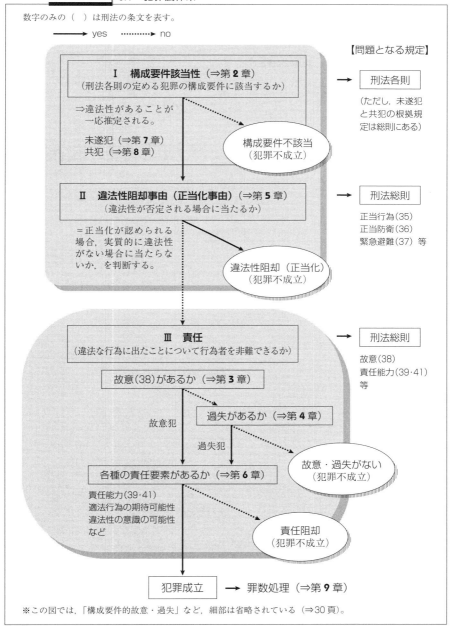

※この図では，「構成要件的故意・過失」など，細部は省略されている（⇒30頁）。

CHAPTER

第 1 章

刑法の基礎理論

　刑法とはどのような法なのであろうか。この章では，刑法が犯罪と刑罰を定める法であることを確認し，そこから刑法が社会においてどのような役割を果たしているかをみてみることにする。まず，どのような事態について犯罪化することができるのか，また犯罪が成立した場合に，なぜ刑罰を科すことができるのかを考えてみる。さらに，法律によることなく犯罪の成立を認めることはできないとする「罪刑法定主義」について，その根拠と具体的内容を検討する。そのうえで，犯罪の成立は，どのような評価のステップを踏んで認められることになるのか，その見取り図を描くことにする。

1 総説

1 刑法とはどのような法なのか

　刑法とは，**犯罪**とそれに対する**刑罰**を規定する法である。例えば，ナイフを突きつけてコンビニの店員を脅し，レジから金銭を奪えば強盗罪（236条）が成立し，5年以上の懲役に処せられる。これに対して，友人に投げたつもりのボールがそれで隣家の窓ガラスを壊しても犯罪にはならない。初めから狙って窓ガラスを割れば器物損壊罪（261条）が成立するが，誤って窓ガラスを割ってもそれに対応する犯罪がないからである。このように，刑法は，国民に対してどのようなことを行えば犯罪となるのかを明らかにするとともに，いくら害悪をもたらす行為であっても規定がなければ処罰しないことも明らかにしている。

　さて，いわゆる刑法とは，明治40（1907）年に公布された**刑法典**[1]をいい，何度かの改正を受けつつも，今に至るまで現役の役割を果たしている。ただし，犯罪と刑罰を規定する法は刑法典に限られない。例えば，軽犯罪法は比較的軽微な犯罪を処罰するが，犯罪と刑罰の規定をもつ以上，広い意味で刑法に属している。このように，広義の刑法には，一般法である刑法典（狭義の刑法）とその特別法[2]である**特別刑法**がある[3]。

　刑法は，「第1編　総則」と「第2編　罪」から成り立っている。前者には正当防衛や緊急避難，故意，責任能力，刑の種類，執行猶予など，個々の犯罪・刑罰に共通する規定が置かれており，前者の分野を主に扱うのが**刑法総論**である。他方で，後者には殺人罪や窃盗罪など，個々の犯罪の成立要件とそれに対する法定刑を定める規定が置かれており，後者の分野を主に扱うのが**刑法各論**ということになる。また，刑法学の対象は，いかなる場合に犯罪が成立するのかを検討する**犯罪論**と，それに対する刑罰の意義を検討する**刑罰論**に分かれている。

---

[1]
現行刑法が施行される以前には，明治13（1880）年に公布された旧刑法が施行されていた。旧刑法は，それ以前に存在した中国法系の新律綱領，改定律例と異なって，近代的・西欧的性格を有するものであった。

[2]
一般法とは，ある法分野において一般的に適用される法をいう。これに対して，特別法とは，その法分野において一般法に優先して適用される法をいう。したがって，特別法の適用がない限りは，一般法が適用されることになる。

[3]
「特別刑法」とは，「刑法典」以外の法律の中に規定されている犯罪規定（例えば，道路交通法の犯罪規定などを考えてみるとよい）を指す呼び方である。なお，刑法8条本文は，「この編の規定は，他の法令の罪についても，適用する」として，原則として刑法典「第1編　総則」の規定が特別刑法にも適用されることを定めている。

2 刑法の目的とは何か

なぜ刑法は社会において必要とされるのであろうか。例えば，Xに殴られて骨折したAが，民法上の損害賠償請求によりXから十分な治療費や慰謝料を受けてもなお不十分と感じてXの処罰を望み，実際にXが有罪判決を受けた場合，もしこの有罪判決が正当なものだとしたら，刑法の役割は，金銭上の損害回復とは異なる観点[4]から検討する必要がある。ここで刑法の一次的な目的は，**法益保護**にあると考えられている。つまり，犯罪には刑罰をもって対処すると明らかにすることにより，法によって守られるべき国民の生活利益（**法益**）[5]を維持しようとするのである。

ただし，法益保護のためとはいえ，国家が無限定に刑罰権を行使することは許されない。ここで刑法の二次的な目的は，**人権保障**にあると考えられている。あらかじめ刑法に規定されている場合にのみ犯罪の成立が認められるのであり（⇒②），このことが国民に明示されることによって国民一般の権利・自由を保障しようとするのである。

以上のように，国家は，法益が侵害される状況があってはじめて国民の行動に介入し，その自由を制限することができる[6]。しかし，法益が侵害される状況があるからといって直ちに刑罰権を行使してよいわけではない。というのも，刑罰は，科された者の生命，自由，金銭を奪うもの（⇒第11章）であって，極めて害悪の大きい手段だからである。刑罰権の行使は**最後の手段**であるべきであって，（行政処分，民事裁判による損害賠償など）紛争の解決にふさわしい他にとりうる手段があるのであれば，刑罰権を行使すべきでない（**刑法の謙抑性・補充性**）。また，刑罰権の行使が許される場合であっても，その行使は必要最小限にとどめるべきである。

---

[4] 刑法の役割と民法の役割は異なるというべきである。なお，法秩序の統一性という観点からは，民法上保護される利益だけが刑法上も保護されると考えるべきか検討する必要がある。

[5] 法益には，個人の生命，身体，自由，財産といった**個人法益**，その集合体，あるいは社会的な制度といった**社会法益**，国家の機構，制度といった**国家法益**が存在する。

[6] 国家が介入できるのは，行為者が他者の利益を侵害する場合に限られるということを**侵害原理**という。

3　刑法と倫理の関係

　刑法の目的が法益保護にあるとして，利益侵害の伴わない，単に倫理的に悪とされる行為を処罰することはできるであろうか。ある特定の価値観が社会に共有されているとしても，国民1人1人の道義観・倫理観は異なるのであるから，国家が特定の価値観を刑法でもって強制するのは避けるべきである[7]。

　例えば，見ず知らずの行き倒れた人を発見したとして，この人を救助すべきだろうか。たしかに，この人を救うことは倫理的に要請されていることではあるが，たとえ助けなかったからといって直ちに処罰することは疑問である。助けなければその人の健康状態は悪化するであろうが，助けるべき法的**義務**がない限り，またその義務が刑法上のものであって刑罰でもって義務の履行が命じられている場合でない限り，不救助は処罰されない。

　以上のように，倫理的な忌避・要請は，刑法上の禁止・命令と一応は区別されるべきであって，処罰の領域に取り込むべきでないのである。

[7] これに対して，法の目的は社会倫理の維持にあるとする考え方（モラリズム）もある。

4　自己を害する場合に刑法は介入できるか

　他者の利益を侵害する場合に限って刑法は介入することができるということは，第三者からみていかに馬鹿げたことであっても，自己の利益を害したり，放棄する場合には刑法は介入することができないことも意味している。例えば，新築の家の所有者がその家の出来栄えが気に入らないからといって，友人に重機でその家を破壊するように依頼し，実際に友人がその家を破壊したとしても，この友人を建造物損壊罪（260条）で処罰するのは妥当ではない。この意味で，自己の利益に対する**自己決定**[8]は刑法上も尊重されるべきである。しかし，刑法には同意殺人・自殺関与罪（202条）が規定されており，いくら本人が自身の生命を失ってもよいと決定したとしても，その本人の

[8] 被害者の承諾（⇒第5章⑤）を得たうえで，その被害者の法益を侵害した場合には，一般的に犯罪は成立しないと考えられている。

生命を第三者が奪うことや，その本人の自殺を第三者が手助けすることは許されていない。生命に対する侵害や，身体に対する重大な侵害は，取り返しのつかない損害を生じさせるのであるから，ここでは，本人の自己決定があったとしても例外的に刑法の介入が許される[9]。また，本人の自己決定の判断能力が十分でない場合（例えば未成年者）にも刑法の介入が許されよう[10]。このように刑法の介入は，原則として他者侵害の場合に限られるが，例外的に本人保護のために自己侵害の場合にも認められている[11]。

5　犯罪化・非犯罪化の根拠

社会において，当事者同士の話し合いや民事裁判，行政処分などによって十分な解決が図られない紛争が起きている場合には，そうした事態を犯罪化することによって解決することが模索される。しかし，その紛争において国民の具体的な生活利益が害されているわけではなく，また，何らかの利益が害されていても，その行為の利益侵害性が薄弱なものであれば犯罪化を避けるべきである。すなわち，国民の具体的な生活利益が侵害されており，その利益侵害性が重大である場合にはじめてその利益を侵害する行為を犯罪化することができる。

これに対して，現に犯罪化されている事態であっても，侵害される生活利益が具体的なものとみなされなくなった場合や，生活利益が具体的なものであっても，その侵害の程度が重大なものとみなされなくなった場合は，犯罪化を認める根拠が失われてしまう。こうした場合は，規定を廃止して非犯罪化するか，改正することによって合理的な処罰範囲を新たに設定すべきことになろう。例えば，単純な賭博を処罰する賭博罪（185条）について考えてみると，賭博行為は第三者の生活利益を具体的に侵害しているとはいえない。また，賭博に参加する本人が自己の財産を失う可能性を理解している限りにおいて，自己の財

[9] ただし，安楽死・尊厳死の場合には，刑法の介入を否定するべきとの議論がある（⇒第5章5 8）。

[10] 例えば，たとえ承諾があったとしても，13歳未満の者に対するわいせつ行為，性交行為には強制わいせつ罪（176条後段），強制性交罪（177条後段）の成立が認められる。

[11] 本人保護のために自己侵害行為に干渉することを**パターナリズム**という。この観点からは，本人を罰することはできないとしても，自己侵害行為に他者が関与することや，本人の承諾に基づく他害行為が処罰されることになる。

産の保護という観点から処罰することもできない。すると，賭博罪は廃止するべきではないだろうか。

6 なぜ犯罪者に刑罰を科すのか

(1) 総説

ある行為を犯罪化することが合理的とされ，また，実際にその行為に出た者に犯罪の成立が認められた場合において，その者に刑罰を科すことができるのはなぜであろうか。刑罰制度それ自体を正当化する理由が必要となる。その理由については，大きく分けて2つの考え方がある。応報刑論と目的刑論である。

(2) 応報刑論

犯罪を過去においてなされた悪行と捉え，刑罰をそれに対する当然の報いであると捉える考え方を**応報刑論**という。応報刑論においては，刑罰を科すことによって正義を実現し，社会倫理の維持を図ることになる。

しかし，観念的な正義論を重視すると，犯罪者には刑罰を科さなければならないという必罰主義に陥りかねない。あくまでも刑法の目的が国民の生活利益を保護して社会秩序の維持を図ることにあるとすれば，社会秩序の維持にとって意味のない処罰は避けるべきであろう[12]。

他方で，応報刑論には，刑罰権を限定する側面もある。つまり，刑罰は過去の悪行に対する反作用なのであるから，刑罰の質と量は犯罪の悪質さに見合うものでなければならない。刑は罪に相応するものでなければならないという考え方を**罪刑均衡の原則**という。「目には目を，歯には歯を」という**同害報復の原理**は，この原則と結びつくことによって近代的意義が見出されることになる。ただし，刑罰が単なる反作用でしかないとすれば，刑罰を合理的に正当化することができないのではないか

[12] 例えば，ある行為を罰する規定が廃止された場合に，廃止される前になされたその行為について，たとえ有罪判決が確定していたとしてもなお刑罰を執行することは疑問に思われる。

という疑問が生じる。

(3) 目的刑論

　刑罰を単なる反作用なのではなく，ある目的を達成するための手段と捉える考え方を**目的刑論**という。応報刑論が過去になされた犯罪に対する報いという点で回顧的な視点をもつのに対して，目的刑論は将来起きるかもしれない**犯罪の予防**という点で展望的な視点をもつ。

　目的刑論には，一般予防と特別予防という2つの側面がある。

　a)　一般予防論　　**一般予防論**とは，国民一般に対して刑罰を予告し，また実際に刑罰を執行することによって，犯罪の抑止を図ろうとするものである（**抑止刑論**）。一般予防論には，国民一般を刑罰によって威嚇することにより犯罪から遠ざけようとする**消極的一般予防論**と，刑罰によって国民一般の規範意識を維持・強化し，あるいは法に対する信頼を回復しようとする**積極的一般予防論**とがある。

　たしかに犯罪を予防するという目的には正当なものがあるが，特に消極的一般予防論について，刑罰に予防効果があるかは経験科学的に量定できない[13]という問題がある。例えば，窃盗犯人に対して懲役何年あるいは罰金何万円を科せば，将来的に窃盗の発生を何件減らすことができるかは予測しがたい。他方で，刑罰に予防効果があるとしても，あらゆる犯罪の摘発を目指すことは警察国家を招くことになって妥当でない。また，予防効果が国民に実感できるまで刑罰を重くすることは際限のない重罰化を招くことになってやはり妥当ではないであろう。

　他方で，積極的一般予防論についても批判が向けられている。つまり，刑罰の予告がありながら実際に処罰されなければ規範意識は低下することになるから，あらゆる犯罪の摘発を目指すことになって不当である。また，規範意識の強化という側面だけでは，殺人罪と比べて認知件数の多い窃盗罪をより重く処罰

[13]　これに対して，完全失業率の上昇・低下と一般刑法犯の認知件数の推移が相関関係にあることが指摘されている。この指摘が正しいと仮定すると，犯罪者を処罰するよりもむしろ雇用政策を充実させる方が犯罪予防効果をもたらすと考えられる。また，家庭内における介護疲れから親族同士の殺人が起きているのであれば，社会福祉政策の充実が家庭内の殺人の予防をもたらすことになろう。

することが正当化される余地が生じる。しかし、一般的に窃盗罪よりも殺人罪の方がより重く処罰されるのは、財産侵害よりも生命侵害の方がより重大な法益侵害であると価値づけられているからであり、こうした回顧的な視点を抜きに刑罰制度を語ることはできないと思われる。

b) 特別予防論　さて、目的刑論のもう1つの側面である**特別予防論**は、国民一般ではなく、犯罪者自身に働きかけることによって再犯を防ぎ、その社会復帰[14]を図ろうとするものである（**教育刑論**）。しかし、死刑はもちろんのこと、刑罰それ自体に積極的な教育効果はないのであり、再び犯罪を行えば同様の刑罰が科せられると威嚇しているにすぎない。また、重罰化によっても、犯罪へと誘引する様々な要因が除去されない以上は再犯の危険性はなお存在するのである。

> ▶ 刑罰に教育・改善プログラムを取り入れ、矯正指導[15]に力を入れる取組みが近年なされている。ただし、刑罰と教育・改善プログラムは並行的な関係にあるか、場合によっては教育・改善プログラムのみを義務づけることも想定されるのであるから、教育的機能は刑罰の本質ではないと思われる。また、刑罰の本質が社会復帰の点にあるなら、教育的効果が上がるまで刑を執行しなければならず[16]、受刑者の地位を不安定なものにするのであって妥当ではない。

(4) 相対的応報刑論

以上からすると、刑罰の目的が一次的に犯罪予防にあると解するのは困難と思われる。犯罪の予防という観点には、行為者を非難する契機が含まれておらず、行為者を犯罪予防という目的達成のための手段とみなす点においても問題があろう。そこで、刑罰の本質は応報と解しつつ、その枠内で一般・特別予防的考慮を働かせることができれば十分とする**相対的応報刑論**が一般化している。

[14] 刑罰には、こうした積極的側面のほかに、犯罪者の自由を奪って社会から隔離している間、犯罪の実行を不可能にするという消極的側面も存在する。

[15] 例えば、薬物依存からの離脱、暴力団からの離脱、性犯罪の再犯防止、交通安全、就労支援に向けられた指導がなされている。

[16] この観点によると、行為者の危険性に着目して、治療処分、アルコール・薬物禁絶処分などを行う**保安処分**と刑罰は一元的に理解されることになる。

CHART 1.1 刑罰制度を正当化する考え方

		刑罰の本質	刑罰の目的・性質	批判
応報刑論		過去の犯罪に対する報い	応報的正義の実現	必罰主義につながる
目的刑論	一般予防論（抑止刑論）	将来の犯罪の予防	①国民を威嚇し犯罪から遠ざける（消極）②国民の規範意識を強化し法の信頼を回復する（積極）	予防効果への疑問 重罰化につながる
	特別予防論（教育刑論）	犯罪者の社会復帰の手段	犯罪者に対する教育・改善	刑罰それ自体に教育効果はない
相対的応報刑論		過去の犯罪に対する報い	応報の枠内で一般・特別予防を図る	応報の実践的意義は明らかになっていない

▶ ただし，この考え方においても，応報としての刑罰の実践的意義はなお明らかにされていない。そこで，刑罰による非難を通じて，行為者には法益尊重意識の覚醒[17]が促され，行為者が実際に刑罰を甘受することによって事件終結と報復阻止が図られる点に刑罰の実践的意義を見出すことが考えられる。この考え方においては，起きてしまった犯罪という紛争を刑事司法の手続においていかに解決するべきかが問われている（**犯罪の事後処理論**）。

---

[17] 刑法上の非難においては，行為者の法益侵害行為に出た理由が問われているのであって，そこに宗教的・倫理的な要素を含むべきではない。

罪刑法定主義

CASE 1

旧鳥獣保護法とそれを受けた当時の環境庁告示は，弓矢を使用して鳥獣を「捕獲してはならない」とし，その違反を処罰していた。Xはクロスボウ（洋弓銃）でカルガモに矢を発射したが命中しなかった。この場合に，Xは旧鳥獣保護法に違反したといえるであろうか。

1　罪と罰が法によって規定されることの意義

刑法の目的や役割について，実際に社会において問題となるのは，刑法が犯罪と刑罰をいかに規定するべきか，また，刑法をいかに解釈して刑法に規定された犯罪と刑罰を実際の事例に当てはめるのかということである。

ある行為に犯罪の成立を認め処罰するためには，その罪と罰が法によって規定されている必要がある。このことを**罪刑法定主義**といい，「法律なければ犯罪なし」，「法律なければ刑罰なし」と表されている。刑法は，国民一般の権利・自由を保障する機能を有しており（⇒①**2**　8頁），あらかじめ犯罪と刑罰が刑法によって国民に明示されていてはじめて国民生活における権利・自由が保障される。事前の規定なく国家が刑罰権を行使することになれば，国民生活に著しい萎縮効果をもたらすことになろう。また，犯罪と刑罰は議会を通じて国民自身が決定すべきものである。刑罰は，国家が国民生活を一方的に統制するための手段ではない。このように，罪刑法定主義は，自由主義的な側面と民主主義的な側面を有しており，その派生原則として以下のようなものがある。

2　法律主義

(1) 総説

犯罪と刑罰は，法律によって規定されなければならない（**法律主義**）。ここでいう法律とは成文法を意味する（**成文法主義**）。成文法とは，文字で表され，文書の形式を備えている法であって，特に罪刑法定主義においては，国会によって制定されたもの（国会制定法）をいう。ここでは**慣習**に基づく処罰が禁じられている[18]（慣習刑法の排斥）。たしかに慣習も一種の社会規範ではあるが，たとえ明確な内容を有していても民主主義的な手続を経て形成されたものではないからである。

[18] ただし，個別の条文を解釈する際に慣習の援用を必要とする場合がある。例えば水利妨害罪（123条）において問題となる「水利権」は多くの場合に慣習によって認められている。

(2) 法律の委任

以上のように犯罪と刑罰は**国会制定法**によって規定されなければならないが、憲法によりその例外が認められている。憲法73条6号は、内閣の職権として、政令制定権を規定しており、その但書において特に**法律の委任**がある場合には**政令**に罰則を設けることを許容している。ここでいう法律の委任とは、一般的・包括的なものではなく、具体的に処罰範囲が特定されるようなもの（**特定委任**）でなければならない。法律による特定委任がある場合は、法律よりも下位の命令[19]（政令、内閣府令、省令など）に罰則を設けることが許される。

法律の委任に関連して問題となるのは、いわゆる**白地刑罰法規**である。これは、犯罪成立要件の細目を法律よりも下位の規範に委ねているものをいう。例えば、中立命令違反罪（94条）における「局外中立に関する命令」の内容は、行政機関がどのような命令を発するかによって決まる。また、実際に問題になったものとして、国家公務員法102条1項の規定がある。同項によると「人事院規則で定める政治的行為をしてはならない」とされ、その具体的な禁止の内容は人事院規則14-7（政治的行為）によって定められている。判例は、このような委任について、憲法の許容する委任の限度を超えることにはならないとした（最大判昭49・11・6刑集28巻9号393頁）[20]。

(3) 条例における罰則

法律主義の例外としては、地方公共団体の**条例**に罰則が設けられる場合も挙げられる。憲法94条、地方自治法14条1項は、法令[21]に違反しない限りにおいて普通地方公共団体が条例を定めることを認め、地方自治法14条3項は、法令に特別の定めがあるものを除くほか、その条例中に罰則を設けることを許容している。条例は、住民によって選ばれた地方議会の議決によ

---

[19] 命令とは、国の行政機関が制定する法形式の総称である。内閣府設置法7条4項、国家行政組織法12条3項によれば、内閣府令や省令においても法律の委任がある場合に罰則を設けることが許容されている。

[20] しかし、国家公務員法の同項からは「政治的行為」とは何なのかを具体的に読み取れないのであるから、同法が処罰範囲を特定したうえで、同規則に罰則の細則を設けるよう委任したといえるかには疑問が残る。

[21] ここでいう法令とは、国会が制定する法律と国の行政機関が制定する命令をあわせたものと解される。

って成立するものであり，議会制民主主義の要請を満たしているといえる限りにおいて法律主義の例外が認められる。ただし，法律が既に処罰の対象としている行為を条例によってより重く処罰したり，より広範囲にわたって処罰することは許されない。

> ▶ 例えば，いわゆる青少年保護育成条例においては，18歳未満の者と性交などを行う場合が処罰の対象になるが，これは，刑法176条，177条において13歳未満の者にわいせつ行為，性交をなす場合が処罰の対象になっていることと抵触するようにみえる。法律と条例が抵触するようにみえても，条例において地方の独自性から法律と異なる趣旨・目的が認められるのであれば，その条例における罰則を合憲とするべきであろう。しかし，青少年の健全育成は全国的な課題なのであって，これを地方独自の根拠[22]として罰則を設けることには疑問が残る。

3　明確性の原則

(1) 総説

犯罪と刑罰が法律によって規定されていたとしても，その内容が不明確で国民にとって理解することができなければ問題が生じる。なぜなら国民の予測可能性を奪うことになり，国民生活に大きな**委縮効果**をもたらすからである。この意味で，刑罰法規の内容は明確である必要がある（**明確性の原則**）。それゆえ，国民にとって，いかなる場合に犯罪となるのか読み取ることができない刑罰法規は違憲無効[23]とすべきである。

ただし，判例は，規定の仕方が不適切であっても，合理的な観点からその内容を限定的に解釈することで合憲とする余地を認めている（**合憲限定解釈**）。例えば，徳島市公安条例事件においては，同条例で規定された，デモ行進の許可条件である「交通秩序を維持すること」という文言が不明確であるか否かが争われた。判例は，同条例では，集団行進に付随して生じる交通秩序阻害の程度を超えた，ことさらな交通秩序の阻害をもたら

[22] 平成11（1999）年に成立した児童買春・児童ポルノ処罰法においては，児童買春が処罰の対象となっており，同法附則2条によって，同法に抵触する条例の罰則規定が失効することとなった。

[23] 具体的には，適正手続の法理を定めた憲法31条に反することになる。

す行為が禁止されているとし，通常の判断能力を有する一般人からみて，自らの行為が同条例で禁止されているか否かは判断することができるとして，同条例の規定を合憲とした（最大判昭50・9・10刑集29巻8号489頁）。

(2) 刑罰の明確性

また，明確性の原則は，犯罪の成立要件だけではなく，刑罰の内容についても関わるものである。この意味で，刑罰について具体的な定めのない**絶対的不定刑**は禁止されるし，刑を言い渡す際に刑種（刑罰の種類⇒第11章）だけが定まっていて，その期間については定めのない絶対的不定期刑も禁止される。他方で，少年に対する自由刑では，刑の長期と短期を定めて言い渡す相対的不定期刑が認められているが[24]（少年法52条），これはむしろ少年の育成・福祉に合致するがゆえに認められよう。なお，現行刑法では，犯罪に対して一般的に定められた刑（法定刑）において，その刑罰の種類および量が幅をもって法定されている[25]。これを相対的不定刑というが，事案に応じてその刑事責任の軽重は様々であるから，それぞれの事案に対応した量刑を行うために裁判所の裁量を幅広く認めたというべきである。

4 事後法の禁止

(1) 総説

犯罪と刑罰が法律によって規定されたとしても，その規定時点よりも前になされた行為にその刑罰法規を適用するならば，やはり国民の予測可能性を奪うことになる。したがって，ある刑罰法規の施行以前になされた行為に対して，その刑罰法規を遡って適用し処罰することは許されない（**遡及処罰の禁止**）。このことは憲法39条においても明示されている。

[24] 例えば，「5年以上10年以下の懲役」といったような不定期刑を言い渡すことになる。この例では，5年が不定期刑の短期，10年が不定期刑の長期に当たり，不定期刑の短期である5年を経過すれば地方更生保護委員会の判断によって刑の執行を終了することが可能となる。

[25] 例えば，公務執行妨害罪（95条）の法定刑は「3年以下の懲役若しくは禁錮又は50万円以下の罰金」と規定されている。裁判官は，この中から懲役，禁錮，罰金といった刑種を選択したうえで，懲役，禁錮であれば3年以下，罰金であれば50万円以下といった枠内で被告人に具体的な刑を言い渡すことになる（⇒第11章）。

(2) 刑の変更

他方で、**刑の変更**があった場合について、刑法6条は「犯罪後の法律によって刑の変更があったときは、その軽いものによる」と規定している。これは、犯罪がなされた後の改正によって法定刑が加重されたとしても、この加重された法定刑を適用してはならず、行為時の軽い法定刑を適用すべきことを意味している。逆に、改正によって法定刑が軽減された場合には、裁判時の軽い法定刑を適用すべきことになる。同条の趣旨は、被告人にとって不利な事後的な変更を認めないが、有利な事後的な変更については認める点にある。

(3) 判例の変更

判例の変更が被告人にとって不利益なものであった場合に、変更後の判例に従って被告人を不利益に扱うことは許されるであろうか。**判例**とは、広い意味では裁判の先例をいうが、ここでは、そのうち拘束力をもつものをいう[26]。一般的には、判例は刑法の法源[27]になりえないことを根拠に、変更された判例に従って被告人を不利益に扱うことは禁止されないと解されている。判例も、行為当時の最高裁判所の判例の示す法解釈に従えば無罪となるべき行為を処罰することが憲法39条に違反しないとする（最判平8・11・18刑集50巻10号745頁）。ただし、行

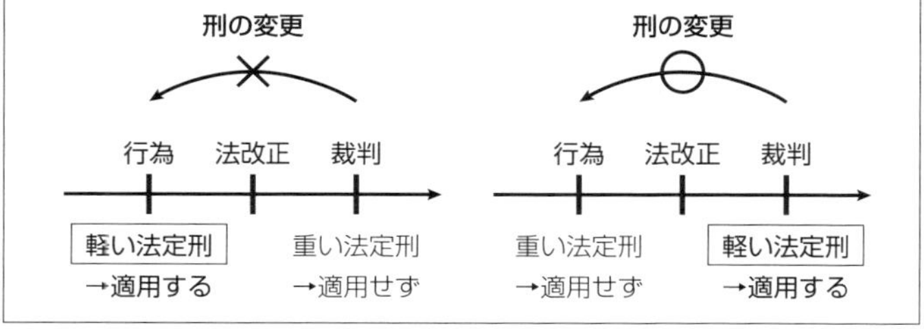

[26] 刑事事件では、下級裁判所の判決が最高裁判所の判例に違反したときは「上告理由」となり（刑事訴訟法405条2号）、最高裁は原判決を破棄することになる（同法410条1項）。最高裁は判例を変更して原判決を維持することもできるが（同条2項）、最高裁によって破棄されることが予測されるにもかかわらず、下級裁判所があえて判例に反する判断を示すことには慎重になると思われる。したがって、こうした観点から判例の拘束力は事実上、極めて大きいと考えられている。

[27] **法源**とは、法の解釈・適用にあたって援用することのできる法形式をいい、成文法と不文法に分かれる。判例も不文法として法の一種になると解されるが、法律主義の観点から、刑法では、判例それ自体を根拠に犯罪の成立を認め処罰することはできない。

CHART 1.2 刑の変更

刑の変更　×
行為　法改正　裁判
軽い法定刑　重い法定刑
→適用する　→適用せず

刑の変更　○
行為　法改正　裁判
重い法定刑　軽い法定刑
→適用せず　→適用する

為当時は無罪とする最高裁判例を信頼して行為に出た者に対しては、責任非難をすることができないと思われる。具体的には、違法性の意識の可能性（⇒第6章④）がないことを理由に責任が阻却されるかを検討することになる。

5 類推解釈の禁止

(1) 総説

ある事項について適用すべき法を、その事項に類似した事項にまで広げて解釈することを類推解釈という。私法では類推解釈が広く認められているが、刑法においてこれは許されない（**類推解釈の禁止**）[28]。刑法でこれを認めると、裁判官による事実上の立法となって、法律主義に反するし、事後法の禁止にも反することになる。例えば、秘密漏示罪（134条）では、その罪を犯す主体が「医師」等に限定されているが、医療従事者として類似の性格をもつ「看護師」も「医師」等に含まれると解釈して処罰の対象とすることは許されない。

とはいえ、刑法においても、ただ言葉の意味に従って**文理解釈**することだけが許されているわけではない。その法の趣旨・目的に照らして言葉の意味する通常の範囲よりも狭く解釈すること（**縮小解釈**）や、その範囲よりも広げて解釈（**拡張解釈**）することは許されている。このような解釈をあわせて**目的論的解釈**という。

▶ 例えば、一般的に「人」といえば「生物学的なヒト」（自然人）を意味するが、殺人罪（199条）の条文で「人」という場合、同罪が他者の生命を保護する一方、胎児については堕胎の罪（212条以下）で保護されていることから、「行為者以外の出生した自然人」と通常の意味より狭く解釈される。これに対して、名誉毀損罪（230条）の条文で「人」という場合、名誉の帰属する主体として自然人だけでなく法人[29]も想定されることから、「行為者

[28] ただし、類推解釈の禁止は、被告人の人権を保障するためのものであるから、被告人にとって有利な類推解釈は許される。例えば、刑法37条では緊急避難における保全法益として、生命、身体、自由、財産が規定されているが、これらに加えて貞操、名誉などを含めて解釈することは許される。

[29] 法人とは、自然人以外に、法律によって権利能力が認められたものをいう。権利能力が認められると、法人は、自然人と同様に、権利義務の主体となりうる。法人の典型例は「会社」である。

以外の自然人，法人」と通常の意味より広く解釈される。このように刑法の条文上，同じ言葉が使われていても，その意味が異なって解釈される場合がある。

(2) 拡張解釈と類推解釈の区別

問題となるのは，許された拡張解釈と許されない類推解釈の境界がどこにあるのかということである。基本的には，言葉の意味の範囲内にあって，国民が予測することができるものであれば，許された拡張解釈にとどまるといえる。これに対して，いくら処罰の必要性があっても，言葉の意味の範囲から外れ，あるいは国民が予測することができないものであれば，類推解釈となって許されない。例えば，判例は，**CASE 1** の事案において，旧鳥獣保護法とそれを受けた環境庁告示における「捕獲」という文言につき，「矢を射かけた行為」も含まれると解釈し，捕獲に失敗した場合も処罰の対象とした（最判平 8・2・8 刑集 50 巻 2 号 221 頁）。この判例に従うと，**CASE 1** では，X は捕獲に成功したか否かを問わず処罰[30]される。しかし，「捕獲」とは，動物等を実際に捕まえたことを意味する。したがって「捕獲」に捕獲しようとする行為まで含めると，言葉の意味の範囲を外れて，国民が予測することができないのであるから，類推解釈となって許されないと考えられる。

6 刑罰法規の適正（実体的デュー・プロセス）

犯罪と刑罰が事前に法律によって規定され，その内容が明確であったとしても，その内容が適正さを欠くのであれば，憲法 31 条に違反する[31]。国民生活にとって無害な行為は処罰の対象にしてはならず，たとえ有害な行為であっても，刑罰以外に対処すべき手段があるのであれば，その他の手段を用いるべきである（⇒1❷ 8頁）。仮に処罰することが許されるにしても，犯罪とそれに対応する刑罰の均衡が失われてはならない（**罪刑の均**

---

[30] 現行の鳥獣保護法と環境省令においては，狩猟鳥獣に対する弓矢を使用した「捕獲等」が禁止されているが，「捕獲等」という文言に捕獲と殺傷が含まれると定義され，その未遂も処罰すると規定されている。

[31] 憲法 31 条は，手続の適正さだけでなく，内容の適正さも保障していると解される。

衡）。

　また，明確性の原則と関連して，過度に広い処罰範囲を設定することにより，本来ならば処罰するべきでないもの[32]を含む刑罰法規も違憲となる。他方で，判例は，刑罰法規の文言を法の目的・趣旨に照らして限定的に解釈することで，当該法規の合憲性を維持しようと試みている。例えば，福岡県旧青少年保護育成条例10条1項[33]では，「何人も，青少年に対し，淫行又はわいせつの行為をしてはならない」と規定され，それらの行為が処罰の対象になっていた。判例は，「淫行」について広く性行為一般を指すと解すると，婚約中の青少年との性行為なども処罰することになって妥当性を欠くとして，「青少年を誘惑し，威迫し，欺罔し又は困惑させる等その心身の未成熟に乗じた不当な手段により行う性交又は性交類似行為のほか，青少年を単に自己の性的欲望を満足させるための対象として扱っているとしか認められないような性交又は性交類似行為をいう」と限定的に解釈して同条例の規定を合憲とした（最大判昭60・10・23刑集39巻6号413頁）。しかし，淫行という言葉それ自体から判例のような解釈を導き出すことは困難であるし，その解釈において導き出された基準も不明確なものを含んでいるから，合憲との判断には疑問が残る。

[32] とりわけ表現の自由や労働基本権の保障など，個々の人権保障規定を不当に制限することになる場合が問題となる。

[33] 現在では，同様の規定が福岡県青少年健全育成条例31条1項に置かれている。

3　犯罪論の概要

▶ 犯罪成立までの見取り図

1　犯罪が成立するまでの段階

　2では，犯罪と刑罰が法によっていかに規定されるべきか，また，その法を適用するためにその法をいかに解釈するべきかについて述べたが，そもそも犯罪を成り立たせている要素は何だろうか。また，どのような段階を経て犯罪の成立が認められるのであろうか。

まず、犯罪とは、刑法に違反する**行為**である。犯罪が行為でなければならないのは、個人の思想・信条それ自体は侵してはならず、内心の自由（憲法19条）を保障しなければならないからである。他人に殺意を覚えても、実際に殺害の準備をしたり、その実行に出なければ処罰されることはない。この意味で、行為の要素には、外界に対する作用が必要となる。さらに、ある行為が刑法に違反したというためには、その行為が**構成要件**に該当し、**違法**で、**有責**なものでなければならないと理解されている（⇒序章 CHART 0.1）。
5頁

2　構成要件該当性

構成要件とは、刑法の条文を手がかりに導き出された犯罪の成立要件である。例えば、傷害罪（204条）にいう「人の身体を傷害した」という文言を解釈して導き出された要件に、具体的な行為（人を押し倒してけがをさせるなど）が当てはまれば構成要件該当性が認められる。

> ▶ 構成要件該当性を検討しなくても、ある行為が刑法上違法となるのか直ちに判断すればよいとも思えるが、構成要件該当性を検討することで、犯罪にならない行為と犯罪になりそうな行為を選別し（**限界づけ機能**）、また、犯罪になりそうであれば具体的にどの犯罪に当てはまるのかを確認することができる（**個別化機能**）。例えば、散歩している人を捕まえて刑法上違法があるのか検討することなど思いもよらないのは、散歩それ自体がいかなる犯罪の構成要件にも該当することがないからである。他方で、バットで人に殴りかかった場合に、被害者がよけて空振りになれば暴行罪（208条）になり、バットが当たって被害者がけがをすれば傷害罪になるのは、既に構成要件該当性の段階において区別されているからである。

3　違法性

次に、ある行為が構成要件に該当したとしても、その行為が

違法なものでなければ処罰することはできない。違法とは，法規範に違反することであるが，実質的には「○○してはならない」という行為規範に違反すること，あるいは法益を侵害したことによって基礎づけられる（⇒第5章①）。例えば，傷害罪を例にとると，人にけがを負わせる行為が「人の身体を傷害してはならない」という行為規範に違反すること，あるいは「人の身体」という保護法益を侵害していることによって，当該行為の違法性が認められるのである。

ところで，刑法によって禁じられた行為が犯罪となるのであるから，構成要件に該当する行為は違法なものと推定される（構成要件の違法推定機能）。しかし，事案によっては，暴漢に襲われて身を守るために反撃し，その暴漢にけがを負わせた場合のように，構成要件に該当する行為（この場合では傷害）であっても，正当防衛（36条）となって違法性が認められないことがある（⇒第5章②）。したがって，構成要件に該当する行為であっても，正当防衛のような違法性を失わせる事情（**違法性阻却事由**）[34]があるかを検討しなければならない。違法性阻却事由がなければ違法の程度が具体的にどれぐらいのものか評価することになる。

[34] 例えば，正当防衛のほかに，緊急避難（⇒第5章③），正当業務行為（⇒第5章④），被害者の承諾（⇒第5章⑤）などが挙げられる。

4　有責性

最後に，ある行為が構成要件に該当し，違法なものであっても，有責なものでなければ処罰することはできない（⇒第6章）。有責とは，その行為に出たことについて行為者に責任があることを意味するが，刑法上は，重大な結果を引き起こせば事情を問わずに責任があるとするわけではない（結果責任の排斥）。つまり，**責任**は，法的な見地から行為者を非難することができる場合に認められるのであって，違法評価と責任評価は区別されなければならない（**違法と責任の分離**）。例えば，行為について善悪の判断ができない者（責任無能力者）は非難できない（⇒第

6章②)。もちろん，この者を事実的に批判することはできるが，この者はその批判を理解することができないのであるから，非難することに意味がないのである。したがって，構成要件に該当し違法な行為であっても，責任を失わせる事情（**責任阻却事由**）[35] があるかを検討しなければならない。責任阻却事由がなければ行為者に対する非難の程度が具体的にどれぐらいのものか評価することになる。こうして，構成要件に該当する違法な行為を行った者に対して，法的に非難することができるといえてはじめて処罰することが可能となる。

[35] 例えば，責任無能力のほかに，違法性の意識の可能性（⇒第6章④），期待可能性の欠如（⇒第6章⑤）などが挙げられる。

CHECK

- □ 1 刑法とはどのような法であって，その目的とは何だろうか。
- □ 2 倫理上の忌避・要請と刑法上の禁止・命令は一致するといえるだろうか。
- □ 3 自殺を手助けすることはなぜ刑法上禁止されているのだろうか。
- □ 4 犯罪を行った者に対しては必ず刑罰を科すべきであろうか。
- □ 5 もし刑罰を科すことができるとすれば，それを正当化する根拠は何だろうか。
- □ 6 罪刑法定主義について，法学部生でない友達に説明してみよう。
- □ 7 犯罪の成立が認められるためにはどのような段階が必要になるだろうか。

CHAPTER 第2章

構成要件

　犯罪の成立が認められるためには，まず，行為者のしたことが，刑法の各則に定められているそれぞれの犯罪（殺人罪，傷害罪，窃盗罪，等々）の成立要件（犯罪の構成要件）に該当するものでなければならない。この判断を「構成要件該当性」の判断という。例えば，殺人罪の成立が認められるためには，行為者が引き起こした出来事が，刑法199条（殺人罪の規定）が定める「人を殺した」という構成要件に該当するものであることを確認しなければならない。行為者が「人を殺した」かどうかは，事実関係さえわかれば一目で判断できる，と思うかもしれないが，ケースによってはその判断は意外に難しい。行為者が殺意をもって被害者を殴った後，意識を失って倒れていた被害者を第三者の自動車がひいた，という場合は，行為者が被害者を「殺した」ことになるのだろうか（「因果関係」の問題）。路上に倒れている人を発見したのに救急車を呼ばずに立ち去り，その人が死亡してしまったら，その人を「殺した」ことになるのだろうか（「不作為犯」の問題）。本章では，これらの難しい問題について検討しながら，犯罪の「構成要件に該当した」と言えるためにはどのような条件が充足されなければならないかについて考える。

1 総説

1 構成要件の意義

　刑法典の「第2編　罪」（各則）（または特別刑法）には、各種の犯罪（殺人罪、窃盗罪、等々）が規定されている。これらの規定に書かれているのは刑法による当該犯罪の定義であり、「その犯罪が成立した」と言えるために満たされていなければならない必要条件である。これを、その犯罪の**構成要件**という。各則の規定は、その前半部分が「○○した者は」（または「……である者が、○○したときは」）という文言となっている。例えば、199条（殺人罪）は「人を殺した者は」と規定し、197条1項前段（単純収賄罪）は「公務員が、その職務に関し、賄賂を収受し、又はその要求若しくは約束をしたときは」と規定しているが、これらの文言に必要な解釈を施して得られた当該犯罪の成立条件が、その犯罪の構成要件である。

2 犯罪成立の第1条件：構成要件該当性

　犯罪の成立が認められるためには、行為者の起こした行動が、犯罪の構成要件に当たるものでなければならない。例えば、行為者Xに殺人罪が成立するためには、Xの起こした行動が、殺人罪の構成要件である「人を殺した」に当たる場合（例えば、XがAの首を絞めて窒息死させたなど）でなければならない。このように、行為者の行動が犯罪の構成要件に該当するものであるという評価が下されることが、犯罪が成立するための第1の条件である。これを**構成要件該当性**という[1]。

　このように、行為者の行動が、刑法各則に規定されたそれぞれの犯罪の成立条件に該当するか、ということを問題にする構成要件該当性の判断は、基本的には**刑法各論**の問題である。もっとも、構成要件のなかみを見ると、各種犯罪において、いつ

---

[1] 犯罪が成立するためには、さらに第2、第3の条件として、**違法性**（違法性阻却事由の不存在⇒第5章）と**責任**（責任阻却事由の不存在⇒第6章）が必要である。これらは各種犯罪に共通する成立要件であるから、刑法典の「第1編　総則」にまとめて規定されている。簡潔に言えば、構成要件該当性とは**刑法各則の適用判断**であり、違法性・責任とは**刑法総則の適用判断**である。

も出てくる要素がある。例えば、殺人罪でも窃盗罪でも、一定の「結果」が出来事として起こることが予定されている（殺人罪では人の死亡結果、窃盗罪では財物[2]が奪取されるという結果）。また、その結果の発生原因となる行為者の「行為」が必要とされる（例えば、殺人罪では、人の首を絞める行為など、窃盗罪では、店の商品を自分のかばんに入れる万引き行為など）。そこで、このように各種犯罪の構成要件に共通する要素（あるいは、犯罪の構成要件としてはおよそどのような種類の要素が問題となるか、という点）についても**刑法総論**において検討されているのである。

> [2] 「財物」というのは、刑法各則の財産犯の規定に登場する文言で、窃盗罪（235条）などの客体とされる物である。詳しく言えば、有体物であり、最低限の財産的価値があり、所有権・占有権の対象となりうるような物、ということであるが（現金、財布、かばんなどは当然これに該当しうる）、その詳細は、刑法各論で勉強する。

3 構成要件の内容

各種犯罪の構成要件に共通して出てくる要素としては、(1)客観的な要素と、(2)主観的な要素とがあり、具体的には次のものが挙げられる。

(1) 客観的構成要件要素

客観的な事態・出来事として外界に現れる以下の要素を、**客観的構成要件要素**という。

a) 実行行為　犯罪が成立するためには、行為者がその犯罪を実現する手段として、一定の行為に出たことが必要である。これを犯罪の**実行行為**（構成要件的行為）という。

b) 結果　犯罪が成立するためには、問題となっている各則規定が定める事態・出来事が、実際に発生したのでなければならない。このような事態・出来事の発生を構成要件的**結果**という。

c) 因果関係　b)の結果は、a)の実行行為を原因として発生したのでなければならない（a)の実行行為とは全く関係なくb)の結果が発生しても、そのような経緯は当該犯罪の構成要件に該当することにはならない）。a)とb)との間に要求される、このような原因・結果の関係を、**因果関係**という（⇒②）。

以上のa) b) c) は，原則として，すべての犯罪において要求されうる要素である。これに対し，以下のように，一部の種類の犯罪においてだけ，特別に要求される種類の構成要件要素もある。

　d) **身分**　　犯罪によっては，一定の身分・属性をもった行為者が，所定の行為を行い，所定の結果を生じさせた場合に限って，当該犯罪が成立するとされているものがある。「……である者が〇〇したときは」という形で構成要件が示されている場合がこれに当たる。この「……である者が」の部分を身分といい，行為者にこのような一定の身分があることが要求されている犯罪を**身分犯**という。例えば，前記の単純収賄罪（197条1項前段）は「公務員」を身分とする身分犯である。これに対し，行為主体についてこのような限定が何もない殺人罪等は身分犯ではなく，誰が犯した場合であっても構成要件に該当しうる[3]。

　e) **行為状況**　　犯罪によっては，a)の行為がなされるべき「状況」が限定されており，それ以外の状況のもとで行為がなされても当該犯罪には当たらないとされている場合がある。例えば，消火妨害罪の規定（114条）は，「火災の際に，消火用の物を隠匿し，若しくは損壊し，又はその他の方法により，消火を妨害した者は」という構成要件を定めている。本罪は，「火災の際に」（火災が発生しているという状況で）消火用の物を隠匿するなどの実行行為に出た，という場合に限って成立するのであり，火災が起こっていないときに消火器を隠しても本罪は成立しない。これに対し，行為状況について定めのない殺人罪等の犯罪においては，その成立状況に限定はない。

(2) 主観的構成要件要素

　犯罪の構成要件に該当するためには，行為者の内心において一定の認識・意図があることが必要である。これを**主観的構成要件要素**という。

[3] なお，法人は，刑法典の各則規定にいう「……した者」には当たらない，と解するのが通説であり，法人を処罰するための特別の規定が置かれている場合に限って処罰対象となる。

a) 故意　刑法各則に規定されている犯罪は，原則として，その犯罪の**故意**（⇒第**3**章）をもって実現されたことを要する（38条1項）。つまり，自分がいまその犯罪を実現している，という自覚が行為者に備わっていることが必要であり，例えば殺人罪が成立するためには，「自分の行為が，人の殺害結果を生じさせるものである」という認識が要求される。この認識を構成要件的故意という。

行為者に構成要件的故意が認められない場合，構成要件該当性が認められず，犯罪は不成立となるが，例外的に，各則の規定に過失犯（⇒第**4**章）の処罰規定が置かれている場合には，行為者に**過失**が認められる限り過失犯の構成要件に該当することになり，過失犯の成立が認められることになる。

なお，刑法各則の中には，例えば「身体を傷害し，よって人を死亡させた者は，……」（205条，傷害致死罪）のように，「〇〇をし，よって△△を生じさせた」という形式の構成要件を定めている条文がある。この「〇〇をし」の部分は，それ自体，何らかの犯罪構成要件に該当する行為であり（205条で言えば，「身体を傷害し」は傷害罪〔204条〕の構成要件に該当する行為である），その結果として，「△△」という，さらに重い結果（205条で言えば，その人の「死亡」という結果）を生じさせる，というタイプの犯罪である。このような犯罪を**結果的加重犯**といい[4]，「〇〇をし」の部分を「**基本犯**」，そこから生じた重い結果（「△△」）を「**加重結果**」という。結果的加重犯が成立するためには，行為者に，基本犯の部分についてだけ故意があればよく，加重結果についての故意は不要である。例えば，Xが，Aを殺害するつもりはなく（殺人の故意はない），けがをさせるつもり（傷害の故意）でAを殴ったところ，当たり所が悪くてAが死亡してしまったという場合には，Xには傷害致死罪が成立する。

▶ **構成要件的故意・過失とは**　「故意」というのは，犯罪行為

---

[4] その例をいくつか挙げると，延焼罪（111条），強制わいせつ等致死傷罪（181条），遺棄等致死傷罪（219条），建造物等損壊致死傷罪（260条後段）など。

に出たのが「わざと」であったことをいい,「過失」というのは,行為者が「不注意で」犯罪に当たる行動をとってしまったことをいう（それぞれの厳密な定義内容は,第**3**章,第**4**章を参照）。つまり,「故意」,「過失」は,どちらも,行為者の「非難されるべき態度」を表す要件として,「責任能力」などと同様に,行為者の「責任」を基礎づけるものである（序章③,第**1**章③④,第**6**章を参照）。
⇒4頁　⇒24頁

　それでは,なぜその「故意」「過失」の話が,「犯罪の構成要件に該当したか」という,犯罪成立の判断の第1段階で早くも出てくるのだろうか。それは,刑法が,同じ種類の結果をもたらす犯罪であっても,「故意」によるものと「過失」によるものとを「別々の犯罪」として規定しているからである。例えば,同じく「人を殺した」場合であっても,刑法は,それが「故意」に行われた場合のために「殺人罪」（199条）,「過失」によって生じた場合のために「過失致死罪」（210条・211条など）という規定を用意している。これらの犯罪は,「人を殺した」という客観的な構成要件は同じなのだが,それが「わざと」だったのか,「不注意によるもの」だったのかという,行為者の内心の態度（主観的な構成要件）が異なっており,刑法は,この主観的な態度の違いに応じて,「人の殺害」を2種類の犯罪（殺人罪,過失致死罪）に分けたのである。このようにして,殺人罪と過失致死罪は,（同じ「人の殺害」についての「責任」の重さが異なるという以前に）そもそも主観面において「構成要件」を異にした「別種の犯罪」なのだと考えられることになる。

　そこで,客観的な構成要件（殺人の場合ならば「人を殺す」こと）について,行為者に「故意」があったことを**構成要件的故意**,故意はなかったが「過失」があったことを**構成要件的過失**と呼び,これらの存否は,犯罪成立の第1段階である「犯罪の構成要件に該当したか」というところで検討することになる。

b）**その他の主観的要素（目的犯の目的）**　犯罪によっては,故意のほかに,行為者に一定の意図があったことを要求するものがある。例えば,通貨偽造罪の規定（148条1項）は,「行使の目的で,通用する貨幣,紙幣又は銀行券を偽造し,又は変造

した者は」という構成要件を定めており，本罪に該当するためには，通貨を偽造したという客観的な事実とその認識（故意）だけでは足りず，偽造に際して行為者に「行使の目的」が伴っていたことが必要である。このように，行為者が，故意だけではなく一定の「目的」をもって所定の行為に出た，という場合に限ってその成立が認められる犯罪を，**目的犯**と呼ぶ。

4　犯罪の種類

各種の犯罪は，様々な観点から，その種類を分けて考えることができる。

　a) 結果犯と挙動犯　　一定の「結果」を惹起すること（引き起こすこと）が構成要件とされている犯罪を**結果犯**といい，一定の「挙動」（身体の動きとしての行動）だけが構成要件とされている犯罪を**挙動犯**（単純行為犯）という。例えば，人の死亡結果の惹起を構成要件とする殺人罪は結果犯であり，他人の住居に侵入するという挙動を構成要件とする住居侵入罪は挙動犯である。結果犯においては，手段となる実行行為と結果との間に，因果関係が必要とされる。これに対して，挙動犯においては，一定の行為があれば，直ちに当該犯罪が成立することになる[5]。

　b) 侵害犯と危険犯　　犯罪規定には，それぞれの規定が保護対象としている利益がある。例えば，人の殺害を処罰する殺人罪の規定は，「人の生命」を保護すべき利益として想定しているし，傷害罪の規定は「人の身体」（現在の健康状態）を保護すべき利益として想定している。このように，それぞれの犯罪規定が保護すべきものとして想定している利益のことを**法益**と呼ぶ。そうすると，犯罪というのは，①何らかの法益を，②侵害するか，または（侵害するまでには至らないが）危険にさらすような行為である，ということになり，各種犯罪は，①保護されるべき法益の種類と，②その法益に及ぼす害の程度によって

[5] もっとも，挙動犯においても外界における事態の変化は生じている。例えば住居侵入においても，行為者の身体が他人の住居に入る，という事態は引き起こされている。挙動犯においては，手段としての実行行為との間の「因果関係」をわざわざ問題にするような「結果」はない，というだけである。

分類されることになる。②にいう害の程度に関して、問題の保護法益を完全に侵害するような内容をもつ犯罪を**侵害犯**（実害犯）といい、問題の保護法益を（侵害するには至らないが）危険にさらすような内容をもつ犯罪を**危険犯**という。さらに、危険犯のうち、条文において「危険を生じさせること」が明文上の要件とされている犯罪を**具体的危険犯**[6]といい、そのような明文上の要件がないものを**抽象的危険犯**という。

殺人罪は、「人の生命」という法益に対する侵害犯である。これに対して、遺棄罪・保護責任者遺棄罪（217条・218条）は、遺棄された者の生命を危険にさらす犯罪であり、「人の生命」という法益に対する危険犯である、ということになる（さらに、遺棄罪の条文には、「遺棄」したという行為が規定されているにとどまり、「それによって生命の危険を生じさせた」という要件は規定されていないので、遺棄罪は、人の生命という法益に対する抽象的危険犯ということになる）。

c）既遂犯と未遂犯　　各犯罪の成立要件がすべて充足された場合、その犯罪は完全に成し遂げられたことになり、この犯罪の形態を**既遂犯**という。例えば、殺意をもって日本刀で人を斬って死亡させた場合には、殺人罪（199条）の既遂犯である、ということになる。これに対して、その犯罪の実行に着手したが、その犯罪の構成要件である結果が発生しなかった場合を**未遂**という。犯罪が未遂にとどまった場合には、**未遂犯**を処罰する規定が置かれている犯罪に限って、その処罰がなされる（44条）。例えば、殺意をもって日本刀で斬りつけたが、相手が一命をとりとめ、死亡しなかったという場合には、殺人未遂罪（203条・199条）が成立する。しかし、他人の家のガラスを割ろうと思って投石したが、狙いが外れてガラスに当たらなかったという場合には、器物損壊罪（261条）に未遂犯の処罰規定がないため、犯罪は成立しない。

d）継続犯・状態犯・即成犯　　問題の犯罪がいつ「終了」し

[6] 例えば、110条の建造物等以外放火罪においては、条文上、「公共の危険を生じさせた者は」として法益（公共の安全）に対する「危険」の発生が要件として規定されている。

[7] 公訴時効とは、事件から一定の時間が経過したことで、検察官が公訴提起（起訴）することができなくなる、という刑事訴訟法上の時効制度である。刑事訴訟法253条1項は、「時効は、犯罪行為が終つた時から進行する」と規定しており、犯罪の終了時点が公訴時効の起算点となる。「起算点」とは、時間の経過を算定するにあたって、その起点とする時点のことである。

たことになるか（犯罪の終了時点）によって、公訴時効の起算点（刑事訴訟法253条)[7]、事後法（憲法39条）や刑の変更（刑法6条）の存否[8]（⇒第1章②4）、その犯罪行為に対する正当防衛の可否（⇒第5章②）、などに違いが出てくる。そこで、各犯罪は犯罪の終了時点の違いに着目して、継続犯・状態犯・即成犯に分類される。

19頁

問題の犯罪の構成要件が充足されて犯罪がいったん成立しても、その状態が維持されている限りその犯罪は成立し続け、その状態が解消されるまで終了しない、と解されるような犯罪を**継続犯**という。監禁罪（220条）がその典型であり、行為者が被害者を監禁し始めてから、その監禁状態が解消されるまでの間、監禁罪は成立し続けている。

これに対して、問題の犯罪の構成要件が充足されて犯罪がいったん成立すると、それと同時に、その犯罪はもはや終了したと解されるような犯罪もある。例えば、窃盗罪（235条）は、他人の財物を「窃取」した（他人の財物の占有を取得した）ことによって成立し、それと同時に終了する。その後も、被害者が財物の占有を奪われている、という法益侵害の状態は残存して

CHART 2.1　犯罪の種類

判断基準	分類		
構成要件要素	結果の惹起	→	結果犯
	挙動のみ	→	挙動犯
法益に及ぼす害の程度	完全に侵害する	→	侵害犯
	危険にさらすのみ	→	危険犯
構成要件の充足	すべて充足	→	既遂犯
	実行に着手したが結果等の発生なし	→	未遂犯
犯罪の終了時点	構成要件充足状態が維持される限り終了しない	→	継続犯
	構成要件充足と同時に終了するが法益侵害状態は残る	→	状態犯
	構成要件充足と同時に終了し法益も消滅する	→	即成犯

例：殺人罪（199条）は、結果犯・侵害犯・既遂犯・即成犯である。

いるが，それは犯罪終了後の被害状態が続いているにすぎず，その間「窃盗罪が成立し続けている」わけではない。このような犯罪を**状態犯**と呼ぶ。さらに，構成要件が充足されて犯罪がいったん成立すると同時に，犯罪が終了したと解される点では状態犯と同じだが，犯罪の成立によって法益自体が消滅してしまい，その後は法益が侵害されている状態が続く事態も生じない犯罪もある。例えば，殺人罪は，人を「殺した」時点で成立し，かつ終了すると同時に，法益である「人の生命」も消滅する。このような犯罪を**即成犯**と呼ぶ。

[8] 例えば，行為者が被害者を何年間も監禁している間に，監禁罪の法定刑を重くする刑法改正がなされたという場合には，被害者を監禁状態に置いた最初の時点で監禁罪は「終了」しているのか，それとも監禁状態を解くまで監禁罪は継続しており「終了していない」のかによって，刑法6条の適用があるか否かが変わってくる。監禁罪が継続犯であるとすると，監禁の継続中に法定刑を重くする刑法改正があった場合には，それ以降の監禁については，改正後の重い法定刑で処断されることになる。

 因果関係

CASE ● 2-1
　Xは，A（45歳男性）と口論になり，Aのシャツの襟をつかんで首を締めつけ，突きとばして路上に転倒させたところ，Aは心臓に高度の病変を有していたため心筋梗塞を起こして死亡した（心筋梗塞事件）。

CASE ● 2-2
　Xは，自動車を運転中に，あやまってAをはね飛ばし（第1行為），Aを自車の屋根の上にはね上げたまま，それに気づかずに走行を続けた。その後，助手席の同乗者YがAに気づき，意識を失っているAを，走行中のX車の屋根の上から道路上に引きずり落としたので（第2行為），Aは脳内出血で死亡した。しかし，その死因が第1，第2のどちらの行為にあるかは判明しなかった（米兵ひき逃げ事件）。

1　総　説

犯罪成立の第1の要件は，行為者がしたことが，刑法の各則に列挙されている「犯罪行為のリスト」のどれかに該当すること（構成要件該当性）である（⇒❶**2**）。各則の犯罪には，殺人罪（199条）や過失致死罪（210条）のように結果犯（⇒❶**4**）と呼

ばれる種類のものがある。殺人罪にいう「人を殺した」や，過失致死罪にいう「人を死亡させた」に該当するには，まず，その手段として，首を絞めるとか，自動車で衝突するといった実行行為が必要であり，さらに，その結果として現実に相手が死亡しなければならない。「身体を動かす」とか「何かを言う」といった単純な行為だけで瞬時に成立する挙動犯（⇒¶**4**）と違って，結果犯である殺人罪や過失致死罪においては，行為者の行為から相手の死亡に至るまでの経緯が，全体として，行為者が「人を殺した」，「人を死亡させた」という出来事として把握できなければならない。このように，手段となった行為と結果との間に刑法上必要とされるつながりを，刑法上の**因果関係**と呼ぶ。刑法上の因果関係が認められるには，次の2つの条件をクリアする必要がある。

第1に，行為と結果との間に**事実としてのつながり**（**条件関係，事実的因果関係**）がなければならない。例えば，「XがAの殺害を企て，入院中のAに，お見舞いとして毒薬入りのお菓子を渡したが，Aはそれを食べることなく病死した」という場合，Xの行為とAの死亡との間に，およそ医学的に説明のつく「つながり」はない。この場合，Xの行為は，通常は相手の死を予想させるものだが，現実にはXが「Aを殺した」わけではない（Xはせいぜい殺人未遂罪にとどまる）。
⇒33頁

しかし，このような事実としてのつながりさえあれば，いつでも「人を殺した」と認められるわけでもない。例えば，次のような場合はどうだろうか。「Xが，不注意で家の鍵をかけ忘れて外出したところ，窃盗犯YがX宅に侵入した。Yは，ガス爆発で自分の窃盗の跡を隠そうと考え，ガス栓を開けっ放しにして立ち去ったので，Xの息子Aが帰宅して電気をつけた時，静電気に引火してガス爆発が起こり，Aが死亡した」（ガス爆発事例）。この場合，Xの鍵のかけ忘れがきっかけとなって，Yの侵入とガス漏出とが起こったのだから，Xの行為とAの

死亡が「事実としてはつながっている」と言えそうである。では，Xの不注意による鍵のかけ忘れからAの死亡に至るまでの流れを，「Xが不注意でAを死亡させた」出来事だと見て，Xに過失致死罪の構成要件該当性を認めることができるだろうか。これは無理があるといえる[9]。つまり，行為者の行為を起点とし，人の死亡を終点とする経緯全体を「人を殺した」，「人を死亡させた」出来事として把握しても不自然ではない，といえる場合でなければ，殺人罪や過失致死罪は認められないのである。このように，結果犯においては，行為者の行為と結果とが，条文の文言（「人を殺した」など）に無理なく当てはまるような形でつながっていることが要求される。これが，第2の条件である，**相当因果関係**または**危険の現実化**，などと呼ばれるつながりである（⇒**3**）。以下，この第1，第2の条件を順に見ていこう。

[9] むしろこの事件は，せいぜい「YがAを死亡させた」という出来事だと見るのが自然であろう。

2　条件関係（事実的因果関係）

まず，第1の条件として，行為と結果との間の，事実としてのつながりが必要である。このつながりは，問題の行為を取り除いてその後の経過を想像してみた場合に，その場合には今回の結果も発生しなかっただろうと認められるかどうかを問う（仮定的消去法），という形で判定される。このように，「**問題の行為がなかったならば，問題の結果も発生しなかっただろう**」という公式（条件公式）によって確かめられる関係を，**条件関係（事実的因果関係）** と呼ぶ。この判断はあくまで，科学的に検証できるような形で（つまり物理学，化学，医学，生理学等々の観点から見て）行為が結果を引き起こしたという「事実関係の確認」を主眼とするものであり，これが刑法上の因果関係が認められるための第1の前提条件である。

この公式に関しては，次の2つの点に注意が必要である。

まず，条件公式にいう「問題の結果」とは，時刻や態様など

の点で，現実に起こった具体的な結果そのものを指す（**具体的結果説**）。例えば，「Xが，午前9時30分に，重い病気でもう半日ももたないだろうと医師が言っている状態のAの首を絞め，窒息により即死させた」という事例では，「XがAの首を絞めなかったならば，『Aが午前9時30分に窒息死する結果』もなかっただろう」から，条件関係（事実的因果関係）は認められる，という判断が下される。

▶ これに対して，もし問題の結果を「Aが死亡する結果」といった抽象的な形で捉えてしまうと，「XがAの首を絞めなくても，どのみち半日のうちには『Aが死亡する結果』が生じただろう」から，Xの行為とAの死亡結果との間に因果関係はない，という結論になってしまう。この発想をおし進めるならば，人は「どのみちいつかは死亡する」のだから，すべての殺人事件において因果関係は否定される，という非常識なことになる。

次に，**科学的に確証可能な法則**を持ち出さなければ，「問題の行為がなかったならば，問題の結果も発生しなかった」といえるかがわからない場合もある。「XがバットでAを殴ったら，Aが骨折した」というような単純な事例では，「Xがバットで殴らなければ，Aは骨折しなかった」ことは当たり前であり，わざわざ法則を知る必要もないと言えそうである。しかし例えば，「X社が販売する薬剤Mの投薬治療を受けた患者Aが急死した」という事例では，「薬剤Mの投薬がなかったならば，Aは急死しなかった」のかどうかは，薬剤Mにどんな副作用があるのか，Aのような症例において薬剤Mが一般にどのような作用を及ぼしうるのか，といった医学的・薬理学的な一般的法則知識がなければわからないのである[10]。さらに，科学的な一般法則がわかったとしても，今回の事件がその一般法則に当てはまる実例だと認められなければならない（Aの急死は，ひょっとしたら，純粋に病気の悪化によるものだったのかもしれない）。条件関係（事実的因果関係）が実際に問題となる事件というのは，

[10] 医学・薬学の専門家の間でも，薬剤Mの薬理効果について争いがある，という場合もありうる。このような場合には，刑事裁判において，その薬理効果に関する法則知識が信頼できるものか，という点が争点となりうる。

ほぼすべて、このように、①科学的な一般法則の信頼性それ自体が争われる場合か、または、②今回の事件がその一般法則の一例なのかという事実認定について争いが生ずる場合、のいずれかである。

▶ **択一的競合の事例**　刑法学説上は、このほかに、「択一的競合」と呼ばれる事例が、条件関係の存在が疑われる事例として議論の対象とされてきた。これは、「XとYが、意思を通じることなく偶然に、それぞれ致死量の毒をAに飲ませ、Aが死亡した」というように、複数の条件がそれぞれ単独で結果を発生させる可能性があった場合を指す。この場合、X、Yの行為は、それぞれ、「その行為がなかったとしても、どのみち、もう1人の行為によって問題の結果は発生しただろう」といえるので、どちらも条件関係が否定されてしまう（X、Yはそれぞれ殺人未遂罪にとどまる）が、果たしてその結論でよいのかが議論されてきたのである。

しかし、X、Yの条件関係が否定されるのは、X、Yの毒のどちらか一方だけが効果をあらわした（Aの死因を調べたところ、毒のカプセルが1つだけ溶けていて、もう一方のカプセルは全く溶けていなかったが、それがX、Yのどちらが飲ませたものか見分けがつかない）、という場合に限られる。これに対して、XとYの毒がそれぞれ（少しでも）Aの死亡結果に影響をもった、ということが科学的に立証された場合（例えば、両方の毒のカプセルが溶けて、両方の毒が作用してAが死に至ったことが判明した場合）には、その現実の具体的な結果に対して、XとYの行為がどちらも条件関係をもっているのである。

3　相当因果関係・危険の現実化の問題事例　──●

学説の中には、行為者の行為と結果との間に条件関係（事実的因果関係）さえあれば、刑法上の因果関係として十分だ、とする見解もある。これを**条件説**という。判例も、かつては条件説の立場だと評されることがあった（⇒**4**）。しかし、現在では、行為と結果の間に事実的なつながりがあるだけでなく、さらに、その経緯が全体として見て、結果犯の規定の文言（「人を殺し

た」など）に無理なく当てはまるものでなければならない，と考える立場が通説である。

　また判例も，条件説の立場とは見られない。実際に，事実的因果関係があっても，なお刑法上の因果関係を認めてよいかが争われた事件が，裁判例として多数存在するからである。これらはすべて，行為者の行為のほかに，何らかの事情が介在して結果が発生した事件である。第1に，①被害者に「持病」や「特異体質」があったため，それが行為者による攻撃とあいまって被害者の死亡結果を招いた，という事件が多数ある（**持病・特異体質事例**）。これは，行為の時点で被害者側に既に特殊事情があり（**行為時の存在事情**），最終的に結果発生につながったという場合である。第2に，行為者の行為の後で，誰かの「第2行為」が介入し（**行為後の介入事情**），最終的に結果発生に至ったという場合である。この第2行為が「誰」の行為なのかによって，②（行為者・被害者以外の）第三者の行為が介入した場合，③被害者の行為が介入した場合，④行為者自身の第2行為が続けられた場合，に分けることができる（④の場合については81頁◐で触れる）。これらの事例に対して，判例や学説はどのような解決を示してきたのだろうか。

4　相当因果関係説

(1) 持病・特異体質事例と判例

　学説が，最初に因果関係の問題について激しく争ったのは，①持病・特異体質事例の解決についてである。判例は，**CASE 2-1**のような持病・特異体質事例においては，一貫して行為者の行為と結果との因果関係を認めている。**CASE 2-1**の事件で，最高裁は「ある行為が他の事実と相まって結果を生ぜしめたときでも，その行為と結果との間に因果関係を認めることは妨げない」という理由を示して因果関係を認めており（最

決昭 36・11・21 刑集 15 巻 10 号 1731 頁），学説からは「これは条件説の立場にほかならない」という評価が下された。

(2) 相当因果関係説

　このような判例の状況のもとで，学説の多くは，**相当因果関係説**という考え方を支持して判例に対抗した。相当因果関係説とは，**一般人の経験上，この種の行為がなされた場合には，この種の結果発生に至ることが通常であり，予測可能である**と認められる場合に，刑法上の因果関係を認める見解である。日常の生活経験に照らし，行為者の行為から普通生じうるものと予測されるような事態が起こった場合だけが，結果犯の規定の文言（「人を死亡させた」など）に該当する，と考えるのである。では，CASE 2−1 の A の死亡結果は，X の行為から予測可能だろうか。これを判断するためには，予測の「もと」になる一定のデータが必要であり，そのデータ次第で結論が変わってくる。例えば，「受験生 S が入試に合格できるか」を予測するとき，S の過去の模試の成績などをもとにして考えるだろう。模試で何度も高い点数を取っているというデータをもとにすれば，例えば「80％ 合格する」といった予測ができる。逆に，こういった情報を一切知らせずに，S の名前と顔だけを見て合否を予測しろと言われても，その場合には，結果は「合格か不合格か」のどちらかなのだから「確率は 50％ だろう」といった程度の予測しかできない。そこで相当因果関係説は，予測判断をする際に，どの範囲の事実までをデータとしてその基礎に置いてよいかが，結論を分ける問題の核心だと考えた。これを，相当性判断の**判断基底**の問題という。

(3) 判断基底の設定と相当性判断

　この判断基底の設定の仕方について，学説は大きく 3 つの説に分かれた。**主観説**は，「行為当時の行為者本人が認識してい

た事情，および認識できた事情」だけを予測判断の基礎に置く（判断基底に入れる）べきだと主張し，**客観説**は，「裁判の時点から見て，行為当時において存在していたことが確認されたすべての事情」を予測判断の基礎に置くべきだと主張する。そして**折衷説**は，「行為当時において，一般人が行為者の立場に立たされていたならば認識可能だった事情」を基礎に置き，さらに，「一般人には認識できなかったとしても，行為者本人が特に認識していた現実の事情」[11]がある場合には，その事情も判断基底に加えて予測判断をすべきだと主張している。このうち主観説は，客観的な因果関係の問題と，行為者本人の主観的な責任の問題とを混同しているなどと批判されて支持者を失い，学説上は客観説と折衷説とが対立してきた。

客観説は，裁判の時点になってはじめて判明した事情であっても，それが「行為時点で客観的に存在していた事情」である限り，その全部を考慮に入れたうえで予測をしてよい，とする見解である。例えば，**CASE 2-1** では，「Aの心臓疾患」の存在が判断基底に入る。そうすると，相当因果関係の判断は，「高度の心臓疾患があるAをこのように締めつけ，転倒させた場合には，死亡することが通常ありうるか」というものになり，これは「ありうる」と判定されるだろう。

これに対し，折衷説は，行為者の立場に置かれた一般人が普通察知できる事情だけを判断の基礎に置く。しかし，一般人に

[11] 折衷説が判断基底に含める「行為者本人が認識していた事情」というのは，あくまで**現実の事情**（客観的に存在する事情）に限られる，というのがポイントである。行為者が「誤信」した非現実の事情も判断基底に入れるということになると，主観説と変わらなくなる。具体的にいえば，行為者が勝手に「被害者には○○という持病がある」と思い込んでいた場合，その持病が被害者に実際に存在していない以上，それは判断基底に入らない。

CHART 2.2 相当性判断の判断基底に入る事情

	行為時の存在事情	行為後の介入事情
主観説	行為者が認識した・できた事情	行為者が予想できた事情
折衷説	行為者の立場に置かれた一般人が認識できた事情，および，行為者が認識していた現実事情	行為者の立場に置かれた一般人が予想できる事情
客観説	行為時に客観的に存在した事情	行為時に客観的に存在した事情から通常予想できる事情

は察知できなくても，行為者本人が特別に被害者の特異体質や持病を知っていた，という場合もありうる（例えば，行為者が被害者の主治医だった場合）。この場合，行為者本人にとっては，被害者の持病の介在は全く予想外ではないのだから，行為と結果との因果関係を否定する必要はない。そこで折衷説は，「行為者が特に知っていた現実の事情」があれば，これも判断基底に入れる。**CASE 2-1** では，X が A の心臓疾患を知っていた場合は別だが，これを知らなかったならば，一般に 45 歳という比較的若い A の外見などからは重い病変を察知できないので，A の心臓疾患は判断基底から除かれる。そうすると，相当因果関係の判断は，「心臓に病変のない健康な A をこのように締めつけ，転倒させた場合には，死亡することが通常ありうるか」というものになり，これは否定されることになる。折衷説はこのように主張し，①持病・特異体質事例において例外なく因果関係を認める判例を批判したのである。

▶ **客観説と折衷説**　たとえて言えば，相当因果関係の判断というのは，X が A に暴行を加えた「行為」の時点で事件の VTR を「一時停止」にして，「この後どうなるか」を予測するようなものである。その際に，被害者の体質・持病など，その時点で存在している事情がいわば「テロップ」で画面上に全部表示されるのが，客観説の考える相当因果関係の判断のイメージである（したがって，その後の展開は画面上に示されない。示されるのは，あくまで行為の時点で客観的に存在した事情だけである）。これに対し，折衷説においては，「行為」時点で停止された画面上に，問題の行為者が特に知っていた事情だけが，視聴者に対して情報テロップとして表示される，というイメージになる。視聴者（判断者）は，一時停止されるまでの VTR を注意して見ていれば察知できた事情と，情報テロップとして出た，問題の行為者が個人的に特に知っていた事情だけを基礎にして，相当性の判断を行うことになるのである。

5　危険の現実化

(1) 米兵ひき逃げ事件

　その後，最高裁も，上記②の**第三者の行為の介入事例**において，相当因果関係説の立場を明示したうえで，行為者の行為と結果との因果関係を否定するという判断を下した[12]。米兵ひき逃げ事件（CASE 2-2）の最高裁決定である（最決昭42・10・24刑集21巻8号1116頁）。しかし，この判例をきっかけに，相当因果関係の判断の「不明確さ」が明らかになってしまった。

　このCASE 2-2の事件において，原審（東京高判昭41・10・26刑集21巻8号1123頁）は，Xの「自動車の衝突による叙上の如き衝撃が被害者の死を招来することのあるべきは経験則上当然予想し得られる」として，Xの第1行為と，Aの死亡結果との間に相当因果関係を認めた。しかし，最高裁は，「同乗者が進行中の自動車の屋根の上から被害者をさかさまに引きずり降ろし，アスファルト舗装道路上に転落させるというがごときは，経験上，普通，予想しえられるところではな」いとして，相当因果関係を否定した。どちらも，Xの第1行為からAの死亡結果に至ることが「通常予想できるか」を問題にしているのに，結論が正反対になったのである。相当因果関係説からすれば，どちらが正しい結論なのだろうか。

(2) 従来の相当因果関係説の問題点

　4で見た，従来の相当因果関係の判断方法は，(i)まず，予測判断にあたって基礎に置く事情を決めてから（判断基底の設定），(ii)その事情に基づいて，行為から結果が通常発生するかを予測する（相当性判断），というものだった。これに従えば，上記**(1)**の東京高裁の判断のようになる。同乗者Yの第2行為が介入することは，Xの行為時に存在した事情ではないし，また，Xの行為の時点では一般に予測できなかった事情であるから，客

[12] ⇒35頁
①持病・特異体質事例ではない点に，注意が必要である。最高裁はこれまでのところ，①持病・特異体質事例に関する限り，相当因果関係説（特に主観説）に立って因果関係を否定する判断を示したことはない。

観説からも折衷説からも，Yの第2行為は判断基底から除かれる。しかし，Xの衝突は，それ自体がおよそ人の死亡結果を予測させるほど激しいものだった。そうすると，Xの行為からAが死亡することは「経験上予測可能」であり，相当因果関係は認められるということになる[13]。

　しかし，このような論理には疑問がある。これに従うと，行為者の行為それ自体がおよそ人の死を予測・危惧させるものであれば，現実にはどんな異常な事情が介入して結果発生に至った場合であっても，行為者の行為と結果との間に相当因果関係が認められてしまうのである。例えば，「XがAの首に包丁で刺しかかったが，Aがうまくかわし，腕に切り傷を負うにとどまった。しかし，Aはタクシーで病院に治療に向かう途中，交通事故にあって死亡した」という場合でも，包丁が首に刺さって致命傷になる可能性があった以上，「XがAを殺した」という結論になってしまう。CASE 2-2 において，「Xの衝突の衝撃だけでもAは死亡していただろう」という理由でXの行為に相当因果関係を認めるのも，これと全く同じ論理である。この論理の問題点は，現実とは異なる空想上の結果が行為から予測される，という理由で，現実に起こった結果に対する相当因果関係を認めてしまう点にある。しかし因果関係というのは，**現実に起こった結果**それ自体との間で問われるべき関係なのである。

(3) 「相当因果関係」から「危険の現実化」へ

　そこで，相当因果関係説は再考を迫られ，「行為から発生することが予測可能か」が問われる対象は，あくまで「現実に起こった結果」であると明言するようになった。それに伴って，相当因果関係の判断の仕方として，**現実に起こった経緯が，行為から予測された範囲内になお収まっているか**を問う，という方法が主張されるようになったのである。この新しい判断の方

---

[13] 学説上も，Yの第2行為がなかったとしても，Aが勝手に「落ちて頭を打って死ぬ可能性はかなりあった」のだから，Xの行為からAの死は予測可能だったとして，CASE 2-2 において相当因果関係を肯定する余地を認めるものがあった。

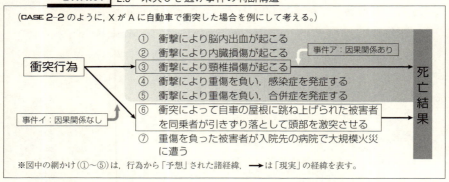

法について，**CHART**2.3で考えてみよう。

まず，(i) Xの衝突行為（実行行為）の時点で，いわば事件のVTRを「一時停止」にして，「この後どうなるか」を予測する。行為のシーンだけを見て，そこから典型的に予測される今後の展開を想像するのである。行為から結果が発生する何らかのパターンが容易に想像できるならば，その行為には「結果発生に至る危険性」があるといえる。Xによる激しい衝突行為は，Aが，例えば脳内出血や内臓損傷など，①〜⑤のような経緯をたどって死亡する，ということを容易に予測させる[14]。しかし上で述べたように，これだけでは足りないのである。次に，(ii) VTRの一時停止を解除し，現実にその後どうなったのかを，いわば「解答VTR」で確認しなければならない。そこで示された「現実の経緯」が，(i)で予想されていたパターン（①〜⑤のどれか）と一致していたならば，現実の経緯はまさに「予想どおり」だったことになり，相当因果関係が認められる。例えば，AがXの衝突に起因する頸椎損傷で死亡した，といった場合である（「事件ア」）。これに対して，現実の経緯が(i)で予想もしていなかった経緯（例えば，⑥や⑦）だった場合には，これは「全く想定外」の事態であり，相当因果関係が否定されるのである（「事件イ」。米兵ひき逃げ事件はまさにこの場合だった）。

[14] 従来型の相当因果関係説や，米兵ひき逃げ事件の東京高裁は，このような危険性があるという理由だけでXの行為に相当因果関係を認めていた，ということができる。

（ⅰ）は，**行為の危険性**の判断と呼ばれ，行為の時点に立ったつもりで行う**事前判断**である。（ⅱ）は，（ⅰ）で認められた行為の危険が，実際に**結果へと現実化したか**を判定しているのであり，これは，裁判の時点に立ち，そこから振り返って行う**事後判断**[15]である。そうすると，相当因果関係というのは，裁判で実際に認定された「現実の経緯」が，「行為から予測・危惧された経緯」と合致しているか（「予想」と「現実」とが一致しているか），という照合の判断なのである。このような一致が認められるとき，行為を見て感じた危惧が正しかったことを現実の結果が実証した，といえることになり，行為者に対して「こういう結果になるから，そんな行為はするなと言ったのに」という非難を向けることが可能になる。現在の判例や多数の学説は，このような形で相当因果関係を判定しており，これは別名**危険の現実化**の判断と呼ばれる。

6 「危険の現実化」の判断方法

(1) 判断の枠組み

それでは，**5**で見た「危険の現実化」の判断が問題になる場合を，具体的に見てみよう。「危険の現実化」が否定されるのは，次の2つの場合である。

第1に，問題の行為がおよそ結果発生を危惧させない場合や，結果発生を危惧させないわけではないが，そのような結果発生の危惧を理由に行為を差し控えていたら社会生活が成り立たない，という場合には，仮にその行為から結果が発生したとしても因果関係は否定される（そもそも**「行為の危険性」が否定される場合**）[16]。例えば，激しい雨の日に宅配ピザを注文したところ，配達に出発した店員が途中で落雷にあって死亡したという場合，雷雨の日に宅配を依頼する行為には，普通は「死亡結果を招く典型的な危険性」が認められない，と考えるべきだろう（そう

[15] ここでいう事前判断とは，人工的に情報をシャットアウトし，行為の時点で知りえた情報だけをもとにして行う判断（つまり「VTRを行為の時点で一時停止させたうえで行う判断」）のことである。これに対し，事後判断とは，判断（裁判）の時点において判明しているすべての情報をもとにして行う判断（いわば「VTRを最後まで全部見たうえで行う判断」）である。

[16] 因果関係や危険の現実化がないという以前に，そもそも「実行行為性」がない，と説明する見解もあるが，趣旨は同じことである。

でなければ，雨の日にはおよそ安心して宅配を頼めなくなる）。

　第2に，米兵ひき逃げ事件（CASE 2-2）の最高裁決定が示したように，現実に発生した経緯が，行為から展開することが予測された経緯（のパターン）から外れていた場合には，因果関係が否定される（「**危険の現実化**」**が否定される場合**）。この「危険の現実化」を判定するには，まず，問題の行為が，結果発生へと至るどんな経緯を予測させるものなのか（行為の危険性）を確定しなければならない。行為の危険性は，1つの行為について1通りしか認められない，というものではない。例えば，「Xが，Aを室内に閉じこめ，その顔面を激しく殴り続けた行為」は，①Aが脳に損傷を受けて死亡する事態も予測させるし，同時にまた，②激しい暴行で心理的に追いつめられたAが，無謀な逃走を試み，部屋の窓やベランダから転落して死亡する，といった事態も予測させる。そして，現実に発生した経緯が，①か②（それ以外にもAの死に至る何らかの経緯が予測されたならば，それでもよい）のいずれかに合致していれば，「Xの行為の危険性が，Aの死亡結果へと現実化した」と言えることになるのである。

　このように，「危険の現実化」という考え方は，**「現実と予測との合致」という判断の枠組み**を示すものにすぎない。この見解に立った場合に，具体的な事例においてどんな結論が導き出されるかは，その事例において，判断者が問題の行為にどんな「危険性」を見出すかにかかっているのである。以下，具体例をもとに，「危険の現実化」の判断の仕方を見よう。

(2) 判断の具体例

　a) 行為の物理的な危険性が高い場合　　行為者の行為に，物理的（あるいは医学的）な観点から見て「結果を発生させる高い危険性」がある場合には，まずもって，その危険性がそのまま結果発生につながることが予測される（行為の危険性）。そし

て，現実の出来事もまさにそのような展開になった場合には，因果関係が認められる（危険の現実化）。

> **CASE ● 2-3**
> XがAの頭を殴る暴行を加えたところ（第1行為），Aは内因性高血圧性脳橋出血を起こして意識を失った。そこでXは，Aを港の資材置場に運んで放置したが，Aは翌朝には死亡していた。Aの頭には，Xの放置後，何者かに角材のようなもので殴られた（第2行為）形跡があった（大阪南港事件）。

CASE 2-3 の最高裁決定（最決平2・11・20刑集44巻8号837頁）は，誰かの第2行為（角材での殴打）によって「死期が早められたとしても，XとAの暴行とAの死亡との間の因果関係を肯定することができ」るとした。この事件では，Aの脳出血を生じさせたXの第1行為から，「Aが脳出血で死亡するに至る」という展開が当然予測されるところ（行為の危険性），たしかに現実には誰かの予想外の第2行為が介入したものの，Aの実際の死因は結局のところ第1行為によって形成された脳出血であり，第2行為はその脳出血を幾分促進する効果をもったにすぎなかった。そうすると，Xの第1行為から予測された展開がまさに現実のものになったのが，今回の結果だったと評価できる（危険の現実化）。

　b) **行為の物理的な危険性が低い場合**　これに対して，行為者の行為それ自体には，物理的（あるいは医学的）な観点から見て結果を直接発生させる力はなく，むしろ介在事情の方にその力があったという事例もある。この場合には，上のa)のような形で「危険の現実化」を認めることはできない。行為者の行為に「危険の現実化」を認めることができるとすれば，それは，行為者の行為に，「結果を直接発生させるような力をもった事情」を誘発する高い可能性がある，という場合である。

> **CASE ● 2-4**
> Xは，夜間，高速道路でSの運転に腹を立て，S車の前に割り込んでS車をむりやり追越車線上に停車させ，Sに暴行を加えるなどした。その後，追越車線上を走行してきたAの車が停車中のS車に追突し，Aらが死傷した（高速道路停車事件）。

CASE 2-4 では，Aらの死傷結果の（物理的・医学的に見た）直接の原因は，Xの行為ではなく「Aの追突」にある。しかし，S車を高速道路の追越車線上に停車させ続けたXの行為は，「追越車線上を走行してくる後続車がS車に追突する」という事態の発生を，当然予測させるものである。したがって，追突事故によって生じたAらの死傷は，Xの行為から予測された展開そのものであり，Xの行為の危険が現実化した結果と評価できるのである（CASE 2-4 の最高裁決定〔最決平 16・10・19 刑集 58 巻 7 号 645 頁〕もXの行為とAらの死傷の結果との間に因果関係を認めた）。

▶ **被害者の行為の介入事例**　行為者の実行行為の後に被害者の行為が介入して結果が起こったという場合にも，行為者の実行行為と結果発生との間に因果関係が認められるかが問題となる。この場合も，因果関係は，危険の現実化が認められるかによって判断される。

　a）　**行為者の行為の物理的な危険が高い場合**　例えば，行為者の行為によって被害者が重傷を負い，その傷害がそのまま死因となって死亡した場合には，その間に，被害者が病院で治療用の管を抜くなどして安静に努めなかったという事情があり（被害者の行為の介入），それが被害者の容体の悪化に若干の影響を及ぼしていたとしても，被害者の死亡結果は行為者の傷害行為の危険が現実化したものと認められる（最決平 16・2・17 刑集 58 巻 2 号 169 頁参照）。

　b）　**行為者の行為の物理的な危険が低い場合**　これに対して，行為者の行為でなく，被害者の行為の方が結果を直接惹起する力をもっていた場合には，そのような被害者の行為が介入する可能性を有意に高めるという危険性が，行為者の行為に認められ

る必要がある。

　第1に，被害者が行為者から暴行を加えられて必死で逃走する間に，気づかなかった段差や障害物につまづき，転倒するなどして死亡した場合には，その死亡結果は，「被害者が必死で逃走を図り，周囲の危険物に気づかずに転倒するような状況を作り出す」という行為者の暴行行為の危険が現実化したものと評価できる（最決昭59・7・6刑集38巻8号2793頁参照）。

　第2に，被害者が，危険を自覚しながらあえてその危険な逃走手段を選択した場合には，行為者の行為に，被害者に「そのような危険を冒して逃走する方がましである」と考えさせ，そのような選択を心理的に強いることになるような危険性が内在した場合に，行為者の行為につき，危険の現実化が認められる（行為者ら6人が，数時間にわたり，マンションの一室などで被害者に対して執拗に暴行を加え続けた結果，その状況から必死で逃れようとした被害者が，行為者らから逃げ切るために付近の高速道路に逃げ込んで事故死した場合に，行為者らに傷害致死罪の成立を認めた判例として，最決平15・7・16刑集57巻7号950頁がある）。

(3) 判断基底の設定が不要になったわけではない

　以上では，行為後の第2行為介入事例（**3**の②③事例 ⇒40頁）を手がかりにして，「危険の現実化」の判断方法について見た。これは，従来の相当因果関係説が言っていた，「判断基底を設定して，それをもとに結果発生の予測可能性を判定する」という判断方法とは全く別物である。しかし，従来型の「判断基底の設定」という発想が不要になったというわけではない。「判断基底の設定」は，持病・特異体質事例（**3**の①事例 ⇒40頁）において，行為者の行為にどのような危険性を見出すかという「行為の危険性」を決める際に，今でも意味をもっている。

　CASE 2-1（⇒35頁）において，Xの暴行行為に見出される「危険性」は，Aの心臓疾患を前提にするか（客観説），しないか（折衷説）によって，違ったものになる。いやしくも相手に「暴行」を加えるなどという行為の危険性を考えるにあたっては，およ

[17] 既に見たように(⇒40頁), ①被害者の持病・特異体質事例における判例の結論は, 被害者の持病や特異体質を考慮に入れたうえで, 行為者の行為の「危険性」を考えるという立場(客観説)と一致するものである。

そその相手に持病があるという事情も「織り込み済み」のものとして考慮に入れるべきである, と考えるのか(客観説), 相手の持病が一般的に察知できない以上, 行為者の「暴行」行為の危険性には「相手の持病と相まって相手が死亡する」という可能性は含まれない, と考えるのか(折衷説), そのどちらの考え方に立つかによって, Xに「危険の現実化」が認められるか否かが変わってくるのである[17]。

CHECK

- □1 刑法上の因果関係とは, どのような内容の要件か。
- □2 条件関係の判断方法はどのようなものか。また, 条件関係の存否が実際に問題となりうるのは, 具体的にどのような場合か。
- □3 行為者による暴行と被害者の持病・特異体質とが相まって被害者が死亡した, という場合(①持病・特異体質事例)において, 行為者の暴行と死亡結果との因果関係はどのように判断されるか。
- □4 行為者の行為(第1行為)の後に, 第三者の行為(第2行為)が介入し, その両方の行為の作用が相まって被害者が死亡したという場合(②第三者の行為介入事例)において, 行為者の第1行為と死亡結果との因果関係はどのように判断されるか。

3 不作為犯

CASE ● 2-5
Xは, 自分の子Aをせっかんして重傷を負わせたが, 自分の暴行が発覚することをおそれ, 病院に連れて行くなどの適切な措置をとらず, (このままではAが死亡するかもしれないと考えながら) Aを家の中にとどめて放置していたため, Aが数日後に死亡するに至った。

CASE ● 2-6
「シャクティパット」という治療法で信奉者を集めていたXは, 脳内出血で入院していたAの治療をAの息子Yから依頼された

ので，Yに指示し，Aを入院中の病院から自分のいるホテルまで運んで来させた。Xは，運ばれて来たAの容態を見て，このままでは死亡する危険があると認識したが，病院には戻させず，痰の除去や水分点滴など生命維持に必要な医療措置が受けられないホテルの一室にAをとどめおいたので，Aは痰による気道閉塞によって死亡した（シャクティパット事件）。

CASE ● 2-7

Xは，Aと一緒に覚せい剤を使用しようと考え，ホテルの一室で自分とAに覚せい剤を注射したが，その直後，Aは覚せい剤の急性中毒状態に陥って苦しみ始めた。Xは，覚せい剤の使用が発覚することをおそれ，（このままではAが死亡するかもしれないと考えながら）Aをそこに放置して立ち去ったため，Aは数時間後に死亡した。しかし，Aの中毒症状の発現が急激なものだったので，Xが仮にAを病院に運んでいたとしても，Aを救命できた可能性は低かった。

1 総　説

(1) 作為と不作為

　2では，どんな場合に「人を殺した」(199条) というような「結果犯」が成立するかを検討したが，ここまで考えてきたのは，行為者が被害者の首を絞める，自動車で衝突するといった**積極的な動作**（これを**作為**という）を手段として結果を引き起こした場合（作為犯）に限られていた。これに対して，CASE 2-5の母親Xは，Aを病院に連れて行き，治療を受けさせるなどの**期待された積極的な動作に出ないこと**（これを**不作為**という）によって，Aの死亡という結果を招いている。この事例では，Xはたしかに，Aに暴行を加えるという「作為」によってAを殺害しているとも言える。しかし，暴行の時点では，XにAを殺害する「故意」（⇒第3章）がないから，せいぜい傷害致死罪（205条）の成立しか認められない。そこで，CASE 2-5のXに殺人罪が成立する余地があるとすれば，X

3　不作為犯　● 53

に殺人の故意が生じた後の態度[18]，つまりXが「このままではAが死亡する」と認識しながらAを放置した不作為を，殺人の「実行行為」と見ることができなければならない。では，このような不作為を実行行為とする犯罪（**不作為犯**）は認められるのだろうか。

(2) 真正不作為犯と不真正不作為犯

刑法各則には，条文それ自体が「何かをしないこと」（不作為）を犯罪として規定するものがある。「要求を受けたにもかかわらず」人の住居から「退去しない」ことを処罰する不退去罪（130条）などが，その例である[19]。行為者が，不作為の態度によって，この種の規定に該当する場合（例えば，家から出て行くよう要求されたのに，その場に座り込んで動かないという場合）のことを**真正不作為犯**と呼ぶ。これに対して，殺人罪のような結果犯の規定は，「何かをしないこと」を犯罪として規定しているのではなく，「人を殺した」という結果を引き起こすことを犯罪として規定している。この条文では，「人を殺した」という結果を引き起こす「手段」として，作為（例えば暴行を加えること）も不作為（例えば適切な治療を受けさせず放置すること）もともに予定されているのである。殺人罪のように，手段がもとから不作為に限られているわけではないような条文に，不作為の態度によって該当する場合のことを，**不真正不作為犯**と呼んでいる。

> ▶ 「不真正不作為犯」という語は，その条文が本来的には「不作為」による場合を予定していない（例えば，殺人罪の条文は「人を殺す」という「作為」だけを予定しているから，その条文に「不作為」によって該当することは「不真正」な事例である）といった発想から出てきたものである。しかし，このような理解は，現在では克服されている。「人を殺した」（199条）とは，「殺害結果を引き起こした」という意味であって，それ自体は「作為」でも「不作為」でもない（「作為」の手段によっても「不作為」の手段に

[18] CASE 2-5のXは，「このままではAが死亡するかもしれないと考えながら」Aを放置している。このような内心の状態でも，殺人の故意が認められる余地がある。この点については，第3章1で出てくる「未必の故意」を参照してほしい。

[19] このほかに，多衆不解散罪（107条），保護責任者遺棄罪（218条）などがある。

よっても,「人の殺害結果を引き起こす」ということはできる)。したがって,殺人罪の条文に言う「人を殺した」という文言が,本来的には「作為」の手段によって殺害結果を生じさせた場合だけを予定しているということはできないのである。

　それでは,不真正不作為犯が成立するためには,どんな要件が課されるだろうか。結果犯の構成要件に該当するためには,実行行為が「作為」である場合と同じように,その不作為から因果関係を介して結果が発生したことが必要である。しかし,不真正不作為犯の場合には,実行行為が「不作為」であることから,各種の要件が作為犯の場合とは異なった形で現れてくることになる。以下,不真正不作為犯の客観的な要件について,見ていくことにしよう。

2　成立要件その1:実行行為

　まず,不真正不作為犯の実行行為は,行為者の「不作為」の態度である。ここで実行行為として選び出される不作為の態度というのは,「何もしていない状態」ではなく,あくまで「期待された作為に出ない態度」のことである。CASE 2-5におけるXも,買い物に出かけたり,家で食事をしたり,様々な動作はしているだろう。しかし,Aの殺害との関係で問題となる態度はあくまで,「その間,Aを病院に連れて行かなかった」という,期待された動作に出なかった不作為である。このように「期待された作為に出る義務」は**作為義務**と呼ばれ,不真正不作為犯の実行行為は,行為者の**作為義務違反**という形で表される。

　そして,行為者の不作為の態度が「作為義務違反」だといえるためには,行為者に**作為の可能性・容易性**があった(その作為に出ることが行為時の行為者にとって可能であり,かつ,過剰な負担でない)ことが必要である。例えば,自分の子が川に落ちて溺れているのを発見した父親が,救助しようと川に飛び込んだ

が，自分自身も泳げないため，たどり着けずに子を死なせたという場合，父親に作為義務違反は認められない。行為者にとって物理的・身体能力的に不可能なことは義務づけられないからである。また，例えば，経過観察が必要な大きな手術を終えた外科医師Ｙが，その夜，他の当直医・看護師らに引継ぎを済ませて帰宅したところ，夜中に患者が急変し，（Ｙには帰責できない事情によって）他の当直医らの適切な対応もなされず，患者が死亡したという場合，仮にＹが徹夜で医局に詰めていたならば急変に対応できたとしても，Ｙに作為義務違反は認められない。もしＹが，手術後は常に徹夜で病院に詰めていなければならないとすれば，Ｙに通常の人間的な生活を捨てさせ，超人的な自己犠牲を強いることになってしまう。これは人に義務づけることができない過剰な負担である。

3　成立要件その２：保障人的地位

(1) 保障人的地位とは何か

不真正不作為犯が成立するためには，行為者に，作為義務を負うべき（結果の不発生を保障するべき）地位・状況が認められること（**保障人的地位**）が必要である，というのが現在の通説的な考え方である（**保障人説**）。例えば，**2**で見た「泳げない父親」の事例で，子供が溺れている様子を，父親以外に多数の通行人も見ていて，しかもこれらの者は泳ぐことができたとする。しかし，通常，これらの者を不真正不作為犯として罪に問うことはできない。結果発生が予想される場面に遭遇することは日常的にありうることであり，そのつど結果防止のための作為に出ることが要求され，そのような作為に出なければ「結果の発生を阻止しなかった」として犯罪に問われるとしたら，およそ通常の日常生活を送ることはできないだろう[20]。

このような作為を無制限に義務づけることは，「過度の自由

[20] 例えば，冬の夜に泥酔して路上に突っ伏し，このままだと風邪をひくかもしれない（傷害の結果），嘔吐してのどをつまらせ，生命に関わることになるかもしれない（死亡の結果）と不安になるような人を見かけた場合に（よくあることである），そのつど救護しなければ，その後発生した結果について不作為犯の罪責を問われることになりかねないとしたら，これは大変なことである。

の制約」となり，不当である。したがって，不作為による「結果発生の単なる傍観」が不真正不作為犯として処罰されるのは，作為によって結果を惹起した作為犯の事例と「同価値」と言えるような場合に限られる。この要請に応えるために行為者に要求されている要件が「保障人的地位」であり，この地位にある者の不作為（作為義務違反）だけが不真正不作為犯として処罰されるのである。

▶ 保障人的地位にある者の不作為がすべて作為義務違反として不作為犯の実行行為になるというわけではない。子との関係で「保障人的地位」にあるとされた母親も，「可能性・容易性」のない作為は義務づけられない。もっとも，個々の場面において，問題となる作為がたった1つであるとは限らない。作為が複数考えられる場合には，その「可能性・容易性」も，それぞれの作為ごとに異なってくる。例えば，泳げない母親には，「溺れている子を泳いで救助する」という作為は不可能である。しかし，泳げない母親も，「他の者が泳いで救助してくれた子に救急医療を受けさせる（救急車を呼んで子を病院に搬送する）」という作為であれば可能であるから，これをせずに子を死なせれば，不作為による殺人罪に問われる余地があるだろう。このように，問題の行為者に「保障人的地位」が認められるのかという問題と，具体的に，その行為者のどの不作為の態度が「作為義務違反」と評価できるのかという問題とは，別個に考えなければならない事柄である。

(2) 不真正不作為犯に関する判例

それでは，保障人的地位はどのような人に認められるのだろうか。不真正不作為犯の成立が争われた，殺人罪と放火罪に関するいくつかの判例を手がかりにして考えてみよう。

a) **殺人罪の判例**　殺人罪に関しては，次のような判例がある。生後2週間のAを「貰子」[21]として引き取り，約5カ月養育したXが，その後食事を与えずにAを死亡させた事件において，Xは「契約によりA養育の義務を負う者」であるか

[21] 判決文からは詳細がわからないが，一般に，当時の「貰子」という慣行は，子が成長した後に労働力とすることなどを目的として，実の親から幼児をもらい受ける（養親子関係は必ずしも伴っていない），というものであった。

ら殺人に当たる，とされた（大判大4・2・10刑録21輯90頁）。母親Xが，軽症の仮死状態で出生した子Aを救命することなく，そのまま死亡させた事件では，Xには「母親として，直ちに嬰児の生存のため必要，適切な保護をなすべき義務があつた」として殺人罪が認められている（東京高判昭35・2・17下刑集2巻2号133頁）。また，Xが，歩行不能の身体傷害のあるAを厳寒期の深夜に自動車で山中まで連れて行った後，Aをそこに置き去りにする決意を生じてそれを実行した（しかし，Aは近くの山小屋に偶然居合わせた人に救助されたので死亡しなかった）という事件で，Xは「生命に切迫した危険のある場所へ連れて」行くという「自らの先行行為によってAの生命に危険を生じさせた」のだから，「Aの生命の危険を除去またはAを安全な場所まで連れて帰るべき法的義務（作為義務）がある」として，Xを殺人未遂罪とした裁判例もある（前橋地高崎支判昭46・9・17判時646号105頁）。また，いわゆる「ひき逃げ」の事例で，不作為による殺人罪が認められる場合もある。Xが，自動車の運転中に，過失で歩行者Aをはね飛ばして意識不明の重傷を負わせ，Aをいったん自車に運び入れたが，事故の発覚をおそれてAを適当な場所に遺棄しようと考え，約29kmの距離を走行し続けたところ，Aが車内で死亡したという事案につき，Xには「Aを直ちに最寄りの病院に搬送して救護し……生存を維持すべき義務」があったとして，Xに殺人罪を認めた裁判例がある（東京地判昭40・9・30下刑集7巻9号1828頁）。

　その後，殺人罪が成立する理由を，事実関係に即してもう少し詳しく示した裁判例も現れている。東京地八王子支判昭57・12・22判タ494号142頁は，Xら2人が，自分の店で雇っていた住み込み従業員Aに傷害を負わせたところ，Aが高熱を出して重篤な状態に陥ったが，自分たちが傷害を負わせたことが発覚するのをおそれて医師の治療を受けさせず，Aが

数日後に死亡したという事件で，Xらは「自己の行為によりAを死亡させる切迫した危険を生じさせたものと認められ」，また，本件傷害後も「受傷したAの救助を引き受けたうえ，Aを，その支配領域内に置いていた」から，Xらには殺人罪が成立するとしている。さらに，最高裁判例として，**CASE 2-6** に挙げたシャクティパット事件に関する最決平17・7・4刑集59巻6号403頁がある。この事件で，最高裁は，「Xは，自己の責めに帰すべき事由により患者の生命に具体的な危険を生じさせた上，患者が運び込まれたホテルにおいて，Xを信奉する患者の親族から，重篤な患者に対する手当てを全面的にゆだねられた立場にあった」のだから，「直ちに患者の生命を維持するために必要な医療措置を受けさせる義務を負っていた」として，殺人罪を成立させた。

b) 放火罪の判例　　不作為による放火罪の成立を認めた判例としては，以下のようなものがある。大判大7・12・18刑録24輯1558頁の事件では，Xが自宅で養父Aと争いになってAを刺し殺したが，争いの途中でAが投げつけた燃木尻（燃え残った薪木）が，わらに燃え移っていた。Xは，Aの死体を自宅ごと燃やしてしまおうと思ってその火を消さず，自宅と隣家の物置とを焼損した。大審院は，「物件の占有者又は所有者」は，その物が発火して公共に対し危害が発生するおそれがある場合には「発火を消止め以て公共の危険の発生を防止する」のが「法律上の義務」であるとして，Xに放火罪の成立を認めた。

大判昭13・3・11刑集17巻237頁は，Xが，現在住居として使用していない自己所有の家屋に毎日立ち寄り，神棚の灯明のろうそくに火を灯していたが，ある日，ろうそくの立ち方が不完全で傾いていたにもかかわらず，家屋に火災保険がかけられていたことを思い出し，保険金を取得しようと考えてそのまま外出したところ，ろうそくから火が燃え移り家屋が全焼した，という事件について，「自己の家屋が燃焼の虞ある場合に……

既発の危険を利用する意思にて外出するが如きは観念上作為を以て放火すると同一にして同条〔109条1項〕[22]に所謂火を放つの行為に該当す」るとした。

最高裁判例としては，最判昭33・9・9刑集12巻13号2882頁がある。X（電力会社の従業員）は夜間，営業所で残業し，宿直員Yと一緒に飲酒してYが就寝した後，足もとに火鉢を置き，事務室内で1人で仕事をしていたが，気分が悪くなったので火鉢をそのままにして事務室を離れ，別室で仮眠をとって戻ってきたところ，火鉢から書類に引火して机まで燃えているのを発見した。Xが自分の失態の発覚をおそれて立ち去ったため，営業所の建物が全焼した。最高裁は，「Xは，自己の過失行為により右物件を燃焼させた者（また，残業職員）として」消火する義務があったとして，Xに不作為による放火罪の成立を認めている。

[22] ちなみに，本件家屋は，Xの「自己所有の家屋」であったが，火災保険がかけられていたので，刑法115条により，「他人所有の非現住建造物放火罪」（109条1項）が成立することになる。

(3) 保障人的地位を認めるための基準

a) 形式的三分説　これらの判例をもとに考えれば，不作為者Xが作為義務を果たすべき立場にあった（保障人的地位にあった）とされる理由は，大きく3種類に分類することができる。

①第1に，Xが法令上何らかの義務を負っているために，その作為が期待される場合がある。Xが被害者の母親である場合，Xは民法における親権者の監護義務（民法820条）を負っている[23]。また，交通事故を起こした運転者は，道路交通法72条の負傷者救護義務を負う。これらの他にも，民法上の夫婦間の相互扶助義務（民法752条），消防法上の管理権原者や防火管理者の義務（消防法8条）など，作為義務を負う根拠として援用されうる法令上の規定は色々と考えられる。

②第2に，契約（人を養育する契約，監護する契約など）の存在が，作為義務の発生根拠と考えられる余地もある。

[23] 親権者が監護義務を尽くさずに子を死亡させた，といえる典型的な事例は，同居している幼児に食事等の世話を十分に行わず衰弱死させた，というケースである。

③第 3 に，「条理」（社会的に見た良識）を根拠とするものとして説明される場合がある。例えば，そもそも X 自身の先行する行為・態度（先行行為）から結果発生の危険が生じていた，という事情が認められる場合である。また，放火罪の判例では，X が火のついた建造物の所有者や占有者・管理者だった，という事情も理由に挙げられている。かつての学説は，自らの先行行為があったこと，建造物の所有者または占有者であったことなどの事情は，「条理」に照らして X が作為に出るべき立場にあることを基礎づける事情であると説明してきた。

以上からすれば，①法令，②契約，③条理のどれかの事情に照らして作為義務を負うべきだといえる場合には，その者に保障人的地位が認められるということができる（このような理解は**形式的三分説**と呼ばれる）。しかし，このような整理は，判例とその事案の表面に現れている理由や事情を列挙したものにすぎず，保障人的地位が生じる実質的な根拠を示しているわけではない。そこで近時の学説は，もう一歩踏み込んで，その実質的な根拠を明らかにしようと試みている。

b） 保障人的地位の実質的な発生根拠

①排他的支配（因果経過の支配）　行為者が結果発生に対して「不作為」（結果発生を阻止しなかった）という態度で関わったという評価が下されるとき，そこでは，他の何らかの事情（自然現象や人の作為）によって，既に結果発生を積極的に基礎づける「因果の流れ」が設定されていた，という認識が前提となっている。つまり，不作為は，結果発生へと至る因果を積極的に生み出す力をもっておらず，それ自体が結果を発生させた「主たる原因」とはなりえない。不作為は，結果発生との関係で，他の「主たる原因」から発した因果の流れを止めなかった，という関わり方をしているにすぎない。従来の不作為犯をめぐる議論の背後には，不作為についてのこのような観念があった。そこで，「不作為」という態度が，結果発生への因果を積極

に生み出す「作為」の場合と同じ処罰に値するといえるためには、不作為者が「結果へと向かう因果の流れを掌中に収めていた」と評価できるような状況が必要である、とする見解が有力に主張されるに至った。言いかえれば、結果が発生してしまうか否かは、「問題の行為者が作為に出るか否か」に決定的に依存している、と評価できるような状況が必要だということである。このような状況は、**排他的支配**（**因果経過の支配**）と呼ばれる。

行為者が被害者をいわば自分の「縄張り」に引き入れていて、被害者の生死が行為者の意向に決定的に左右される状況になっている場合には、行為者に排他的支配が認められる。**CASE 2-5** の母親 X は、以前から子 A と同居して世話をしており、外から他者が手を出してこない状況を保持してきたのだから、A の生死を左右しうるだけの排他的支配があったと言える。(2)の判例の事案でも、生後間もない子を自宅に引き取って世話をしていた者や、交通事故後に意識を失った重傷の被害者を自車内に運び込んで運転を再開した者には、同じく排他的支配が認められるだろう。

▶ このように、有力な見解は、行為者に保障人的地位が認められるための必要条件として「排他的支配」という状況を考えている。もっとも現在では、複数の不作為者がいて、そのうちの誰か1人にだけ文字どおり「排他的な」支配を認めることはできないという場合に、それでもそれらの複数の者が同時に不真正不作為犯として罪に問われるべき状況はありうるとして、「排他的支配」という状況を要求することに反対する見解も現れている[24]。

---

[24] 特に、不作為による共犯（⇒第 **8** 章）の場合には、その共犯者が単独で結果に至る因果経過を「排他的に支配」しているとは言えないだろう。

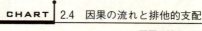

CHART 2.4 因果の流れと排他的支配

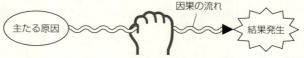

保障人的地位にある者は、作為により因果の流れを止められる。

②**行為者の自由の制約を正当化する要素**　排他的支配（因果経過の支配）とは，自分が介入するか否かによって結果の発生が左右されるような状況のことだった。しかし，このような状況に遭遇した場合には，どんな場合でも常に，保障人的地位が発生して作為義務を負う（義務を履行しなければ殺人罪に問われる），というのであれば，既に述べたように（⇒**3(1)**〔56頁〕），それは人にとって過度の自由の制約になる。そこで，当人に作為義務を負担させても過度の自由の制約ではない，と言えるような事情が必要となる。学説は，このような事情として次のようなものを挙げている。

第1に，行為者が，自分の意思で排他的支配を手に入れたのであれば（**意思に基づく排他的支配の獲得〔引受け〕**），そのような行為者には，結果阻止のための作為義務を負わせることが許容されるだろう。行為者が幼児を自宅に引き取った場合，交通事故の負傷者を自車に運び込んだ場合などが，これに当たる。例えば，上で挙げた判例でも，住み込み従業員に傷害を負わせ，その後治療を受けさせずに自宅に留め置いた事件において，裁判所は，不作為犯を基礎づける根拠の1つとして，被告人らが「受傷したAの救助を引き受けたうえ，Aを，その支配領域内に置いていた」ことを挙げている。

第2に，行為者が，自分の**先行行為**（**危険創出または危険増加行為**）によって法益に対する危険状況をもたらしていたという場合であれば，その行為者に作為義務を負担させることができる，と解する見解も有力である。そもそも自分自身の行動によって結果発生へと至る危険をもたらした以上，そのような行為者には結果防止のための作為義務を負担させることも許容される，というわけである。この見解からは，**(2)**の判例の事案のうち，先行する危険創出行為が認められるもの（身体傷害のある被害者を山中に連れ出した事件，ひき逃げの事件，住み込み従業員に傷害を負わせてその後治療を受けさせなかった事件，自分で火災原因を

作出した放火罪の事件など）において，保障人的地位が肯定される。なお，ここにいう先行行為の時点では，行為者に，不作為犯として罪責に問われることになる犯罪についての故意・過失があったことは要求されていない[25]。

また，人の世話や保護を自分が一手に引き受け，自分の縄張りに引き入れる行為も，「もはや他人が外から手をさしのべることができない状況」を作り出している，という意味で「危険創出」に当たると解する余地がある[26]。

第3に，以上の事情とは別に，行為者に作為義務を負担すべき何らかの**規範的要素**が認められる場合にも，保障人的地位が基礎づけられる余地がある，とする見解もある。例えば，親権者として民法上監護義務を負う母親は，子に対する「意思に基づく排他的支配の獲得（引受け）」や「先行する危険創出行為」がどこにあったのかを具体的に特定しがたい場合であっても，子の生命を保護すべき保障人的地位を負っている，などと主張される。

(4) CASEへのあてはめ

以上のような保障人的地位の認定基準をもとにして，CASE 2-5〜2-7 ⇒52頁 のXに保障人的地位が認められるか否かを考えてみよう。

CASE 2-5 のXは，自分の子Aを自宅内に，CASE 2-7 の

[25] 例えば，誤って（過失または無過失で）人を食肉保存用の冷蔵庫に閉じ込めてしまった者も，その人を冷蔵庫から救助する作為義務を負う。したがって，事情を知ったうえでこの作為義務を履行しなければ殺人罪，不注意で最後まで気づかなかった場合は過失致死罪に問われうる。

[26] 第1に挙げた「意思に基づく排他的支配の獲得（引受け）」と，第2に挙げた「先行行為（危険創出）」とは，その限りでは重なり合うとも言える。もっとも，「先行行為（危険創出）」という基準は，被害者に対する危険を作り出す行為であることを要求しているにすぎないから，その行為それ自体が「排他的支配」の状況を生じさせたものである必要はない。

CHART 2.5 保障人的地位を認めるための基準をめぐる議論の動向

形式的三分説	法令／契約／条理のどれかに照らして作為義務を負う
↓	
排他的支配 （因果経過の支配）	結果の発生が行為者の不作為に決定的に依存していると評価できる
＋	
自由制約の正当化要素	意思に基づく排他的支配の獲得（引受け）／先行行為（危険創出または危険増加行為）／規範的要素のどれかが認められる

Xは，Aをホテルの一室内にとどめているから，他者がAの生命に危険が及んでいる状況に気づいて介入してくる，といったことはおよそ期待できない。CASE 2-6のシャクティパット事件においては，Aが運び込まれたホテルにはXのほかに被害者Aの親族らがいたが，Aの親族らはXの信奉者であり，Xの指示に忠実に従い，Aの治療をXに全面的に委ねていたので，XがAを病院へ戻すように指示しなければ，Aがホテル内でXのもとに留め置かれてXの施術を受け続ける，という状況に変化が起こる可能性はなかった。そうすると，CASE 2-5〜2-7のXは，いずれも，Aの生命との関係で「排他的支配」を有していたと認められる。

　さらに，CASE 2-5のXは，自らの傷害行為によって，CASE 2-6のXは，自分が指示してAを病院から連れ出させ，痰の除去や水分補給など生命維持に必要な医療措置が受けられない状況のもとにAを置くことによって，CASE 2-7のXは，自らがAに覚せい剤を注射したことによって，それぞれ被害者Aの生命に危険な状況を創り出している（先行行為による危険創出）。加えて，CASE 2-6のXは，Aを自分のもとに連れて来させ，その支配下に置いていることから，この場合には，自らの意思に基づく「引受け」があったという評価も妥当するだろう。保障人的地位を認めるにあたって規範的要素も考慮する見解に立つならば，CASE 2-5において，XがAの母親であるという事情も（親権者の監護義務），Xの保障人的地位を肯定する根拠の1つと考えることになるだろう。

　以上からすれば，CASE 2-5〜2-7のXには，いずれも，Aの生命に対する保障人的地位が認められることになる。

4　成立要件その3：因果関係

　不真正不作為犯においても，もちろん実行行為と結果との間の因果関係が必要とされる（この点は，作為犯の場合と異ならな

い)。不真正不作為犯の場合，その実行行為は「作為義務違反」であるから，「因果関係」も作為義務違反と結果との間に求められることになる。このように，「義務」に違反した態度という形で実行行為が把握される不作為犯においては，その因果関係（危険の現実化⇒❷5）の存否が，作為犯の場合とは異なった形で問題とされることがある。それが，CASE 2-7 のような場合である。

　不作為者は作為義務を尽くしていないが，仮に作為義務を尽くしていたならば事態はどうなっていただろうか。このように，作為義務を履行した場合を仮に想定してみて，その場合にも結果の発生は防止できなかっただろう，といえるような事実関係が認められた場合には，不作為（作為義務違反）と結果との間の因果関係が否定されることになる。なぜなら，作為義務を履行してもどのみち今回の結果の発生は防止できなかった，というのであれば，その結果は，作為義務を履行するか否かにかかわらず発生が決定づけられているわけであり，不作為者の態度を作為義務「違反」だと決めつけた根拠が，その結果発生によっては確証されていないからである。したがって，このように仮に作為義務を履行したと仮定しても結果が回避できなかった（**結果回避可能性**がなかった）と認められる場合には，作為義務違反と結果との間の因果関係（不作為の危険性が現実化したという関係）が否定される。そうすると，CASE 2-7 の X は殺人罪に問われず，殺人未遂罪に問われる可能性が残るだけである。

▶　最決平元・12・15刑集43巻13号879頁の事件では，行為者 X が13歳の女子 A に覚せい剤を注射したところ，A が覚せい剤の急性中毒症状を発症したが，救急医療を要請せずに A をそのまま死亡させたとして，X の保護責任者遺棄致死罪の成否が問題となった。この事件でも，X が救急医療を要請していたならば，A の死亡結果が回避できたかどうかが争点となったが，最高裁は，A が覚せい剤による錯乱状態に陥ったころの時点で直

ちに救急医療を要請するという作為に出ていたならば「Aの救命は合理的な疑いを超える程度に確実であったと認められる」、との事実関係の認定をもとにして、Xの不作為とAの死亡結果との間には刑法上の因果関係が認められる、と結論づけている。この種の事例においては、問題とする時点が早ければ早いほど、手遅れには至っておらず、結果回避可能性（救命可能性）が認められやすいことになるだろう。

以上のほか、行為者による不作為（実行行為）の後で誰か（第三者や被害者など）の第2行為が介入して結果が発生した、というような場合であれば、②で述べたような形で因果関係（危険の現実化）が問われることになる。その点は、行為者の実行行為が「作為」か「不作為」かによって違いがあるわけではない。

CHECK

- □ 1　犯罪を構成する「不作為」とはどのような態度を指すか。
- □ 2　不真正不作為犯の成立要件はどのようなものか。
- □ 3　保障人的地位は、どのような事情が認められた場合に発生するか。
- □ 4　不作為犯における因果関係の判断は、どのように行うか。

CHAPTER

第3章

故 意

　犯罪の成立が認められるためには，原則として，行為者に「故意」が認められなければならない（38条）。「故意」とは，簡単に言えば，「自覚しながら，わざとやった」と認められることをいう。それでは，相手を殺害する積極的な意図はなかったが，「相手が死亡するかもしれない」と薄々感じていたような場合に，殺人の故意は認められるのだろうか（「未必の故意」の問題）。また，殺人を意図してけん銃を発砲したが，狙っていない予想外の相手に命中し，死亡させてしまった場合には，その相手との関係でも殺人の故意があったことになるのだろうか（「事実の錯誤」の問題）。このように様々なタイプのケースを検討しながら，行為者に「故意」が認められる条件について考えるのが，本章の課題である。

1 故意論

CASE ● 3-1
Xは，長年恨んでいたAを殺してやろうと思い，刃渡り25cmの包丁を用意してAを待ち伏せし，現れたAの首や胸を包丁で十数回めった刺しにして殺害した。

CASE ● 3-2
暴走族のリーダーXは，反抗的なメンバーAを集団で殴りつけたうえ，頭を水中に押さえつけて制裁を加えることがあり，過去には，Aの意識が戻らず病院に緊急搬送したこともあった。その後しばらくして，Xらは，Aがまた反抗的な態度をとったとして，木刀でAの頭部などをめった打ちにし，Aの顔面を何度か繰り返し（長いときは1分間ほど）水中に押さえつけたところ，Aは窒息死した。Xは「Aが死ぬとは思わなかった」と弁解している。

1 総説

(1) 故意犯処罰の原則（38条1項）

38条1項本文は，「罪を犯す意思がない行為は，罰しない」と規定している。この「罪を犯す意思」のことを，刑法の議論では**故意**と呼ぶ。行為者に「故意」があったというのは，さしあたり日常的な言葉でいえば，行為者が問題の犯罪を「わざと」やった，という場合のことである。このように，故意になされた犯罪を**故意犯**という。そして，38条1項が定めるように，行為者に故意がなければ原則として犯罪は成立しないのであり（**故意犯処罰の原則**），殺人罪（199条），傷害罪（204条），窃盗罪（235条）などの刑法各則の各条文もそれぞれ故意犯の処罰を定めたものである。

では，なぜ刑法は（原則として）犯罪の成立に「故意」を要

求するのだろうか。通常，自分がしようとしていることが犯罪事実だと自覚された（＝故意がある）場合には，「それは犯罪なのだからやめておこう」という考えが喚起されるはずであり（これを「故意の提訴機能」という），その行為を差し控えるという反応が期待される（**反対動機の形成可能性**）。それにもかかわらず，その行為をやめなかったことが犯罪としての強い非難に値する，というのが有力な説明である[1]。

> [1] あるいはもっと単純に，「行為者に対して責任を問えるのは，原則的に，行為者が自覚的に自分の意思に基づいて発生させた犯罪事実についてである」，という説明も考えられる。

(2) 「故意」はどのような心理状態か

冒頭の **CASE 3**-1 では，X に「殺人の故意」が認められることに疑いはない。X は，刃渡り 25 cm の包丁という殺傷能力の極めて高い凶器で，A の首・胸という身体の枢要部（刺された場合には死亡結果に至る可能性が高い部位）を攻撃しているから，X がこの状況を認識している限り，X の頭には「自分の行為で A が死ぬ」という結末が浮かんだはずである。つまり，X には，①「自分の行為が（確実に）殺人結果を生じさせる」という事実の予見・認識がある。さらに X は，② A の殺害を希望し，殺害結果に至ることを積極的に承認していた。このように，故意が疑いなく認められる事例においては，行為者に，①「犯罪事実の認識」（犯罪に該当する客観的事実の外形の認識）と，②「その犯罪事実の発生を希望する（承認する）」という意思や感情とが備わっている。①は**認識的要素**，②は**意思的要素**と呼ばれる。

(3) 未必の故意

従来の諸見解は，「故意」にとって①の認識的要素は必要不可欠である，という点を前提としたうえで，さらに②の意思的要素も必要か，という点を争ってきた。この争いが特に表面化するのは，行為者に犯罪事実の発生の「不確定的な認識」しかなかった場合に，それでもなお故意を認めることができるか，

という問題をめぐってである。CASE 3-2のXは、その弁解を信じるならば、「Aの死亡結果が確実に発生する」という認識をもっておらず、①の認識的要素が弱い。しかし、このように犯罪事実の発生が「不確定的なもの」としてしか自覚されていない場合でも、故意がない（せいぜい過失が認められるだけである）とされるのではなく、いわばぎりぎりのところで故意が認められる場合がある。このような場合のことを、**未必の故意**が認められる場合という。それでは、この未必の故意がどのような基準で認められるか（故意と過失との違いはどこにあるか）、という点を手がかりにして、故意が認められるためにはどのような心理状態が必要なのかを、詳しく見てみよう[2]。

2　故意の内容

(1)　認識説（蓋然性説）

一方で、故意という心理状態は「犯罪事実の認識」に尽き、故意の内実は①の認識的要素に限られるとする見解がある（**認識説**）。この立場からすると、故意の存否は、行為者が「犯罪事実は生じる」と信じていたか否か、言いかえれば、行為者において、犯罪事実がどの程度の確率で現実に起こるものとしてイメージされていたかにかかっている。結果発生が確実だと自覚していた（100％に近い確率で結果に至る、と思っていた）場合には、当然故意があるが、そのような場合だけでなく、犯罪事実の発生について一定以上の「高い蓋然性[3]」が認識されていた場合には故意が認められ、これに対して「低い可能性」しか認識されていなかった場合には故意が否定される（**蓋然性説**）。もちろん、結果発生の蓋然性が「何％以上」として自覚されれば故意がある、といった単純な基準を立てることはできないし、また、行為者が信じていた結果発生の蓋然性が何％だったのかを精確に測定することもできない。結局、「そのような状況が

[2]
　行為者が犯罪事実を「不確定的」にしか認識していなくても故意が認められる場合として、未必の故意のほかに、択一的故意、概括的故意の場合がある。
　択一的故意とは、行為者が犯罪事実の発生それ自体は確実なものとして認識していたが、それが発生する客体（相手）については択一的に（複数の者のうちの誰か、として）しか認識していなかった場合である。
　概括的故意とは、行為者が犯罪事実の発生それ自体は確実なものとして認識していたが、それが発生する客体（相手）については概括的なもの（例えば、その場に居る大勢の人）として認識していたにとどまる場合をいう。

[3]
　「蓋然性」というのは、法律上の議論でもよく出てくる用語であり、「ある事実が発生する可能性」、または「ある事実が真実である可能性」を意味する。

自覚されていたのであれば，結果の発生を真剣に危惧して直ちにその行為をとりやめるべきである」，と考えられるような状況が行為者に自覚されていた限り，(未必の) 故意を認めるべきことになるだろう。

そうすると，CASE 3-2 の X について問題となるのは，A が窒息死する蓋然性を，X がどの程度のものとして自覚していたかである。A を水中に押さえつけた時間の長さ，木刀での暴行による A の衰弱の程度，過去に同種の暴行を加えた時の A の反応（現に A が死にかけたことがあるか）などの諸事情をもとに，X の頭の中で認識されていた現状が，「A の死を真剣に危惧させ，その行為をやめようと考えさせるのに十分なもの」だったならば，X には A に対する（未必の）殺意が認められることになる。

(2) 意思説

他方で，「故意」の成立には，①の認識的要素に加えて，②の意思的・感情的要素が不可欠だとする見解がある（**意思説**）。この見解は，②の具体的な内容として，**意図**（問題の結果を直接の目標として見定めている心理状態）や，**(積極的・消極的) 認容**（問題の結果を直接の目標としてはいないが，それが発生することを好ましい事態として歓迎していたり〔積極的認容〕，または，それが発生しても仕方がないとして容認・甘受している心理状態〔消極的認容〕）を挙げ，少なくとも結果の「認容」があれば故意（未必の故意）が認められるとする。CASE 3-2 では，A の死の「一定程度以上の蓋然性」が認識されていたことを前提としたうえで（①の要素），さらに②の要素があったかが問われる。X には A 殺害の「意図」までは認められないから，その（積極的・消極的な）「認容」があったのかが問題となるだろう。

▶ もっとも，結果発生の一定程度以上の蓋然性を認識しながら，それでもあえて行為に出たのであれば，通常は，行為者に結果発

生の「消極的認容」といえる程度の心理状態は当然に伴っていたとも考えられる。そこで，②の要素のうち消極的認容の存否を考えることは，故意の存否を判定するうえであまり実益をもたないのではないか，という指摘もなされている。

(3) 総合的な考慮

近時は，行為者の①と②の両方の要素を考慮して故意があったといえるかを判断するのが故意の認定の実態である，という見方も有力に主張されている。これは，行為者の①と②の要素を「総合的に」考慮し，全体として見て，行為者の心理状態に「故意があった」といえるだけの実体があるかを判断する，という考え方である。結果発生の蓋然性が「高い」ものとして自覚されていた場合（①の認識的要素が高度である場合）は，その分だけ②の意思的要素は弱くてもよく，「消極的認容」でも足りる。逆に，②の要素として，行為者に結果発生を積極的に狙う「意図」があった場合には，結果発生の蓋然性がある程度低いものとして認識されていた場合でも，それが著しく低いものでない限り故意を認める余地がある[4]，とするのである。

[4]「Aを殺害する意図をもったXが，入手したけん銃で，30m離れた場所から発砲したところ，弾丸が命中してAが即死した」という場合，けん銃を初めて使うXは，「30m離れた場所から相手に必ず命中させる腕前が自分にある」とは思っていないかもしれない。それでも，けん銃という手段からして，殺害結果に至る可能性は決して低くなく（①の要素も一定程度ある），かつ，殺害の強い「意図」があった（②の要素が強固であった）から，このXに殺人の故意が否定されることはないだろう。

事実の錯誤

CASE ● 3-3
Xは，警察官Aを殺害してけん銃を奪い取ろうと思い，建設用の「びょう」が発射される改造銃でAを狙って撃ったところ，発射されたびょうがAの胸を貫通し，さらに，道路の反対側にいた通行人Bにも命中して，AとBが負傷した。Xは，Aを狙って発射したびょうがA以外の人にまで命中するとは思っていなかった。

CASE ● 3-4
Xが，Aを溺死させようと考え，高い橋の上から，Aを濁流の川へと突き落としたところ，Aは落下中に橋脚に頭部を打ち

つけて死亡した。

> **CASE ● 3-5**
> Xは，自分で使用する目的で薬物を所持していたが，「コカイン」（麻薬）だと人から聞いて所持していたその薬物は，実は「覚せい剤」だった。

1 総説

　実際に発生した客観的な事実と，行為者の主観的な事実認識とが一致していない場合を，**事実の錯誤**と呼ぶ。❶で見たように，「故意」というのは，自分が起こした犯罪事実について，行為に出た時点の行為者にその認識（およびその意図・認容）があったことである。そうすると，ここまでの話からすれば，事実の錯誤がある場合，実際に発生した事実に対応する認識が行為者になかったのだから，「故意がない」ということになりそうである。しかし，この場合にも，行為者に故意が認められる余地がある。そこで今度は，この「事実の錯誤」と呼ばれる各種の事例と，それに関する議論を見ていくことにしよう。

2 具体的事実の錯誤

　Xが，Aを殺害しようと思ってけん銃で狙い撃ちにしたところ，弾丸がAではなくその近くにいたBに当たり，Bが死亡した。この場合，現実の発生事実（「Bの殺害」）と，行為者の認識事実（「Aの殺害」）との間には，くい違い（＝事実の錯誤）がある。このように，客観的な発生事実と，行為者の主観的な認識事実とのくい違いが，同一の犯罪構成要件（この事例では「殺人罪」）の範囲内で生じている場合のことを，**具体的事実の錯誤**と呼ぶ。

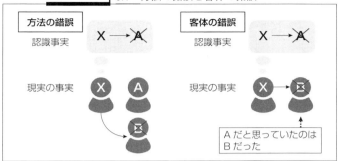

(1) 事例の分類

具体的事実の錯誤の事例は、さらに「方法の錯誤」の場合と「客体の錯誤」の場合に分けることができる。

まず、上に挙げた「Aを狙ったところ弾丸が外れて、近くにいたBに命中した」という場合のように、行為者の認識していた（狙っていた）客体とは別個の客体に結果が生じた場合のことを、**方法の錯誤**と呼ぶ。また、CASE 3-3のように、行為者が狙った客体Aにも結果が生じたうえで、さらに、同じ行為によって、狙っていなかった客体Bにも結果が生じた場合は、特に「併発事例」と呼ばれることもあるが、この場合も、行為者の認識していなかった客体Bに結果が生じたという限りでは、方法の錯誤の場合と同じ問題状況が生じている。

これに対し、行為者の認識していた（狙っていた）当の客体に結果が生じたが、その客体の属性について行為者に誤認があった場合のことを、**客体の錯誤**と呼ぶ。例えば、「Xが、後ろ姿からAだろうと思った相手に向けて、けん銃で発砲したところ、その相手に弾丸が命中して殺害を遂げたが、顔を見たら、それはAではなく別人のBだった」、というような場合がこれに当たる。ここでの問題は、これらの場合において、Bに発生した結果につき、Bについて全く認識していなかった行為者Xに故意が認められるか、という点である[5]。

[5] もしXが、「近くにいるBにも弾丸が当たってBも死亡する」という結果発生の蓋然性を自覚していたならば、Xには「Bの死」との関係で直接に「未必の故意」が認められる余地がある。ここで問題となっている「事実の錯誤」においては、「Bの死」についてはXに「未必の故意」もない、という事例が議論の対象になっているという点に注意が必要である。

(2) 解決の前提:「法定的符合」とは

では,具体的事実の錯誤の事例はどのように解決されるのだろうか。行為者に故意があるといえるためには,発生することになる犯罪事実について,行為者が予見・認識していなければならない。しかし,どのような解決方法をとるにせよ,前提にしておかなければならないのは,現実に発生する犯罪事実について,その細部まで完全に予見・認識していたことを行為者に求めることはできない,ということである。故意の存否は,あくまで「問題の犯罪構成要件に該当する事実」が行為者に自覚されていたか,という問題であり,行為者が,現実に発生する事態について,それ以上の精密さをもって自覚していたことは必要でない。

したがって,殺人の故意があるといえるためには,行為者に,「人を殺」す(199条)に当たる事実認識があれば足り,例えば,Xがけん銃でAを射殺した場合に,弾丸がAの身体のどの辺りに命中するか,失血死までの時間はどのくらいかなどについて,Xが予見している必要はない(どんな殺人犯もこのような予見をもってはいない)。つまり,客観的な発生事実と,行為者の認識事実とが,ともに同一の法定の犯罪構成要件(殺人の場合でいえば199条の定める殺人罪の構成要件)の範囲内に収まっている限り,両者は符合・一致しているといえる(行為者には発生事実について「故意」があったといえる)。この大前提を,**法定的符合**と呼ぶ。

そして,その先に,以下に見るような「法定的符合説」と「具体的符合説」の対立がある。

(3) 法定的符合説

第1の見解は,現実に発生した事実と,行為者の認識した事実とが,ともに同一の法定犯罪構成要件に含まれている限り,

行為者には発生事実についての故意が認められる，と考える。この見解を，抽象的法定的符合説，あるいは単に**法定的符合説**と呼ぶ。この見解は，上に挙げた**「方法の錯誤」**の場合も**「客体の錯誤」の場合も故意を認める**ことになる。どちらの場合も，Xは「Aを殺す」という殺人罪（199条）の構成要件に該当する事実の認識をもって，「Bを殺す」という殺人罪の構成要件に該当する事実を発生させており，両者は殺人の法定構成要件の範囲内で一致しているから，XにはBの殺害結果について殺人の故意が認められるのである。判例（最判昭53・7・28刑集32巻5号1068頁）も，**CASE 3-3** の事案に対して，「人を殺す意思のもとに殺害行為に出た以上，犯人の認識しなかった人に対してその結果が発生した場合にも，右の結果について殺人の故意がある」として，Xに，Aに対する関係だけでなく，認識していなかったBに対する関係でも強盗殺人罪[6]の故意を認めている（結論として強盗殺人未遂罪が2個成立し，観念的競合になるとした）。この見解は，たとえ結果が生じる相手がAとBとで異なっても，行為者は，殺人という同一の構成要件的評価に値する犯罪事実について自覚をもっていたのだから，「殺人はすべきでない」というハードル（規範）に直面していたはずであり（故意の提訴機能），それにもかかわらず行為者がそれを乗り越えて行為に出た以上，起こした殺人結果について「故意犯」としての重い非難に値する，と説明するのである。

⇒256頁

⇒70頁

[6] ここで殺人（199条）ではなく強盗殺人（240条）の故意が認められているのは，Xには，Aとの関係で「人を殺害して財物（けん銃）を奪う」という強盗殺人の故意が認められるからである。

(4) 具体的符合説

これに対して第2の見解は，現実に発生した事実と，行為者の認識した事実とが，ともに，問題の条文（犯罪構成要件）の「1個の該当事実」に含まれる場合に限って，両者の一致・符合を認め，故意を認める。

XがAを殺害するつもりで発砲し，狙いが外れて近くのBを殺害してしまったという「方法の錯誤」の場合，Xは「A

を殺す」認識で「Bを殺す」結果を発生させている。法定的符合説は、「Aを殺す」のも「Bを殺す」のも、およそ「人を殺す」という殺人罪の構成要件から見れば同じだと考えた。しかし、Aという人とBという人は、「生命」という殺人罪が保護する法益の主体（持ち主）として見れば「別の人」である。人を何人殺しても、それらは全部「およそ殺人」なのだから殺人罪は「1個」しか成立しない、というわけではなく、殺人罪は被害者（生命法益の主体）ごとに1個ずつ成立する。したがって、「Aを殺す」ことと「Bを殺す」ことは、殺人の構成要件該当事実として見れば2個の、それぞれ「別個の」事実である。そうすると、「Aを殺す」ことと「Bを殺す」ことは、その1つ1つが別個に殺人罪の構成要件に該当する事実なのだから、両者が単純に「構成要件該当事実として一致・符合している」ということはできず、Aとの関係で殺人の認識をもっていたとしても、Bとの関係で殺人の認識をもっていたことにはならない。このように考える見解は、具体的法定的符合説、または単純に**具体的符合説**と呼ばれる。

　これに対して、Xが、Aだと思って狙った相手を確かに殺害したが、人違いでそれはAではなくBだった、という「客体の錯誤」の場合には、具体的符合説も、死亡したBとの関係でXに殺人の故意を認める。なぜならこの場合、Xは、眼前で狙いをつけた「その人」（B）を殺害する認識で、実際に「その人」（B）を殺害したのだから、現実に発生した事実と、行為者が認識した事実とが、ともに「Bの殺害」という1個の殺人罪の構成要件該当事実として一致・符合しているからである。このように具体的符合説は、**「方法の錯誤」の場合には故意を否定するが「客体の錯誤」の場合には故意を認める**ことになる。

　▶　具体的符合説は、このように、行為者が狙った**法益主体**に結果が発生することを要求するが、それ以上に、行為者が狙った「対象物」「対象部位」に結果が発生することまでは要求しない。例

えば「Xが，Aの庭に飾ってある壺を割ろうと思って石を投げたところ，狙いが外れて壺の横の盆栽に命中し，盆栽が折れた」という場合，一見すると「方法の錯誤」があるように見えるが，この場合は，具体的符合説もXにAに対する器物損壊罪（261条）の成立を認める。器物損壊罪は「それぞれの人に帰属する財産」を法益として保護の単位としているから，発生した事実と認識した事実がともに「同じ法益主体（A）の財産の侵害」という範囲内に収まっている以上，壊れたのが壺か盆栽かという不一致は，Xの故意を否定する理由にならないのである。

(5) 「方法の錯誤」と「客体の錯誤」の区別

具体的符合説に立つ場合，「方法の錯誤」の場合には故意が否定され，「客体の錯誤」の場合には故意が認められる。そうすると，問題の事例がそのどちらの場合なのかが重要な問題となる。行為者が，狙う相手を「自分の目の前で」見ていない場合には，この区別は難しいことがある。

▶ 「Xが，Aを殺害するつもりでAの自動車のブレーキに細工をしておいたところ，その日に限ってAではなくBがその自動車を運転し，ブレーキが効かずにBが事故死した」という場合などが問題となる。この事例では，Xが「相手をどのような形で特定していたか」が重要だろう。Xが，狙う相手を単に「次にこの自動車の運転席に座る者」として特定していた場合には，その「運転席に座る者」を殺す認識でその「運転席に座る者」を殺したのだから，これは「客体の錯誤」であり，殺人の故意が認められる。これに対して，「その自動車にはAしか乗ることがない」という状況があり，Xもそのように認識してブレーキに細工をしておいたが，今回に限って珍しくBが運転席に座ったため，Bが死亡したという場合であったならば，これは「Aを狙った弾丸が外れてBに当たった」という「方法の錯誤」の事例に近く，故意が否定される余地があるだろう。

(6) 故意の個数

　法定的符合説に立って考える場合，「Aという1人の人を殺害するつもりで発砲したが，1発の弾丸でAとBの2人を殺害してしまった」という「併発事例」においては，発生した侵害結果に対応する数だけ故意が認められるのか，ということが問題となる。法定的符合説の論理からすれば，およそ「人」を殺害しようとして行為に出て，A・Bの死亡結果が発生した以上，A・Bの両者に対して殺人の故意があったことになる（殺人罪が2個成立して観念的競合になる），という結論に至ることが考えられる。この見解を**数故意犯説**といい，前述(3)の判例（最判昭53・7・28）もこの立場をとる。

▶　これに対し，この場合の行為者は，1人の殺害について「規範」に直面しているにすぎず，複数人の殺害については「規範」に直面していないから，あくまで1人の殺害についてのみ故意が認められる（行為者が認識した客体数に応じた数しか故意は成立しない），とする反対説もある。これは**一故意犯説**と呼ばれている。この見解からは，上の例のXには，Aに対する殺人の故意だけが認められ，Bとの関係では故意が否定される。したがって，XにはAに対する殺人罪と，Bに対する（重）過失致死罪が成立することになる。

3　因果関係の錯誤

　犯罪結果に至るまでの実際の因果経過と，行為者が予見していた因果経過とがくい違っている場合のことを，**因果関係の錯誤**という。CASE 3-4（⇒73頁）においては，Aの死という結果には違いがなくても，それに至るまでの因果経過に関して，Xには錯誤が認められる。この場合，Xに殺人の故意は認められるだろうか。

　既に見た「法定的符合」の考え方からすれば，実際の経緯と行為者が認識していた経緯とがくい違っていても，それらがと

もに問題の犯罪構成要件の範囲内に収まっていればよい。つまり，行為者が頭の中で想定していた因果経過それ自体が，刑法上の因果関係要件（相当因果関係または危険の現実化）を満たすような種類のものである，と言えればよいのである。**CASE 3-4** では，X は A の溺死という因果経過を想定していたが，この想像上の因果経過も，もしそれが現実に生じていたとすれば，殺人罪にいう相当因果関係または危険の現実化を満たすものだったと言えるだろう。したがって，X は殺人罪に該当するような経緯を思い描いていたことになり，殺人の故意に欠けるところはないことになる。

▶ **遅すぎた結果発生**　因果関係の錯誤が問題とされる場合の1つとして，「遅すぎた結果発生」と呼ばれるタイプの事例がある。これは，行為者が故意をもって第1行為に及び，それによって結果が既に発生した（または，結果発生に十分な行為を終えた）と誤信したが，実際には，その第1行為の後に故意なく行われた第2行為がもっぱら結果発生を決定づけていた，という場合である。例えば，X が，殺意をもって A の首を絞め（第1行為），それによって A が既に死亡したと誤信し，死体遺棄のつもりで A を川に投げ落としたところ（第2行為），実際には，第1行為の段階では A は意識を失っていただけで死亡しておらず，川に落とされた後で溺死していたことが判明した，という場合がこれに当たる。

　この場合も，行為者の因果関係の錯誤が問題となる。しかし，それ以前に，この種のケースでは，第1行為について死亡結果に対する**因果関係**が認められるか否か，という点が問われなければならない。第1行為に因果関係が認められるならば，行為者（上記の X）は殺人罪に問われることになるが，それが認められないとすると，行為者には過失致死が認められるにとどまることになる（故意のない第2行為につき，A の死亡結果に対する因果関係が認められることは間違いないため）。これは，第1行為から見れば，**行為後に行為者自身の行為（第2行為）が介入した事例**である（⇒40頁）[7]。

[7] 第1行為の後で，行為者がそれに続けて死体遺棄（罪跡隠滅）の意図をもった行動に出る可能性が高い状況があれば（例えば，行為者に当初から死体を遺棄する計画があった場合や，続けて死体遺棄をしなければならないような周囲の状況があった場合には），第1行為の危険の現実化が認められる余地がある。

仮に，第1行為に因果関係が認められた場合には，次に**因果関係の錯誤**が問題となるが，上で述べたところに従えば，この場合も，行為者の故意が阻却される余地はない。

4 抽象的事実の錯誤

(1) 抽象的事実の錯誤と38条2項

CASE 3-5 ⇒74頁 の X は，麻薬所持罪（麻薬及び向精神薬取締法66条1項）に該当する事実を認識しながら，客観的には，覚せい剤所持罪（覚せい剤取締法41条の2第1項）に該当する事実を生じさせている。このように，行為者の事実の錯誤が異なる犯罪構成要件にまたがって生じている場合のことを，**抽象的事実の錯誤**という。この場合，X に故意を認めることができるだろうか。手がかりとなるのは，「重い罪に当たるべき行為をしたのに，行為の時にその重い罪に当たることとなる事実を知らなかった者は，その重い罪によって処断することはできない」とする38条2項である。犯罪の重さはその法定刑の重さで比較するので，X を覚せい剤所持罪で処罰することはできない[8]。また，理論的に考えても，行為者に「犯罪事実の認識」としての故意が認められるのは，認識した事実と実現した事実とが1個の犯罪構成要件の範囲内で「法定的に符合」している場合に限られる。⇒76頁 それでは，X には何の罪も成立しないのだろうか。

(2) 抽象的符合説と法定的符合説

まず確認しておく必要があるのは，この抽象的事実の錯誤の場合に，①**行為者が認識した犯罪の未遂犯**と，②**行為者が実現した犯罪の過失犯**はそれぞれ成立しうる，ということである。例えば，他人の飼い犬を殺す認識で石を投げ，誤って人を殺害してしまったという場合（器物損壊の認識で，殺人の結果を発生させた場合），②人の殺害について（重）過失致死罪（210条，211

[8] 覚せい剤所持罪の法定刑は10年以下の懲役であり，7年以下の懲役である麻薬所持罪よりも重い。

条）は成立しうる（これに対し，①器物損壊罪の未遂は処罰規定がないので不可罰）。

　しかしこれでは，器物損壊の認識で，器物損壊よりも重い殺人の結果を発生させたのに，予定どおり器物損壊の結果を発生させた場合（器物損壊罪が成立）よりもむしろ刑が軽くなる[9]。そこで，これを不均衡だと考えて，犯罪構成要件の異同を問わずに故意を認めるべきだとする見解（**抽象的符合説**）が，かつて有力に主張されていた。この見解は，例えば，行為者が「軽い罪の認識で，重い罪を実現した場合」には，軽い罪の故意既遂犯と重い罪の故意既遂犯をそれぞれ想定し，その重い方の成立を認めたうえで，しかし38条2項があるため，その処断は軽い罪の法定刑による，と主張する。上の事例では，「殺人罪」の成立を認めたうえで，その処断は器物損壊罪の法定刑による，ということになる。逆に，「重い罪の認識で，軽い罪を実現した場合」には，38条2項の反対解釈により「重い罪で処断できる」と解し，重い罪の故意未遂犯と，軽い罪の故意既遂犯を想定し，その重い方の罪の成立と，その法定刑での処断を認めるのである。

　しかし，行為者の認識事実と実現事実とが全く異なる犯罪構成要件に該当するものであっても行為者に（その実現した犯罪の）故意を認めてしまい，あとはもっぱら法定刑の軽重の比較だけを問題にする[10]，という抽象的符合説の論理は，現在ではほとんど支持を得ていない。この論理では，行為者は，自分が全く自覚していなかった種類の犯罪についても，故意を認められることになってしまう。故意はあくまで，行為者の認識事実が該当する犯罪構成要件の範囲内でのみ認められる，という原則を堅持すべきだろう（**法定的符合説**）。

　それでは，法定的符合説の発想からは，抽象的事実の錯誤はどのように解決されるのか。CASE 3–5 について，最決昭61・6・9刑集40巻4号269頁は，麻薬所持罪と覚せい剤所持

[9] 過失致死罪（210条）の法定刑は50万円以下の罰金であるのに対し，器物損壊罪（261条）にはそれよりも重い3年以下の懲役が規定されている。もっとも，5年以下の懲役が規定されている重過失致死罪（211条）の認定ができれば，一応，不均衡は生じていないといえる。

[10] この論理は，種類を問わずおよそ何らかの犯罪事実を自覚すれば「犯罪だからやめておこう」という考えをもてるはずであり（反対動機の形成可能性），それにもかかわらずその行為をやめなかったことが故意犯としての強い非難に値する，という発想を表しているといえる。

罪は「その目的物が麻薬か覚せい剤かの差異があり，後者につき前者に比し重い刑が定められているだけで，その余の犯罪構成要件要素は同一であるところ，麻薬と覚せい剤との類似性にかんがみると，この場合，両罪の構成要件は，軽い前者の罪の限度において，実質的に重なり合っているものと解するのが相当である」として，Xには，「両罪の構成要件が実質的に重なり合う限度で軽い麻薬所持罪の故意が成立し同罪が成立する」とした。ここでは，両罪の構成要件がその法律・規定の上では別個のものとして規定されているが，実質的に見れば「重なり合っている」として（実質的に見て「法定的符合」がある），その重なり合いが認められる限度で故意犯の成立が認められている，といえるのである。

以下では，抽象的事実の錯誤の処理について，様々な種類の例を挙げながら具体的に検討してみよう。

(3) 事例の分類・その1：重い罪と軽い罪

抽象的事実の錯誤は，行為者の認識していた犯罪事実と，実際に生じさせた犯罪事実が，それぞれ異なる犯罪構成要件に該当する場合だった。そうすると，その2つの罪をそれぞれ規定している条文の法定刑（＝罪の重さ）が異なりうることから，抽象的事実の錯誤には，①行為者が「軽い罪」を犯す認識で「重い罪」を犯した場合，②「重い罪」を犯す認識で「軽い罪」を犯した場合，③行為者が認識していた罪と実際に犯した罪の法定刑が同じだった場合，の3つの場合があることになる。38条2項は，このうち①の，軽い罪の認識で重い罪を犯した場合について，「重い罪によって処断することはできない」と規定しているが，②，③の場合については何も規定していない。その解決は解釈論に委ねられている。

法定的符合説に立つ判例は，①の場合に「軽い罪」（麻薬所持罪）の成立を認める。この論理は，行為者が実際に生じさせた

犯罪事実は「覚せい剤所持」であるが、この犯罪事実の中には、より軽い犯罪事実である「麻薬所持」に相当する実質が含まれており[11]、したがって行為者は、その「麻薬所持」の限度で、現に発生した犯罪事実（の実質の一部分）を認識していたといえる、という考え方によるものだろう。

これに対し、②の場合はどうなるだろうか。「Xが、覚せい剤だと思って麻薬を所持していた」という場合がこれに当たる。この場合も、法定的符合説によれば、結論は①の場合と同じになるが（Xには麻薬所持罪が成立する）、その論理は若干異なる。②の場合には、行為者がもっていた「重い犯罪事実の認識」（覚せい剤所持の認識）の中に、より軽い犯罪事実についての認識である「麻薬所持の認識」に相当する実質も含まれている、と評価できることから、行為者には、実際に生じた麻薬所持に対応する認識も認められる、という結論になる。

③の場合には、実際に生じた犯罪についての故意犯を認めるのが、判例の立場である（最決昭54・3・27刑集33巻2号140頁）。

以上の①②③の処理は、常に認められるわけではない。次の(4)の(A)か(B)の場合でなければ、このような処理は認められない。

(4) 事例の分類・その2：法定的符合の限度

そこで次に、行為者の認識した犯罪と、実現した犯罪との間に「法定的符合」が認められるのは、両罪の「くい違い」がどの程度にとどまっている場合なのか、という点について考えよう。両罪の「くい違い」の程度は、大きく次の3種類に分けて考えることができる。

まず、(A)**両罪の構成要件が法条競合の関係に立っている場合**がある（法条競合については罪数論〔⇒第9章〕参照）。これは、両罪の構成要件がその「概念上」重なり合っていて、1個の事実にこの両罪の規定を適用すると「二重評価」になってしまう、という場合のことである。例えば、窃盗罪と強盗罪は、「他人

[11] 麻薬と覚せい剤は、その規制目的に共通性が認められる「依存性薬物」であり、ここで問題となっている犯罪行為の態様も同じ「所持」であることから、麻薬所持罪と覚せい剤所持罪とでは、その内実が実質的に見て重なり合っている（どちらの犯罪も、ここに挙げたような内実をいわば「最大公約数」として共に含みもっている）、と言えることになる。

の意思に反する財物の奪取」という点で（つまり，窃盗の限度で）概念的に重なり合っている（意思に反する財物の奪取のうち，特に「暴行又は脅迫」を手段とする場合が強盗である）。この場合は，両罪の「法定的符合」が，その重なり合いの限度で問題なく認められる。例えば，XがYに窃盗を教唆（⇒第**8**章④）したところ，教唆されたYが強盗を遂げてきた場合，Xは，窃盗教唆（235条・61条）の認識で強盗教唆（236条・61条）を実現したことになるが，両罪の重なり合う窃盗教唆の限度で故意犯に問われうる（最判昭25・7・11刑集4巻7号1261頁）。

次に，(B)両罪の構成要件が法条競合の関係にあるとはいえないが，実質的に重なり合っている場合がある。(2)で見たように，判例は，覚せい剤所持罪と麻薬所持罪の構成要件の間に実質的な重なり合いを認めている。学説においては，故意というのは，問題の行為がもつ「実質的な法益侵害性」を認識していることにほかならない，と考えて，**両罪の実質的な法益侵害性が重なり合っている**限度で行為者には故意が認められる，とする見解も有力である。これに従うと，例えば，窃盗罪（235条）と占有離脱物横領罪（254条）は，「所有権侵害」という法益侵害の実質において共通性があるので，軽い罪である後者の限度で重なり合いが認められる，ということになる。

最後に，(C)両罪の構成要件の間に(A)や(B)のような**重なり合いが一切認められない場合**がある。この場合には，両罪に法定的な符合が認められず，原則どおり，行為者の認識していた罪についての未遂犯（処罰規定がなければ不可罰）と，現に生じた罪についての過失犯（処罰規定がなければ不可罰）の成否が問われるだけである。例えば，Xが，隣家の飼い犬にけがをさせるつもりで（「器物損壊」の認識），エアガンを犬に向けて発砲したところ，突然現れた隣家の住人Aに弾が命中しAを負傷させてしまった（「傷害」の結果）という場合，器物損壊罪と傷害罪との間には，法条競合の関係がないのはもちろん保護法益

の共通性も認められないため，XにはAに対する（重）過失傷害罪（209条，211条）が成立するにとどまる（器物損壊罪には未遂犯の処罰規定がない）。

CHECK

- ☐ 1 「故意」の内実は，どのようなものか。
- ☐ 2 故意にはどのような種類があるか。
- ☐ 3 いわゆる「未必の故意」の認定基準はどのようなものか。
- ☐ 4 具体的事実の錯誤に関する「法定的符合説」と「具体的符合説」との対立点はどこにあるか。
- ☐ 5 因果関係の錯誤とは，どのような場合か。また，その処理はどのようなものになるか。
- ☐ 6 抽象的事実の錯誤の処理は，どのようなものになるか。

CHAPTER

第 **4** 章

過失

　行為者に故意がなかった場合であっても，例外的に，「過失」が認められる場合には「過失犯」としての処罰が認められうる。交通事故，火災事故，医療過誤など，過失犯の成否が問われる場面は多い。それでは，そこで言う「過失」とは何か。それは，行為者のどのような心理状態，どのような態度を指すのだろうか。本章では，「過失」の概念，その認定の仕方について詳しく検討を加える。さらに，その特殊なケースとして，いわゆる「管理・監督過失」が問われる場合についても考えてみる。

1 過失理論

CASE ● 4-1

Xは、自動車を運転中、信号機が黄色点滅で、かつ左右の見通しがきかない交差点にさしかかった際、減速せずに時速30〜40 kmの速度のまま進入した。そのとき、

❶ 交差する道路から、同交差点に時速10 kmの速度で進入してきたS運転の自動車と衝突し、X車に同乗していたAが死亡した。Xが十分に減速して交差点に進入していれば、S車との衝突は避けられた。

❷ 交差する道路上を進行してきたT運転の自動車が、信号機が赤色点滅（一時停止）であったにもかかわらず、時速70 kmの速度で同交差点に進入してきてX車と衝突し、X車に同乗していたAが死亡した。Xが十分に減速して交差点に進入していたとしても、T車の速度からみて、どのみち衝突は避けられなかった。

1 過失犯とは

　刑法は、原則として「故意」があった場合に犯罪の成立を認めるが（38条1項。故意犯処罰の原則）、例外的に、故意がなくても処罰を認める場合がある（同項但書）。その典型例が**過失犯**であり、刑法はいくつかの条文において「過失により○○をした者」の処罰を認めている（**過失犯処罰規定**）[1]。

　過失とは、不注意のことである。これは、故意とは異なり、問題の犯罪結果を発生させる認識がなかったが、その認識を欠いたことについて不注意が認められる、という行為者の状態を意味する[2]。ここにいう不注意を、刑法の議論では、行為者が求められる注意を尽くさなかったという意味で**注意義務違反**と呼ぶ。過失という要件が認められるかは、行為者にこの注意義務違反が認められるかにかかっている。それでは、過失致死（過失致死罪、業務上・重過失致死罪、過失運転致死罪）の場合を例

⇒69頁

[1]
刑法典にある過失犯処罰規定は、116条（失火罪）、117条2項（過失激発物破裂罪）、117条の2（業務上失火罪・重過失失火罪、業務上過失激発物破裂罪・重過失激発物破裂罪）、122条（過失建造物等浸害罪）、129条（過失往来危険罪）、209条（過失傷害罪）、210条（過失致死罪）、211条（業務上過失致死傷罪・重過失致死傷罪）だけである。しかしこのほかに、自動車運転死傷行為等処罰法の過失運転致死罪（同法5条）など、特別法上には過失犯処罰規定が多数存在する。

[2] 過失犯処罰規定には，単に「過失」による場合を一律に処罰する規定（「過失○○罪」）と，「業務上過失」や「重過失」による場合を特に重く処罰する規定（「業務上過失○○罪，重過失○○罪」）とが存在する。

にして，注意義務違反をはじめとした過失犯の具体的な成立要件について見ていくことにしよう。

2 過失犯の要件

過失致死の場合も，故意の殺人の場合と同じく，行為者の行為によって被害者の死亡結果が発生したという客観的事実が必要である。したがって，その客観的な成立要件として，行為者の**実行行為**，被害者の死亡という**結果**，実行行為と結果との間の**因果関係**が必要である点は，殺人罪の場合と変わらない。しかし，過失犯においては，行為者が「故意」ではなく「不注意」によって行動する場合を問題にしているから，同じ「人の殺害」であっても，殺人罪の場合と比べるとその要件の内実が変わってくる。故意犯との間で特に違いが出るのは「実行行為」という要件の内容である。それと連動して，「因果関係」の要件においても，過失犯に特有の議論が出てくることになる。

(1) 客観的要件・その1：実行行為

過失犯の「実行行為」とは，行為者が置かれていた状況のもとで結果発生を回避するために一般に要求されるような結果回避措置を，行為者がとらなかった，という注意義務違反の態度である。

注意義務違反が認められるには，いくつかの条件がある。ここにいう注意義務の内容とは，行為者が置かれた状況のもとで，危惧される結果の発生を回避するために，一般的に要求される程度の措置に出ることである。事後的に見れば，「あの時，こういう措置に出ていたならば，結果発生は物理的に回避できた」といえるような措置はいくらでも考えられる。しかし，その措置が行為当時の行為者に要求できるものでなければ，それは行為者に課すべき注意義務の内容とならない。行為当時の行為者にとって履行不可能であるような注意義務を課し，それに

対する違反を過失犯として処罰するということは許されないからである。

　そうすると，行為者に課せられる注意義務（結果回避措置）は，①行為時の行為者が，「自分はいま（危惧される結果を回避するために）その措置に出る必要がある」ということを認識できるようなものでなければならず（**結果回避措置の必要性の認識可能性**），かつ，②その措置が，行為時の行為者にとって過度の負担となることなく履行可能なものでなければならない（**結果回避措置の履行可能性**）。

　CASE 4-1 で考えてみよう。信号機が黄色点滅[3]であり（つまり信号機による交通整理が行われていない），かつ左右の見通しのきかない交差点に自動車で進入する場合には，交差点の中で出あい頭の衝突が起こる危険がある。このような衝突を回避するためには，交差する道路から自動車が出てきても対応できるように，交差点に進入するときに，いつでも停止できるような速度まで減速すること（徐行）が一般に求められるだろう（道路交通法42条もこの場合に「徐行義務」を課している）。この場合に，①徐行することの必要性は，運転者にとって容易に感じとれるし，②そのような措置を課しても，運転者にとって過剰な負担にはならない。そうすると，減速せずに漫然と時速30～40 km の速度で交差点に進入したＸの行為は，求められていた注意義務を履行していない態度（注意義務違反）として，過失致死罪の「実行行為」を構成することになる。

> ▶ **注意義務違反と行政取締法規の違反との関係**　過失犯の実行行為としての注意義務違反は，各種の行政取締法規が一定の状況を念頭に置いて類型的に定めている義務（例えば，道路交通法が定める「最高速度」や「徐行義務」など）に対する違反とは異なり，行為者が置かれた個別具体的な状況のもとで認定されるべきものである。また，行政取締法規は，その違反に対して罰則規定を設けているなど，それ独自の法的効果を伴った，1つの完結した法

[3]
　信号機が「黄色の灯火の点滅」である状態。これは，道路交通法施行令2条（信号の意味）において，「歩行者及び車両等は，他の交通に注意して進行することができること」を意味するものとされている。なお，信号機が黄色点滅の状態である交差点は，道路交通法42条の「交差点において交通整理が行なわれている場合」に該当せず，同条により徐行義務が課される。

規制である。したがって，刑法上の過失犯の成否を検討する際に，行政取締法規に違反する行為であることが，問題の結果に対する注意義務違反を理論的に基礎づけるわけではない。しかし，行政取締法規が，人の死傷が類型的に危惧されるような一定の状況において，その結果が発生する危険を減少させるために履行すべき行為を義務づけている場合，その義務の内容が，過失犯にいう注意義務と事実上一致してくる場合も多い。

(2) 客観的要件・その2：因果関係

次に，過失犯においても，故意犯と同じく，実行行為と結果との間には因果関係が必要である。これは，既に見たように（⇒第2章②），「行為の危険の現実化」という考え方に基づいて認められる要件であり，その一般論については故意犯の場合と違いがない（因果関係の存否が問われた重要判例の中には，過失犯の事例もあったことを思い出してほしい）。

しかし，過失犯においては，その実行行為が「注意義務違反」という形で考えられることと連動して，故意犯の場合とは違った形で因果関係の存否が争われる場合も出てくる。それが**結果回避可能性**という問題である。ここで，**CASE 4-1 ❶**と**CASE 4-1 ❷**の違いに注目してみよう。**CASE 4-1 ❶**の場合，Xが減速義務を履行していたとすれば，S車との衝突を回避でき，Aの死亡結果も発生していなかったと考えられる。これに対し，**CASE 4-1 ❷**においては，T車の進行速度から考えて，仮にXが進入時に一般に求められていた減速義務を履行していたとしても，T車との衝突は回避できず，ひいてはAの死亡結果も同じように発生しただろう，という事実関係が認められる。このように，行為者が，行為時に一般に要求される結果回避措置を履行したと仮定しても，結果回避が物理的に不可能だったと認められる場合には，「結果回避可能性がない」として，過失犯の成立が否定されるのである[4]。

[4] このような処理は，判例上も既に確立している。**CASE 4-1 ❷**に関する最判平15・1・24判時1806号157頁は，Xが時速10～15 kmに減速して交差点に進入していたとしても「衝突を回避することができたものと断定することは，困難であるといわざるを得ない」として，Xの業務上過失致死罪（現・過失運転致死罪）の成立を否定した。

この「結果回避可能性」の判断は，行為者が実際に犯した注意義務違反に代えて，仮定的に，行為者がその注意義務を履行したという状況を想定した場合に，問題の結果が物理的に回避されていたかを問う，というものである。この結果回避可能性という論理が，一体どの要件の話なのかという点については議論があるが，有力な見解はこれを過失犯における「因果関係」の問題だと考えている。行為者の注意義務違反があろうがなかろうが，結局は同じ結果が発生しただろう，と認められるのであれば，その結果は，問題の注意義務違反が現実化したものとは評価できないことになるからである[5]。

(3) 主観的要件：予見可能性

　最後に，過失犯の主観的要件について考えよう。過失の場合，故意とは異なり，行為者には（不注意のために）結果発生の現実の認識が欠けている。その代わりに，過失犯の行為者には，必要な注意を尽くしていれば結果発生を予見できただろう，ということが求められる。この「予見可能性」が，過失犯の主観的要件である[6]。過失犯の予見可能性をめぐっては，その要件の理論的な位置づけ，予見可能性が求められる対象事実の範囲・具体性などをめぐって検討すべき課題が多い。そこで**3**では，この予見可能性をめぐる諸問題について重点的に検討する。

3　予見可能性

CASE ● 4-2
　Xは，バイクに乗って時速35 kmの速度で進行し，交通整理の行われていない左右の見通しがきかない交差点の手前にさしかかった。道路前方左側にはA運転の自転車が先行していて，Xは交差点のあたりでAを追い越すくらいの位置関係にあったが，減速・徐行の措置をとらず，「Aも交差点を直進するだろう」と思って自らもそのままの速度で直進しようとしたところ，Aは交差点の直前で無謀にも突然右折を始め，X車の直前に出てき

---

[5] ここにいう「結果回避可能性」の存否の判断も，因果関係のところで見た「危険の現実化」（⇒47頁）の判断も，行為のもつ危険や注意義務違反が結果に結実したと評価できるかを問題にしている，という限りで，両者はどちらも「過失犯の因果関係」の問題だと考えることができる。

[6] 「予見できたか否か」は，「誰」の能力や知識を基準にして判定されるべきか。現在の多数説は，身体的な能力（知覚能力など）は行為者本人のものを基準とするが，遵法意識や注意深さなどの心がけ（倫理的能力）は一般人のものを基準とする「能力区分説」の立場を支持している。

たので，Xは急ブレーキをかけたが間に合わず，Aをはね飛ばして負傷させた。Xがもし減速・徐行していたならば，Aの傷害結果は避けられただろう。

CASE ● 4-3
X（ケーブル工事担当者）は，トンネル内で電力ケーブル工事（「Y分岐接続器」という装置の接続工事）に従事していたが，手順書を十分確認せずに工事を始めたため，部品の中の接地銅板（発生した誘起電流を地面に流すための部品）を1つ取り付けることができなかった。Xは，念のため，Y分岐接続器およびその接続部に電気の異常な流れがないかを検査したが，検査に使用したテスターが不適切だったために電流が検知されず，Xは接地銅板を取り付ける必要はないと判断して工事を完了した。その後，Y分岐接続器に通電が開始されたが，本来ならば接地銅板を通じて地面に流れるはずの誘起電流がY分岐接続器に流れて「炭化導電路」が形成され，可燃性ガスが発生し，放電をきっかけにそのガスが発火し，トンネル火災が発生した。その火災によって，トンネル内に停車した列車の乗員のうち1人が死亡，42人が負傷した（生駒トンネル事件）。

CASE ● 4-4
Xは友人A・Bらと集まっていたが，軽トラックで別の友人を誘いに行くことになった。Xは，軽トラックを運転するのが初めてで，助手席に同乗したAから計器類の説明を受けたうえで発進し，指定最高速度が時速30 kmの道路を時速65 kmの高速度で進行したところ，対向車に狼狽してハンドル操作を誤り，信号柱に軽トラックの左側後部荷台を激突させた。その結果，（Xの知らないうちに隠れて）後部荷台に乗車していた友人Bが死亡し，助手席のAも負傷した（後部荷台同乗事件）。

(1) 予見可能性をめぐる見解の対立

過失犯が成立するために行為者に要求される「予見可能性」とはどのようなものか，という点をめぐって，従来，「危惧感説」と「具体的予見可能性説」という2つの見解の対立が見られた。

①**危惧感説**とは，行為者の状況・立場に置かれた者ならば，

結果が発生するのではないかという「危惧感」を抱いてしかるべきだった、といえる場合に、問題の結果発生に対する予見可能性が行為者にあったと認められる（そのような危惧感を抱くきっかけがあったにもかかわらず、行為者が結果の発生に思い至らず、結果回避措置をとらなかった場合には、過失犯の罪責を負う）、とする見解である。その際、現実に発生した結果や、それに至る具体的経過については、予見可能である必要はないとされる。

これに対して、②**具体的予見可能性説**は、過失犯の成立には「具体的な発生結果」についての予見可能性が必要である、と主張する。もっとも、具体的な発生結果といっても、「現実に発生した当該結果そのもの」（何日の何時何分に、どこでどのような経緯で結果が発生するか）をその細部まで予見できなければ過失犯は成立しない、などと考えることは不合理であるから、ある程度の「抽象化」は不可欠である。

(2) 予見可能性要件の位置づけ

それでは、なぜこのような見解の対立が生じるのだろうか。①説と②説の対立の背後には、過失犯の成立判断の中で「予見可能性」という要件に与えられている理論的な意義・位置づけについての考え方の違いがある、ということができる。

①危惧感説の背後には、「予見可能性」という要件は、行為者が一定の結果回避措置を義務づけられていた、といえるための前提条件として要求されるものだという考え方がある。行為者の態度が「注意義務違反」だといえるためには、行為者が行為当時、問題の結果回避措置に出ることがいま必要だ、と自覚可能だったのでなければならない（**2**(1)で出てきた、注意義務違反といえるための要件①「結果回避措置の必要性の認識可能性」である）。つまり「予見可能性」とは、行為者に結果回避措置を課す前提として（行為者の態度を「注意義務違反」だと評価するために）要求される要件だと考えるのである（**結果回避措置を課す前**

提としての予見可能性）。

　これに対して，②具体的予見可能性説の背後には，過失犯で要求される「予見可能性」というのは，故意犯における「故意」に対応する，過失犯における主観的要件である，という発想がある。故意犯においては，「故意」として，具体的結果発生についての予見・認識が求められたが，過失犯においては，その代わりに，具体的結果発生が「予見可能だった」という内心の状態が必要とされる。したがって，「予見可能だった」ことが要求される対象事実の範囲も，故意犯において「予見されていた」ことが要求される対象事実の範囲と同じである，ということになる。これを**具体的結果発生の予見可能性**と呼んでおこう。

　「予見可能性」の要件を，危惧感説のように，もっぱら「結果回避措置を課す前提としての予見可能性」として位置づけるか，具体的予見可能性説のように，故意犯における「故意」に代わる過失犯の主観的要件として位置づけるかによって，具体的にどのような違いが出てくるのだろうか。CASE 4-2 をもとに考えよう。

　CASE 4-2 の X は，交通整理が行われておらず，左右の見通しのきかない交差点にさしかかろうとしていたから，「交差点に進入したときに，突然，交差する道路から自動車が出て来るかもしれない」という危惧感を抱いてしかるべきだった，といえる。そうだとすれば，そのような自動車との衝突を回避できるように，減速・徐行するという措置（結果回避措置）が要求されていることを自覚できただろう。それにもかかわらず，X はその措置をとらずに進行し（注意義務違反），その結果，先行する自転車 A と衝突し，A を負傷させた（もし減速・徐行していたならば，この結果は物理的に回避可能だったのだから，注意義務違反と結果との間の因果関係も認められる）。そうすると，危惧感説からは，X に，A に対する過失傷害罪（過失運転傷害罪）

が成立することになる。

　たしかに、「先行する自転車Aが、交差点の直前で無謀にも突然右折を開始し、X車の前を横切ろうとする」という現実の経緯については、Xにとって予見可能性がなかったかもしれない。しかしXは、結果的にAとの衝突を物理的に回避できる措置（減速・徐行）が必要であることを、当該交差点の状況に基づいて（このままの速度で交差点に進入すれば「出あい頭の衝突」が避けられないかもしれないという、現実に起こったのとは別の種類の事故結果を想起することによって）自覚することができた。したがって、Xには「結果回避措置を課す前提としての予見可能性」があった、といいうるのである。

> ▶　もっとも、実は危惧感説に立つ学説も、行為者が実際に発生したのとは別の種類の結果を危惧したことによって、結果的に実際に発生した結果を回避できるような措置の必要性を自覚できた、という場合について、行為者に常に過失犯の成立を認めるわけではないようである。危惧感説の主張者も、危惧された経緯とは「異質」の経緯が現実に発生した場合には、その現実の経緯について責任を問うことはできない、としているからである。そうすると、**CASE 4-2** では、本件のような交差点に減速・徐行せずに進入する際に想定される危険（例えば「出あい頭の衝突」が起こる危険）と、先行する自転車が交差点手前で突然自車の前に出てくる危険とが「異質」なのか否か（言いかえれば、前者の危険を想定して減速・徐行義務が課されるとき、後者のような危険に備えることも、当然、同時に想定されているといえるのか）、という点が問題とされることになろう。

　これに対して、責任非難のためには、危惧感説がいうような「結果回避措置を課す前提としての予見可能性」では足りず、行為者が「現実の結果発生について予見可能だったこと」が必要である、とする具体的予見可能性説の考え方からすれば、結論は違ったものになる余地がある。「先行する自転車Aが、交差点の直前で無謀にも突然右折を開始してX車の前を横切ろ

うとし，その結果，X車と衝突する」という実際に発生した経緯・結果について予見可能性がなかった以上，Xには，過失犯の成立のために必要な予見可能性が欠けていることになるのである。Xに過失犯の成立を認めるためには，Aが突然X車の前に出てくることについて，Xに予見可能性があったのでなければならない。

このような危惧感説と具体的予見可能性説の発想の違いは，予見可能性が要求される「対象事実」の範囲について，結論の違いをもたらすことになる。以下では，過失犯の成立にとって，「結果発生に至る因果経過」と「被害者の同一性」についての予見可能性が必要とされるか否かを考えてみよう。

(3) 予見可能性の対象・その1：因果経過

過失犯の成立には，行為者において**「結果発生に至る因果経過」の予見可能性**が必要だろうか。次のような場合を考えてみる。いま行為者には，「因果経過ⓐ」を介して致死結果が発生する，という事態を危惧するだけの契機があり，その危惧感をもとにすれば，ある結果回避措置の必要性を自覚できた。それにもかかわらず，行為者は不注意でその措置を怠った。その結果，実際に致死結果が発生したが，その結果は，危惧されていたⓐとは別種の「因果経過ⓑ」を介して発生したものだった。しかし，ⓐを危惧することによって必要だと自覚できた結果回避措置をとっていれば，結果的に，ⓑも回避することができた。

さて，危惧感説の発想からすれば，「結果回避措置に出ることが必要である」と自覚できるだけの予見可能性が行為者に認められるか，が問題なのだから，この場合の行為者には，（現実に発生した因果経過ⓑが予見可能でなくても）過失犯の成立に必要な予見可能性はあったということになりうる（ただし，上述のように，ⓐとⓑとが「異質」である場合には，危惧感説といえども過失犯の成立を否定する余地を認めている点には注意を要する）。こ

れに対して，具体的予見可能性説の考え方からすれば，あくまで「現実の因果経過に対する予見可能性」が要求されるべきことになる。しかし，現実に発生した因果経過がその細部に至るまで逐一予見可能でなければならない，などと考えることはできないから，具体的予見可能性説からは，予見可能性が要求される「現実の因果経過」をどの程度まで「具体的」なものとして捉えるか，という点について考える必要が出てくる。そこで具体的予見可能性説は，予見可能である必要があるのは**因果経過の基本的部分**に限られるとして，予見可能性の対象となる因果経過の範囲を限定しようと試みている。問題は，一体何が因果経過の「基本的部分」なのか，である。CASE 4-3 をもとに考えてみよう。

▶ CASE 4-3（生駒トンネル事件）においては，一審判決と，控訴審判決・最高裁決定との間で，Xの予見可能性の存否の判断が分かれた。

一審（大阪地判平 7・10・6 刑集 54 巻 9 号 1125 頁）は次のような判断に従い，Xの過失を否定した。Xにとって，接地銅板がないために電流が行き場を失い，ⓐ「ケーブルの発熱によってケーブルが発火する」という因果経過は予見可能だったが，実際に発生した因果経過は，ⓑ「Y分岐接続器に炭化導電路という異常な通電回路が形成された」というものだった。そして，接地銅板という部品を取り付ける目的は，ⓐ「ケーブル発熱」を防止することにあり，ⓑ「Y分岐接続器そのものに異常現象が生じること」を防止することではなかったのだから，本件結果は，Xの態度が注意義務違反と判断された根拠であるケーブル発熱（ⓐ）とは異なる因果経路によって発生したものである。以上の一審の判断は，ⓐとⓑとは異質の因果経過であり，現実の因果経過を特徴づけているのは「炭化導電路形成」（ⓑ）という事実であるから，本件における因果経過の予見可能性があったといえるためにはⓑの事実の予見可能性が不可欠である，というものだろう。

これに対して，控訴審（大阪高判平 10・3・25 刑集 54 巻 9 号

1206頁）は，接地銅板を取り付ける目的は，ⓐケーブルの発熱防止だけでなくⓑY分岐接続器が発熱するのを防止することにもあることは明らかであり，Xにとっては，接地銅板を取り付けずに高圧電流が流れれば「Y分岐接続器本体に電流の作用による発熱が生じやがて火災発生の事故に至ることは十分に予見可能であった」とした。

　最高裁（最決平12・12・20刑集54巻9号1095頁）も，Xは「炭化導電路が形成されるという経過を具体的に予見することはできなかったとしても，右誘起電流が大地に流れずに本来流れるべきでない部分に長期間にわたり流れ続けることによって火災の発生に至る可能性があることを予見することはできた」として，控訴審の結論を是認した。最高裁の判示は，予見可能性の対象とされる因果経過をⓑのように具体化せず，「電流が……本来流れるべきでない部分に長期間にわたり流れ続けることによって火災の発生に至る」という，（ⓐもⓑも包摂するような）ある程度抽象的に捉えられた因果経過が予見可能であれば足りる，という考え方を示している。

　この事件では，結果発生に至る「因果経過」がどこまで具体的に予見可能でなければならないか，という点が問題となっている。

　危惧感説の発想からすれば，「ケーブル発熱」（因果経過ⓐ）による火災が危惧され，それに基づいて，現実に発生した「Y分岐接続器の炭化導電路形成」（因果経過ⓑ）による火災も回避できるような措置（工事のやり直し）の必要性が自覚できるのだから，Xを過失犯とするに足りる「予見可能性」は当然あったことになる[7]。

　具体的予見可能性説からは，何が（予見可能性の対象となる）因果経過の基本的部分なのかが問題となる。これに関しては，いくつかの考え方がありうるだろう。

　第1に，故意犯において，どの程度まで具体的な「因果経過」の認識が「故意」として要求されるかを考え，過失犯において予見可能性の対象となる「因果経過」もそれに合わせる，

[7] 因果経過ⓐとⓑが「異質」かどうかも問題となるが，控訴審の認定に見られるように，両者はそれほど異質でない，と見る余地も十分あるだろう。

という考え方がありうる。故意犯においても，行為者に「因果関係の認識」が要求されていたが，故意が認められるためには，行為者において「刑法上の因果関係の要件を満たすような因果経過」が何か認識されていれば足り，「現実に発生した因果経過」が認識されている必要はなかった（⇒第**3**章②**3**を参照）。
そうだとすれば，過失犯においても，「現実に発生した因果経過」そのものが予見可能だったことは必要でなく，刑法上の因果関係の要件を満たすような何らかの（現実のものとは異なる）因果経過が予見可能であったならば，因果経過の予見可能性としてはそれで足りる，ということになる。このように考えた場合，具体的予見可能性説は，結果的に，危惧感説の考え方とほとんど変わらないものになる。

そこで第2に，過失が認められるためには，「行為者にとって予見可能だった因果経過」と「現実に発生した因果経過」との間に大きな違いがあってはならないとして，過失犯が成立する場合に絞りをかける考え方も出てくる。その場合，両者の間にどの程度の違いがあれば，行為者には「因果経過の予見可能性」がなかった，ということになるのだろうか。1つの考え方として，「現実に発生した因果経過」が，行為者の注意義務を導き出す根拠とはならないほど異例のものだった，という場合には，両者の違いは無視できないといえるだろう。**CASE 4-3**において，接地銅板を正しく取り付けるというXの注意義務が，ⓐ「ケーブル発熱」という因果経過の危惧からは出てくるが，現実に発生したⓑ「Y分岐接続器の炭化導電路形成」という因果経過との関係では出てこない（およそⓑのような因果経過の発生は気にかける必要がない），というのであれば，Xの過失は否定されることになる[8]。

(4) 予見可能性の対象・その2：被害者の同一性

次に，現実に結果が発生した**被害者の予見可能性**は必要だろ

[8] これは結局，「現実に発生した因果経過」が，行為者に注意義務を課す根拠とならないほど「異質」なものかどうかを問題にしていることになる。

うか。**CASE 4-4**⇒94頁で考えてみよう。**CASE 4-4** の X は，指定最高速度を大きく超えた無謀な運転に出ていることにより，助手席の A や，その他の交通関与者に致死結果が生じるような交通事故の発生を予見できたといえる。しかし X は，後部荷台の B の存在を認識していなかったのだから，B の致死結果は予見不可能であって，過失犯に問えないのではないかが問題となる。

　危惧感説の発想を徹底させるならば，B との関係でも，X に過失犯の成立を認めることができるだろう。X は，自分の運転態様から，A や誰かほかの交通関与者の致死結果を招くような事故の発生を予見できたはずであり，そのような事故を危惧すれば「減速する」という措置の必要性も自覚できたはずである。そして，その措置を履行したならば結果的に（現実に発生した）B の致死結果も回避できたのだから，過失犯の成立に必要な結果回避可能性に欠けるところもない，ということになる。

　これに対し，具体的予見可能性説からすれば，現実の「具体的な発生結果」を構成している基本的部分として，「被害者が誰か」という事実に関する予見可能性が必要不可欠だと考える余地があるだろう。そうすると，B の存在を認識しえなかった X には，B に対する過失犯の成立は認められない，という結論になる。しかしここでも，故意犯において「被害者の同一性」についての認識が要求されていたか，を考えてみる必要がある。具体的事実の錯誤に関する判例は「法定的符合説」の立場に立ち，その限りで，現実の被害者が行為者の想定した被害者と異なっていても，故意犯の成立を肯定していた（⇒第3章 ❷ 1 を参照）。過失犯の「予見可能性」においてもこれと同じように考えるならば，X は，A やその他の交通関与者といった「人」が死亡する結果を予見できた以上，実際に発生した B という「人」の死亡結果との関係でも X に過失が認められる，と解す

ることになる。

▶ CASE 4-4 の事件に関して，控訴審判決（東京高判昭 60・12・27 刑集 43 巻 3 号 277 頁）は，B に対する X の過失を認めたが，その理由の 1 つとして，X には車体の揺れなどから B が後部荷台に同乗していた事実について認識する可能性があった，という点も挙げている。このような判断のあり方は，「被害者が誰か」についての予見可能性を必要とする立場からも支持できるものだろう。これに対して，最高裁（最決平元・3・4 刑集 43 巻 3 号 262 頁）は，「X において，右のような無謀ともいうべき自動車運転をすれば人の死傷を伴ういかなる事故を惹起するかもしれないことは，当然認識しえたものというべきであるから」，たとえ X が後部荷台に B が乗車している事実を認識していなかったとしても，X には B との関係で過失が認められる，とした。この判示は，危惧感説の論理に近いか，または，左記の法定的符合説的な考え方に親和的なものと評価できる。

過失の諸問題

CASE ● 4-5
ホテルの一室で，宿泊客のタバコの不始末により，火災が発生した。同ホテルにおいては，X（代表取締役社長であり消防法上の管理権原者）および Y（消防法上の防火管理者）が，スプリンクラー等の防火・消火設備を設置せず，避難訓練も実施していなかったため，従業員が効果的な避難誘導を行うこともできないまま火災がホテル全体に拡大し，ホテルの宿泊客が多数死傷するに至った。

CASE ● 4-6
X はバイクを運転中，時速約 20 km の速度で交差点に進入し，右折の合図をしながら右折を開始したところ，後方から A の運転するバイクが時速約 60～70 km の速度で進行してきて，反対車線にはみ出してまで X の右側を通過しようとした。その結果，X は A に衝突し，A を死亡させるに至った。

(1) 管理・監督過失

　過失犯の成否が問題となる1つの応用的な事例として，行為者の管理過失や監督過失の有無が問われるという場合がある。**管理過失**とは，行為者による物的設備や人的体制の不備を実行行為として，過失犯の成立が認められる場合をいい，**監督過失**とは，他者に対する指揮監督が不適切であったことを実行行為として，過失犯の成立が認められる場合をいう。これらの形での過失犯の成立が問題となったのが，CASE 4-5 のように，ホテルやデパートの大規模火災によって人が死傷した場合の，ホテルやデパートの経営者らの罪責をめぐってである。

　この問題を考えるにあたっても，何か特別な要件論が必要となるわけではなく，ここまで見てきた過失犯の基本的な要件論に従って考えていくことになる。以下，検討の際のポイントを簡単に挙げてみよう。

　a）実行行為・その1：作為か不作為か　　まず，CASE 4-5 のX・Yの行為は，作為なのだろうか，それとも不作為なのだろうか。X・Yは，放火や失火など，火災による人の死傷結果を直接引き起こすような作為に出ているわけではない。むしろ，火災が生じた場合に備えて人の死傷結果を防止できるような体制を確立させていなかった，というX・Yの不作為の態度が，非難が向けられうる対象だろう。

　このように，X・Yの問題の行為が不作為だとすると，X・Yに保障人的地位が認められるかが問題となる（⇒第**2**章③の不作為犯を参照 [56頁]）。これについては，自らの管理する建物内に客を引き入れ，その法益（生命・身体）を引き受けている点（保護の引受け），または，火災が発生した場合には建物自体が人の法益に対して危険源となるから，そのような危険源である建物を管理・支配しているという点（危険源の管理・支配）を根拠に排他的支配を認め，さらに，客を自らの意思に基づいて引き入れ

たこと（意思に基づく排他的支配の獲得），法令上の要請（消防法上の防火管理義務）から，まずはホテル側に保障人的地位を認めることができる。さらに，そのホテルの中で防火管理の職責を担い，その業務を統括していたX（管理権原者），Y（防火管理者）が，具体的に保障人的地位に立つ者と解されることになる。

　b）**実行行為・その2：結果回避義務違反**　次に，X・Yの具体的な結果回避義務違反（過失犯の実行行為）はどのように構成されうるか，という点が問題となる。まず第1に，ホテル側が負っている義務は，火災が発生した場合に人の死傷結果を防止できるような物的・人的措置（例えば，スプリンクラーや防火扉の設置・整備，避難誘導訓練の実施などの措置）を講じておくという**安全体制確立義務**だと考えることができる。第2に，その義務を，具体的にホテル内のどの個人が，どの範囲で負っているのかが問われる。これを考えるにあたっては，ホテル内での職責の分担，権限の範囲に照らして，この安全体制確立義務の履行を具体的にホテル内の誰がなすべきだったのかが問題とされることになる。その判断においては，誰が消防法上の管理権原者，防火管理者（消防法8条）であったのかという点も重要な根拠の1つとなる[9]。

▶　管理権原者によって選任される**防火管理者**が負う義務は，上記のような物的・人的な安全体制を自ら（関係部署に指示して）整備し，確立させておく義務である。さらに，自らの権限では足りず，管理権原者の権限によらなければ講じられない措置がある場合には，管理権原者に対して当該措置を講ずるように進言する義務（進言義務）を負うことがありうる。これに対して，**管理権原者**が負っている義務は，防火管理者を適切に選任し，その防火管理業務に不備がないように監督するという義務である。しかし，防火管理者が選任されていない場合や，防火管理者が選任されていても，それが名目だけであって，管理権原者から防火管理に関する権限がほとんど与えられていない場合などにおいては，管理権原者が直接に物的・人的措置を講ずる義務を負うことになる。

[9] 消防法上の管理権原者（消防法8条1項：学校，病院，工場，事業場等の建物の「管理について権原を有する者」）とは，防火管理の最高責任者を指し，例えば会社であればその代表取締役などがそれに当たる。防火管理者とは，管理権原者によって定められ，防火管理上必要な業務（消防計画の作成，避難訓練の実施，消火設備の整備等）を行うべき者（同項）をいい，例えば（会社の規模・組織体制にもよるが）会社における総務部長などがこれに選任される。

c）予見可能性　過失犯の罪責を問うにあたって，CASE 4-5 の X・Y に求められる予見可能性はどのようなものになるだろうか。この事案に関する最高裁決定（最決平 5・11・25 刑集 47 巻 9 号 242 頁，ホテル・ニュージャパン事件）は，X につき，X は防火管理体制の不備を認識していたのだから，「これらの防火管理体制の不備を解消しない限り，いったん火災が起これば，発見の遅れや従業員らによる初期消火の失敗等により本格的な火災に発展し，従業員らにおいて適切な通報や避難誘導を行うことができないまま……宿泊客らに死傷の危険の及ぶおそれがあることを容易に予見できた」として，X の予見可能性を肯定している。

　過失犯において求められる予見可能性が，「結果回避措置を課す前提としての予見可能性」（⇒**3**(2)　95頁）に尽きると考えるならば，X が安全体制の不備を認識しており，このままでは「いったん火災が起これば」人の死傷結果に至る，ということを予見することができた以上，X に求められるべき予見可能性の内容として何も不足はない。というのも，火災原因が何であっても（第三者の放火であれ，ホテル内での過失による，または無過失による出火であれ），ともかくいったん火災が発生した場合には，安全体制の不備から多数の死傷者が出る事態になる，ということを X は予見できたはずであり，そのような事態の予見可能性さえあれば，安全体制を確立させる措置に出る必要性を自覚することもできたはずだからである。

　また，「具体的結果発生の予見可能性」（⇒**3**(2)　96頁）が必要であると解した場合であっても，そもそも，現実に発生した因果経過である「宿泊客のタバコの不始末」それ自体が，ホテルにおいてはいつ何時でもありうる事態として，X には予見可能だったと考える余地があるだろう。また仮に，現実の「宿泊客のタバコの不始末」という出火原因が X に予見不可能だったとしても，ホテル内で予見・危惧される出火の原因というものは

色々とあるはずであり，それらの予見可能な出火原因と，現実の「宿泊客のタバコの不始末」という出火原因とを比べた場合に，両者の違いによってXに求められる結果回避措置が異なってくるわけではない（いずれの場合を想定しても，結局は同じ安全体制の確立が求められる）ということからすれば，CASE 4-5のXに予見可能性が認められるという結論に違いは出ないだろう。

　d）因果関係・その1：結果回避可能性　　X・Yの実行行為は，火災発生前の不作為による結果回避義務違反であり，その時点では，安全体制を確立させておくことによって本件火災による死傷結果を回避することが可能であったといえる。したがって，結果回避可能性も当然認められることになる。

　e）因果関係・その2：第三者の行為の介入　　さらに問題となりうるのは，X・Yの事前の安全体制確立義務違反（実行行為）の後に，第三者の故意行為（放火）や著しい過失行為（重失火）が介入していることによって，X・Yの因果関係が否定される余地はないのか，という点である。この点については，次のように考えられるだろう。X・Yが負っている義務は，およそ何らかの出火原因によって火災が発生した場合に，建物が人の生命・身体を侵害する危険源と化してしまうことを防止する，という内容の義務である。したがって，その義務違反の行為に内在している危険も，出火原因を問わず，およそ火災が発生した場合に，安全体制の不備から建物が人の生命・身体に対する危険源と化してしまう，という危険である。そうだとすると，現実の火災がどのような出火原因によって発生したものであっても，（その火災が，他の出火原因による場合と同程度の規模・態様の火災にとどまるものである限り）安全体制の不備によって生じた人の死傷結果は，まさにX・Yの行為に内在していた危険の現実化であると解されることになる。

(2) 信頼の原則

　行為者が行為に出るにあたって，被害者や第三者の適切な行動を信頼することが相当である場合には，被害者や第三者が実際に不適切な行動に出たことによって結果が発生したとしても，行為者はその結果について過失犯としての罪責を負わない。これを**信頼の原則**といい，最高裁判例も交通事犯においてこの原則を適用し，過失犯の成立を否定している（最判昭41・12・20刑集20巻10号1212頁，最判昭42・10・13刑集21巻8号1097頁〔**CASE 4-6**〕など）。すなわち，被害者が交通法規に違反して無謀な自動車運転を行い，そのために行為者の運転する自動車と衝突し，被害者の死傷結果が生じたという場合に，行為者の側には，そのような車両がありうることまで予想して，事故を未然に防止すべき注意義務はないものとされる。**CASE 4-6** のXは，交通法規に従い，右折の合図をしたうえで右折を開始している。この場合，Xは，Aのバイクのように，あえて交通法規に違反し，反対車線にはみ出してまでXの右側を通過しようとする車両があることまで予測し，自分の側でそのような車両に合わせた運転を試みる義務はない。したがって，この場合には，Xの過失は否定される。ただし，被害者・第三者側の不適切な行動が具体的に予想できた場合（被害者や第三者の適切な行動を信頼することが相当で・・・・・ない場合）は別である。例えば，**CASE 4-6** において，Aの運転するバイクが全く減速する気配がなく，そのまま自分の右側をすり抜けようとしていることがXにとっても明らかだった場合には，Xに衝突事故を防止すべき注意義務が課されることになる。

　この「信頼の原則」に基づく判断は，過失犯において何か特別な判断ルールを導入したものではなく，被害者・第三者の行動が関わってくる場合における，行為者側の注意義務の認定方法を具体化したものにほかならない。行為者が，被害者・第三

者側の適切な行動を信頼して行為に出ることが相当である（その点まで疑ってさらに慎重に行動せよ，などという注意義務まで課すことは，行為者にとって過剰な負担になる）と考えられる場合には，行為者において，前述の**結果回避措置の必要性の認識可能性**または**結果回避措置の履行可能性**が欠けることになるのである（⇒① **2**(1)〔90頁〕，**3**(2)〔95頁〕）。

このような過失認定の一般原理に基づいた「信頼の原則」の考え方は，交通事犯の場合だけでなく，例えば「チーム医療」や，一定の活動に関して組織の内部で分業がなされている場合など，複数の者の間で共同作業が行われている場面においても，広く用いられる余地がある。

CHECK

- ☐ 1　過失犯における実行行為は，どのような内容をもった行為か。また，それはどのように認定されるか。
- ☐ 2　過失犯において要求される予見可能性とは，どのような内容の要件か。
- ☐ 3　過失犯においては，どのような事実についての予見可能性が要求されるか。
- ☐ 4　いわゆる「管理・監督過失」が問われる事例とは，どのような事例か。
- ☐ 5　「信頼の原則」とは何か。また，それが適用されるのはどのような場合か。

CHAPTER 5

第5章

違法性

　犯罪が成立するためには，ある行為が構成要件に該当するだけでは足りない。構成要件に該当する行為が違法でなければならない。違法性を基礎づけるのは，基本的に法益侵害とその危険であると考えられている。ただし，ある行為が法益を侵害しているにもかかわらず，その違法性が阻却される場合がある。具体的には，緊急状況で行われた正当防衛や緊急避難において違法阻却が問題になる。また，特に緊急状況になくても，法令行為・正当業務行為や，被害者の同意がある場合にも違法阻却が問題になる。

1 総説

> **CASE ● 5-1**
> ❶ XがAを突き飛ばしたところ，Aはそのため傷害を負った。
> ❷ AにXに対してバットで殴りかかったが，とっさにXはAを突き飛ばして自分の身を守った。しかし，そのためにAは傷害を負った。

1 違法性の意義

　ある行為が構成要件に該当する（⇒第**2**章）からといって直ちに犯罪が成立するわけではない。たしかに行為が構成要件に該当すると，その行為には違法性が推定されると考えられている（構成要件の違法推定機能）。しかし，犯罪が成立するためには，構成要件該当性の判断だけでは不十分なのであり，構成要件に該当する行為が実質的にみて違法なものであるかをさらに確認しなければならない[1]。

　一般的には，**違法**とは，法規範に違反することをいう。例えば，**CASE 5-1** ❶において，Xの当該行為は傷害罪（204条）の構成要件に該当し，法規範に違反して違法であるといえる。しかし，**CASE 5-1** ❷のように，Xが自分の身を守るために，やむを得ずAに対して傷害を負わせた場合にも，Xの当該行為を違法であると評価するべきであろうか。この場合，Xの当該行為は正当防衛（36条）に当たり（⇒②），法的にやむを得ない事態なのであるから，行為の違法性が阻却される，あるいはそもそも正当な行為であるというべきである。したがって，形式的に法規範に違反するから違法であるというだけでは不十分であって，違法性を実質的に基礎づけるものが何なのかを検討する必要が出てくるのである。

[1] ただし，構成要件に該当し，違法な行為があっても，その行為を行ったことにつき非難可能（＝有責）であってはじめて犯罪が成立する（⇒第**6**章）。

2　違法性の実質

　法規範に違反するといえるのは，法的に望ましくない事態が生じた場合である。その事態が望ましいのか否かは，刑法の目的によって判断されることになる。刑法の目的が法益保護にあると考えると，法益の侵害，危殆化（危険な状態におくこと）が違法性の実質を基礎づけることになる。

　もちろん法益が侵害されるほとんどの事態は，社会倫理にも反しているといえる。例えば，人を殺すこと，人の物を盗むことは，生命や財産といった生活利益を侵害するだけでなく，社会的にみて倫理や道義に反している。これに対して，国民の具体的な生活利益と関連性をもたない倫理それ自体を維持するために刑罰権を行使することは望ましくない。国家が特定の倫理を刑法でもって国民に強制するのは避けるべきである（⇒第1章❶3、9頁）。したがって，刑法上の違法性は社会倫理によって基礎づけられているという側面があるにせよ，原則的には，ある個人が他者の生活利益を危うくする場合に，はじめて刑法は違法性があると評価することができるのである。

3　主観的違法論と客観的違法論

　刑法は，例えば，「人を殺してはならない」という命令を人に対して向けている。この命令規範に反することが違法性を基礎づけると理解すると，違法性を認めるためには，命令規範に違反した者に「責任」（⇒第6章）があることが前提となる。というのも，自然や動植物に対して命令することができないのと同様に，例えば，責任能力がなく（⇒第6章❷1、170頁），命令規範の意味を理解することのできない者に対しても刑法は命令することができないからである。このように，命令規範という観点から違法性を理解し，違法性と責任の区別を否定する立場のことを**主観的違法論**という。

　しかし，ある事態が生じないように刑法が「命令」するとい

うことは，その命令に先立って，その事態が刑法からみて望ましくないとの「評価」があるはずである。ある客観的な事態が刑法からみて望ましいのか否かを評価することがまず問題になるのであり，次に，その事態が望ましくないと評価される際には，その事態を起こさないように行為者の意思決定に働きかけることがさらに問題になる。つまり，刑法上の規範については，評価規範と意思決定規範に分けて理解するべきなのである。そのうえで，評価規範からみて望ましくない事態が違法性を基礎づけ，行為者が意思決定規範の働きかけに反して，その事態を引き起こそうと行為に出ることが責任を基礎づけると考えるのである。このように，評価規範という観点から違法性を理解し，他方で意思決定規範という観点から責任を理解することによって，違法性と責任の区別を認める立場のことを**客観的違法論**という。

4 行為無価値論と結果無価値論

それでは，どのような事態が刑法からみて望ましくないのであろうか。その評価基準については，前述したように，単なる社会倫理の違反に求めるべきでなく，法益の侵害・危険の惹起に求めるべきである。このように，違法性の基礎を法益の侵害・危険という結果の惹起に求める見解を**結果無価値論**という。これに対して，法益を侵害してはならないとする行為規範に違反することが違法性を基礎づけるとする見解を**行為無価値論**という。結果無価値論は，人の行為によって引き起こされた「結果」の悪性（無価値性）に着目して違法性の有無を判断するのに対して，行為無価値論は，結果を引き起こす「行為」それ自体の悪性（無価値性）に着目して違法性の有無を判断することになる。

結果無価値論によれば，違法評価の対象は，法益の侵害・危険という結果とそれらを惹起する人の行為ということになろ

> [2]
> 　注意するべき点は，結果無価値論が「結果」それ自体の悪性（無価値性）に着目しているわけではないことである。人の死や傷害といった望ましくない結果が行為者によって引き起こされていることが問題になっているのである。したがって，結果無価値論は，人の行為によって引き起こされた結果に着目して違法性の有無を判断する。
>
> [3]
> 　したがって，この見解によると，結果惹起の有無にかかわらず，行為規範違反があれば刑法上の違法性が肯定される。また，結果が引き起こされると，行為規範違反によって基礎づけられた違法性がより重くなると評価される。他方で，結果が引き起こされていたとしても，行為規範違反がなければ刑法上の違法性は否定される。

う[2]。これに対して，行為無価値論によれば，違法評価の対象は，法益の侵害・危険を志向する人の行為（さらにはその意思）ということになろう。しかし，法益の侵害・危険といった結果が全く生じていないにもかかわらず，刑法上の違法性があると評価することは，国民生活に対して刑法による過度の介入を招くことになり，妥当とはいえない。また，例えば，殺人罪において，死の結果が発生した場合とその結果が発生しなかった場合が同価値であると評価することは不当である。それゆえ，行為無価値論の観点から行為規範違反を違法性の基礎に置きつつ，結果の惹起については違法性を加重する要素として認める**二元的行為無価値論**が主張されている[3]。しかし，行為無価値論の観点からすると，行為規範によるコントロールの及ばない結果の発生をなぜ違法評価の中に含めることができるのかについては疑問が生じる。

> ▶　違法性の実質をめぐっては，以上のように，結果無価値論と（二元的）行為無価値論の対立がある。ただし，具体的な事例の解決に際しては，どちらかの見解をとれば直ちに結論が得られるわけでもなく，また，どちらの見解をとるにせよ結論に違いがない場合もある。したがって，両者の見解の対立を論じてもあまり意味がないとも考えられる。しかし，偶然防衛（⇒❷6(2)〔128頁〕）や不能犯（⇒第7章3〔200頁〕）を検討する際には，両者の見解の対立がなお考慮されている。すなわち，偶然防衛と不能犯の論点においては，現実的にみて，悪（無価値）と評価されるべき結果発生やその危険がないにもかかわらず，行為者の行為を違法と評価することができるのかが争われている。

5　主観的違法要素の要否

ある行為が違法であるかを判断するに際して，行為の客観的事情だけでなく，行為者の主観的事情，例えば，認識や意思，目的なども考慮するべきであろうか。行為者の主観的事情が行為の違法性を基礎づけ，または行為の違法性を強めることを認

める場合，この事情を**主観的違法要素**という。

違法性を行為規範違反の観点から根拠づける行為無価値論は，故意（⇒第3章）や過失（⇒第4章）を犯罪の成立に必要な共通の主観的違法要素として認めている。すなわち，故意行為と過失行為は，それぞれ別の行為規範に違反[4]しており，同じ犯罪結果を引き起こしたとしても，故意行為は過失行為よりも違法性が重いと判断される。これに対して，違法性を法益侵害の観点から根拠づける結果無価値論は，外部に変動を及ぼすことによって法益を侵害・危殆化する事情のみを違法要素として認める。この立場からすると，客観的な犯罪事実・結果の認識，予見可能性にすぎない故意，過失は，外部に変動を及ぼすことができないのであるから，一般的な主観的違法要素として認めることはできない。したがって，同じ犯罪結果を引き起こしたのであるならば，故意行為であるか過失行為であるかにかかわらず，その違法性の程度は同じ[5]である。

それでは，客観的な犯罪事実と対応関係にある故意，過失とは異なり，客観的な犯罪事実を超える事情を意図する，あるいはこれを目的とする主観的超過要素については，主観的違法要素となるだろうか。具体的に問題になるのは，目的犯における「目的」⇒31頁，未遂犯において実行行為が完了していない段階（着手未遂⇒192頁）における「行為意思」である。

[4] 例えば，殺人は「人を殺すな」という規範に違反しており，過失致死は「人を死なせないよう注意せよ」という規範に違反すると考えることになる。

[5] この立場からは，例えば，殺人と過失致死における犯罪性の差異は，過失よりも故意の方が責任非難の程度が重いという点に基づくことになる。

CHART 5.1　違法性の実質

		違法性と責任の区別	違法性の実質	主観的違法要素
主観的違法論		しない 刑法＝命令規範	命令規範違反	認める
客観的違法論	行為無価値論	する 刑法＝評価規範 ＋意思決定規範	法益侵害を禁じる行為規範違反	認める
	二元的行為無価値論		行為規範違反。結果の惹起は違法性を加重する	
	結果無価値論		行為によって惹起された法益の侵害・危険	認めない

故意に加えて目的が成立要件として規定される犯罪のことを目的犯という。例えば，通貨偽造罪（148条）においては，その主観的要素として故意のほかに偽造通貨の「行使の目的」が必要である。同罪の保護法益は，通貨に対する公共の信用である。この信用は，偽造通貨が流通におかれてはじめて現実的に害されるのであり，通貨を偽造しただけでは害されるとはいえない。したがって，行使という「後の行為」に出るという目的が偽造行為に伴う場合に限って，その信用が害される危険が生じるのであり，この意味で「行使の目的」は通貨偽造罪の違法性を左右するのであるから主観的違法要素となる。

　また，未遂犯において実行行為が完了していない段階では，実行行為を完了させるという「行為意思」があってはじめて結果発生の危険が生じるのであるから，着手未遂における「行為意思」は主観的違法要素となる。例えば，XがAに向けて銃口を向けた場合，銃の引き金を引くという「後の行為」の意思があるか否かによってAの死という結果発生の危険が左右されるのである。[6]

[6] ただし，通貨偽造罪であれば，偽造通貨が流通におかれる客観的状況，殺人罪であれば弾丸が被害者に向かって飛び出す客観的条件がなければ，危険性は生じえないのであるから，客観的事情に対応しない純粋な目的，意思は違法要素となりえない。例えば，実弾の入っていないけん銃を人に向けた際に，行為者がそのけん銃で人を殺すことができると思って，引き金を引くという行為意思をもっていたとしても，その行為意思が人の生命に対する危険を高めるとはいえない。

▶　以上のほかに，傾向犯の「内心の傾向」，表現犯の「内心の状態」が主観的違法要素となるかが問題になる。具体的には，前者では強制わいせつ罪（176条）における「性的意図」，後者では偽証罪（169条）における「自己の記憶」を検討する必要がある。現在の判例は，強制わいせつ罪の成立に性的意図が必ずしも必要とはいえず，わいせつ行為の存否を判断するために行為者の目的といった主観的事情が考慮されるにすぎないという立場をとっている（最大判平29・11・29刑集71巻9号467頁）。しかし，同罪で保護される被害者の性的自由が侵害されるか否かは，行為者の内心の傾向，つまり性的意図の有無に左右されることなく判断されるのであるから，性的意図は同罪の主観的違法要素とはいえない。これに対して，偽証罪において「虚偽の陳述」の有無が行為者の記憶に反するか否かによって決まると解するのであれば，自己の記憶に反するという内心の状態が主観的違法要素になるよう

にみえる。しかし、偽証罪において問題となる「裁判所の判断を誤らせるおそれ」は、行為者の内心の状態それ自体から生み出されるのではなく、行為者の陳述という発話行為によって生み出されるのであるから、内心の状態それ自体を主観的違法要素とみることはできないであろう。

6 可罰的違法性の理論

犯罪は違法な行為であることが前提となるが、違法な行為がすべて実際に処罰に値するとはいえない。この意味で、実際に処罰するためには、それ相応の質と量を具えた**可罰的違法性**を必要とする。ある行為が違法なものであっても、その程度が処罰に値する（可罰的な）レベルに達していない場合は犯罪の成立を認めるべきでないことになる（可罰的違法性の理論）。

まず、法益侵害の結果が軽微であって、それぞれの罪の構成要件が予定する法益侵害やその危険がない場合には、可罰的違法性を認めることができず、そもそも構成要件該当性を否定するべきである（絶対的軽微類型）。例えば、判例は、たばこ耕作者として政府に納入すべき葉たばこを自分で費消したが、その量は金額にして１厘[7]分であった事例につき、当時の煙草専売法が保護すべき法益の侵害を認めることができないなどとして、同法違反の罪の成立を否定した（大判明43・10・11刑録16輯1620頁）。

これに対して、行為による法益侵害の程度は必ずしも軽微とはいえないが、その行為によって侵害された法益とその行為によって保全しようとした法益を比較して、後者の保全法益の方がより価値が高いといえる場合には、その行為の違法性は可罰的な程度に至っていないといえる。この場合には、当該行為の構成要件該当性は認めたうえで、その（可罰的）違法性を阻却するべきである（相対的軽微類型）。具体的には労働運動における争議活動や表現活動などが保全されるべき権利・自由として、侵害される法益との比較の対象[8]となる。

----[7]
当時の厘は１円の1000分の１、１銭の10分の１を表す通貨単位である。当時の１円が現在の1000円から２万円に相当すると仮定しても、１厘は現在の価値にして１円ないし20円にしかならない。

----[8]
例えば、政治的な宣伝ビラを配布するために、住宅やマンションの敷地・共有部分に立ち入った場合に住居侵入罪（130条）の成否が問題になる。ここでは、表現の自由の行使のために、住居の管理権やその平穏さを害してよいかが検討されなければならない。

▶ なお，可罰的違法性がなく，結論として犯罪が成立しないという場合，「違法の相対性」を前提として，刑法の領域において違法性がないことを意味するにすぎないのか（違法多元論），それとも「違法の統一性」を前提として，法秩序全体を通じて違法性がないことを意味するのか（違法一元論）という点で争いがある。法秩序全体を通じて違法性判断の矛盾を認めるべきでないとすると，他の法領域（例えば，民法など）において違法性がないとされた事態に刑法上の違法性を認めるべきではない。他方で，他の法領域において違法性があるとされた事態であっても，その事態に可罰的な違法性があるか否かは刑法の領域における別の判断となることを認めるべきであろう（**柔らかな違法一元論**）。なお，この問題は，財産犯の成否を検討するうえで特に議論されている。

CHECK

- □ 1 主観的違法論と客観的違法論の違いはどこにあるだろうか。
- □ 2 行為無価値論と結果無価値論の違いはどこにあるだろうか。
- □ 3 違法性の有無を判断する際に，行為者の主観的事情を考慮するべきだろうか。
- □ 4 可罰的違法性がないのはどのような場合であろうか。

2　正当防衛

CASE ● 5-2
AがBを無理やり連れ去ろうとしたのをみたXは，Bを助けるために背後からAを羽交い締めにしてBの身を解放させた。

CASE ● 5-3
AがXに殴りかかったが，Xはとっさに持っていたナイフでAを刺して身を守った。しかし，そのためにAは死亡した。

CASE ● 5-4
Aは自分と敵対するXを襲撃するためにバットを用意して，

Xが寝泊まりしていたビルの事務所へと向かった。ところがXは，Aの襲撃を事前に察知して，事務所に角材を用意して待ち構え，Aが事務所に襲撃したのと同時に当該角材で反撃して，Aに傷害を負わせた。

1 正当防衛の意義

　他者の身体に傷害を負わせたり，その身体を拘束することは，傷害罪や逮捕監禁罪の構成要件に該当する行為なのであって，本来なら違法であり許されない。しかし，**CASE 5-1 ❷**のように自己の身を守るため，あるいは**CASE 5-2**のように他人の身を守るため，自己や他人を侵害しようとした者の身体に傷害を負わせること，あるいはその身体を拘束することは違法なのであろうか。刑法は，こうした場合について**正当防衛**に当たるとしている。正当防衛とは，急迫不正の侵害に対して，自己または他人の権利を防衛するため，やむを得ずにした反撃行為のことをいい，刑法はこれを罰しないと規定する（36条1項）。ただし，例えば，**CASE 5-3**のように，行き過ぎた反撃行為のために，重大な結果が生じた場合は，防衛の程度を超えているのであって**過剰防衛**となり，刑を減軽・免除する（⇒第11章 *6*）ことはできるものの，原則として処罰の対象となる（36条2項）。

2 違法性が阻却される根拠

　ある行為が正当防衛となって「罰しない」とされるのは，その行為の違法性が阻却される（その行為が正当化される）からである。それでは，犯罪の構成要件に該当する行為であっても，正当防衛が成立する場合は，なぜその違法性が欠けるのであろうか。違法性を阻却する一般原理として**法益衡量**という見地から正当防衛の不可罰性を導き出すことが考えられる。すなわち，ある行為によって保全される利益と侵害される利益とを比較し

て保全利益が被侵害利益よりも価値的に高い，あるいは保全利益における侵害・危険性の程度と被侵害利益における侵害・危険性の程度を比較して後者の程度がより低いのであれば，その行為の違法性を阻却する。ある行為によって**優越的利益**を維持することは，刑法における法益保護の目的に合致しており，その行為を正当化することができるということである。例えば，XがAによってナイフで殺されそうになった際に，XがAの手を払いのけたという場合，Xはその行為によってAの身体を侵害しているが，その代わりにX自身の生命を保全している。ここで，身体と生命を比較すると，法益衡量という観点からXの行為を正当化することができるだろう[9]。

これに対して，例えば，Xがその傍らに置いていたかばんをAに盗まれそうになった際に，Aをとっさに突き飛ばすことでAの窃取を防いだという場合が問題となる。この場合も正当防衛が成立すると考えられるが，法益衡量という観点によると，Xの行為によって保全されるXの「財産」（保全法益）と，Xの行為によって侵害されるAの「身体」（被侵害法益）が比較の対象となっている。前者の保全法益が後者の被侵害法益と比べて優越的な利益であるとはいえないにもかかわらず，XによるAの身体への侵害が許されるのはなぜであろうか。その根拠については，正当防衛によって生命，身体，財産といった具体的な利益を保全するだけでなく，「法は不法に譲歩することはない」という**法確証**の利益を保全しているからだとする考え方がある。この考え方によると，生命などといった個別の利益と法確証の利益とが合算されることにより，防衛行為によって保全される利益が，防衛行為によって侵害される利益を上回るとされることになる。

しかし，法確証の利益自体は抽象的なものであり，具体的にどの程度の利益が加算されるかは不明である。むしろ緊急時には**自己保護の原則**が働くのであり，自己の利益を保全するため

[9] これに対して，**社会的相当性**という見地から正当防衛の不可罰性を導き出すことも考えられる。歴史的に形成された社会秩序の枠内にある限り，その行為の違法性が欠けるというのである。しかし，この見解によると，ある行為が社会的にみてなぜ相当といえるのかという問いに答えることができない。

に，不正な侵害をした相手の利益を犠牲にしてもやむを得ないと考えることもできる。しかし，この考え方によると，CASE 5-1❷のように自己のための防衛行為については，その違法性阻却を根拠づけることができるが，CASE 5-2 のように第三者のための防衛行為については，その違法性阻却を根拠づけることができない。CASE 5-2 では，X の行為は，自己保護のためのものとはいえないからである。

そこで，法確証の利益が加算されることによって，あるいは自己保護の原則が働くことによって，保全法益の要保護性が高まるというよりも，不正な侵害を行った者の利益の**要保護性**が失われているにすぎないと考えるべきである。なぜなら，法秩序がそれぞれの者に個別の生活利益の帰属を保障しており，その生活利益が不正に侵害された際には，その不正な侵害を排除することができる限度において，その侵害を受けた者，あるいはその場にいた第三者に対して実力行使をすることが許されているとみるべきだからである。その実力行使に伴って，不正な侵害を行った者の利益が侵害されたとしても，法秩序はその実力行使をやむを得ないとみていることになる。したがって，保全法益と被侵害法益とを比較すると，被侵害法益については要保護性が失われる分だけ価値的に軽いと扱われることになり，その分だけ相対的に保全法益が価値的に重いと扱われる。

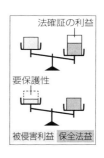

▶ 以上のような観点からすると，正当防衛は正義を実現するための手段ではなく，あくまで不正な侵害を排除するための手段にすぎない。したがって，不正な侵害を排除するために必要な範囲で侵害者の利益の要保護性が失われるだけであり，侵害者に対抗するための実力行使は必要最小限のものにとどめなければならない（防衛行為の必要性要件⇒**7**）。自己の財産を守るために窃盗犯人を実力で追い払う必要があったとしても，窃盗犯人に傷害を負わせることなく追い払うことが可能であったならば，そのようにしてはじめて正当防衛は成立する。他方で，現に発生している不正な侵害の排除を法秩序が許しているのであるから，事前に，あるい

はその場で、官憲、特に警察官の助けを求める余裕があったとしても、さらには不正の侵害を受けないよう回避することや退避することができたとしても、正当防衛の成立が必ず否定されるわけではない。

　この点につき、不正な侵害を受ける者の保全法益には、具体的に侵害を受ける生命、身体、自由、財産といった個別の利益に加えて、その場にいてもかまわないという「現場滞留の利益」も含まれるとする考え方がある。例えば、自宅にいる者には現場滞留の利益が認められるのであるから、自宅にいたXをAが襲撃した場合に、Xは自宅から逃げ出すことなくその襲撃を排除して、Aの身体に傷害を負わせても正当防衛は成立する。この場合には、現場滞留の利益が加算される点において、Xの保全法益はAの被侵害法益に優越するといえる。しかし、現場滞留の利益に関して、その場にいてもかまわないのであるから、不正な侵害を排除してもよいことになると説明するだけでは、その利益性の内容が空虚である。現場滞留の利益は、生命、身体、自由、財産といった具体的かつ個別的な利益に還元される必要があると思われる。したがって、正当防衛の成否は、現場滞留の利益の有無によって判断するべきではなく、あくまで正当防衛の個別の要件の検討を通じて判断されるべきである。

3　正当防衛の成立要件

　正当防衛が成立するためには、「急迫不正の侵害」という正当防衛状況が必要となる。ここでは、急迫性、不正性、侵害性がそれぞれ問題となる。「急迫不正の侵害」があると認められると、それに対して防衛行為が可能となる。防衛行為は「自己または他人の権利を防衛するため、やむを得ずにした行為」でなければならない。ここでは、防衛意思、必要性・相当性がそれぞれ問題となる。

　以下において、4では「急迫性」について、5では「不正の侵害」について、6では「防衛意思」について、7では「防衛行為の必要性・相当性」について、それぞれ詳しく検討する。

4 急迫性

(1) 急迫性の意義

「急迫不正の侵害」のうち，急迫性は，法益の侵害が間近に迫っている[10]ことをいう。そのため，法益侵害の危険はあっても，その危険が差し迫っていない段階や，その危険が既に消滅した段階では防衛行為をすることはできない[11]。

[10] 現に侵害を受けている段階も含む。

[11] したがって，「先制攻撃」や単なる「報復行動」は許されない。

(2) 「追撃」事例の検討

問題となるのは，行為者による反撃によって侵害者の行為がいったん終わったようにみえる段階で，行為者が「追撃」をすることができるのかである。判例では，AがXを鉄パイプで襲った際に，Aが勢い余って通路の転落防止用の手すりの外側に上半身を前のめりに乗り出した姿勢になったが，XはAがなお鉄パイプを握りしめているのを見て，Aを手すりの外側に追い落としたという事案において，急迫不正の侵害が終了したか否かが問題になった。最高裁は，Xの当該行為時にAの加害意思が存続していたこと，また，Xの当該行為がなければAが再度の攻撃に及ぶことが可能であったことから，Aによる急迫不正の侵害はなお継続していたと判断した（最判平9・6・16刑集51巻5号435頁）。この判例によると，侵害の急迫性の有無は，侵害者における①加害意思の存続と②攻撃再開の可能性という点から判断されることになる。したがって，侵害者が行為者の反撃によって気絶した場合や，武器を手放して逃走しようとしている場合には，侵害の急迫性が失われ，それ以降，行為者は防衛行為をすることができないことになるだろう。

※図はイメージです

(3) 急迫性の有無と積極的加害意思の関係

侵害の急迫性は，基本的に侵害者側の行為の客観的状況によって判断されるべきであるが，その判断に際して，防衛行為者

の主観的事情や，防衛行為者による反撃行為に先行する事情を考慮することができるであろうか。具体的には防衛行為者における加害意思や，侵害の予期が問題になる。例えば，**CASE 5-4**をみてみると，Xは，急迫不正の侵害という機会を捉えてAを攻撃しようとしており，そこには単純な防衛意思（⇒**6**）を超えた**積極的加害意思**の存在が読み取れる。また，Xは侵害を受けることを予期しており，Aの侵害を避けるために警察に保護を求めたり，事務所から離れることは十分に可能である。この問題について，判例は，侵害を予期していたとしてもそのことから直ちに侵害の急迫性が失われるわけではないとしつつ，「単に予期された侵害を避けなかったというにとどまらず，その機会を利用し積極的に相手に対して加害行為をする意思で侵害に臨んだときは，もはや侵害の急迫性の要件を充たさない」と指摘している（最決昭52・7・21刑集31巻4号747頁）。この判例によれば，**CASE 5-4**では，Xに積極的加害意思があることによって急迫性が否定され，正当防衛それ自体が成立しないことになろう。

また，近時の判例では，Xは，Aから侵害を受けることを十分に予期しながら，自宅マンション前に降りてくるようAから呼び出されたので，自宅から包丁を持ち出してAのいる路上に赴いたところ，Aがハンマーで殴りかかってきたので，Aをその包丁で刺殺したという事案が問題になった。この判例は，前記の判例と同じく侵害の予期があるからといって直ちに急迫性が失われるわけではないとしつつ，包丁で刺すという対抗行為に先行する事情を含めた行為全般の状況に照らして急迫性の有無が判断されるとした。そのうえで，Xは Aの呼び出しに応じる必要性はなく，自宅にとどまって警察の援助を受けることが容易であったこと，包丁を準備してAに対する威嚇的行動に出ることなく，その包丁で強くAを刺突したことなどを考慮して，侵害の急迫性を否定して正当防衛および過剰

[12] 以上のような判例の判断枠組みに対しては，行為者の主観的事情やその行為全般の事情は，急迫性の有無を判断する要素ではなく，当該対抗行為が防衛行為として適当といえるかを判断する要素として考慮すれば足りると考えられる。

防衛の成立を否定[12]した（最決平29・4・26刑集71巻4号275頁）。

(4) 「自招侵害」事例の検討

　行為者の対抗行為に先行する事情としては，行為者が侵害者を挑発していたことが問題となる。例えば，XとAとの喧嘩において，XがAに「かかってこい」と挑発し，かっとなったAがXに殴りかかった際にXがAを突き飛ばしたとして，Xの行為は正当防衛であるといえるであろうか[13]。このような**自招侵害**について，挑発行為とそれに呼応した侵害行為，その反撃行為が一連，一体のものといえる場合，自ら侵害行為を招き寄せたにもかかわらず，それに対する反撃行為が正当防衛となるのは不当である（正当防衛権の濫用）。ただし，正当防衛が全面的に否定されると解するべきではない。挑発の時点や喧嘩の過程で当初想定されていた侵害を上回るような侵害を受けた場合，例えば，「殴ってこい」と挑発したらその相手がナイフを取り出してきた場合では，挑発行為によって自ら招き寄せようとした侵害行為を超える強度の侵害行為がなされたのであるから，挑発行為とそれに呼応した侵害行為は一連のものとみることはできない。したがって，その強度の侵害行為に対する反撃行為については，正当防衛を認める余地を残すべきである[14]。なお，判例には，行為者による先行の暴行とそれに触発された侵害者による暴行が，時間的・場所的に一連，一体のものであって，行為者が不正の行為によって自ら侵害を招いたといえる場合には，侵害者の攻撃が行為者による先行の暴行の程度を大きく超えるものではない点などを考慮しつつ，行為者において何らかの反撃行為に出ることが正当とされる状況にはないとして，行為者の反撃行為につき正当防衛の成立を否定したものがある（最決平20・5・20刑集62巻6号1786頁）。

[13]
　喧嘩において双方が殴り合っている場合，それぞれの殴打行為は急迫不正の侵害に対する反撃行為とはいえないのであるから正当防衛は否定される。これに対して，挑発に乗ったとはいえ，相手に先んじて殴打行為に及ぶことは「急迫不正の侵害」となるのであり，これに対する反撃について直ちに正当防衛を否定することはできない。

[14]
　挑発行為をする者は，侵害行為を招き寄せている点で「危険の引受け」（⇒§ **7**）をなしているともいえる。「危険の引受け」という観点からは，挑発行為をする者にとって，招き寄せた侵害行為の内容・程度が予期されたものであれば，その侵害行為による危険を甘受するべきである。したがって，それに伴って，当該侵害行為に対する反撃行為は許されず，正当防衛は成立しない。これに対して，招き寄せた侵害行為の内容・程度が予期された範囲を超える強度をもつのであれば，その侵害行為による危険を甘受するべきとはいえず，正当防衛の成立を認めて当該侵害行為を排除することは許されると考えられる。

5 不正の侵害

(1) 「不正の侵害」の意義

急迫性のある攻撃を受けたとしても，その攻撃が「不正の侵害」でなければ，それに反撃することは許されない。ここで「侵害」とは，自己または第三者の法益[15]に対する侵害をいい，その侵害行為は作為だけでなく不作為も含む。侵害を受ける法益には，個人法益だけでなく，社会法益，国家法益も含むと解されるが，社会・国家法益の保全は一義的に国家の任務であるから，国や地方公共団体の機関による緊急な措置が期待できない場合に限って，私人による正当防衛が許されるとみるべきである。

自己または第三者の法益に対する侵害があったとしても，それが不正なものでなければこれに対抗する行為を正当防衛とすることができない。ここで「不正」とは，違法[16]であることを意味する。不正の侵害は，犯罪行為に限られない。民事法上の違法行為も「不正」なものであって，これに対抗する行為は正当防衛と認めることができる。例えば，過失に基づく器物損壊行為は，刑法において犯罪とされていないが，民事法上の違法行為には当たるのであるから，この行為に対抗する行為を正当防衛とすることができると思われる。また，不正の侵害を行った者が有責であるか否かは問題にするべきではない。したがって，責任無能力者の侵害に対しても正当防衛の成立を認めることができる。

(2) 対物防衛

問題となるのは，（自然）物や動物による侵害に対しても正当防衛の成立を認めることができるのかということである（**対物防衛**）。例えば，Xの猟犬がAの番犬に襲われた際に，XがAの家人に制止を求めたが，何ら対応してくれなかったため

---

[15] 第三者のための防衛については「緊急救助」という。ただし，第三者の自損行為や第三者の同意（⇒153頁）に基づく侵害行為については基本的に防衛をすることが許されない。

[16] 違法ではない侵害行為に対しては正当防衛は認められず，緊急避難の成否が問題になるだけである。ただし，法令に基づく通常逮捕（刑事訴訟法199条）など，その侵害を甘受しなければならない立場の者は緊急避難も認められない。

に，XがAの番犬に発砲して傷を負わせた場合が問題になる。この場合，Xの発砲行為は器物損壊罪（261条）の構成要件に該当するが，判例はこれが緊急避難（⇒3）に当たるとしてその違法性を阻却した（大判昭12・11・6大審院裁判例(11)刑87頁）。この判例が対物防衛の事例についておよそ正当防衛の成立を認めない趣旨のものであるかは不明である。

ところで，法規範は人の行為に対してのみ向けられるのであって，物や動物の侵害は違法とはいえないとする立場によると，物や動物の侵害は「不正」なもの[17]とはいえず，その侵害を受けた者の対抗行為は緊急避難の成否が問題になるだけである。したがって，故意に飼い犬をけしかけた場合や，飼い犬の管理に落ち度があった場合など，物や動物の侵害が人の故意・過失行為に由来する場合にはじめて違法となり，これに対して正当防衛が可能となる。しかし，法秩序はそれぞれの者に個別の法益が帰属することを保障しているのであり，そこから違法性の基礎は法益の侵害・危殆化に尽きると理解するべきである。したがって，物や動物の侵害であっても違法となり，人の故意・過失行為に由来するかを問わず，物や動物の侵害に対して正当防衛の成否を検討することができると思われる。

6 防衛意思

(1) 防衛意思の意義

急迫不正の侵害があった際に，正当防衛として対抗するためには**防衛意思**が必要であろうか。行為者が客観的に自己または第三者の法益を保全していれば足りると理解すると，防衛行為に防衛意思が伴っているか否かを問わず，正当防衛の成立を認めることができる。これに対して，判例は基本的に防衛意思が必要であるとしているが，具体例に基づきその存否を明らかにしているにすぎない。例えば，判例は，相手の侵害に対して憤

[17] 人の行為によって法秩序の動揺が生じた場合にはじめて法確証の利益の保全が問題になるという立場も，物や動物の侵害によっては法秩序の動揺は生じないとして，正当防衛の成立を認めない。

激，逆上して反撃したからといって直ちに防衛意思が欠けるわけではなく（最判昭46・11・16刑集25巻8号996頁），防衛意思と加害意思が併存している場合でも，防衛意思が否定されることはないとしている（最判昭50・11・28刑集29巻10号983頁）。他方で，判例は，もっぱら攻撃の意思で反撃する場合には，防衛意思を否定[18]する（最判昭60・9・12刑集39巻6号275頁参照）。このような判例の立場を前提とすると，防衛意思の内容は，防衛のための行為に出ようとする意図，動機ではなく，「侵害に対応する意思」によって成り立つことになるだろう。

[18] ただし，判例は，行為者に積極的加害意思がある場合には，そもそも侵害の「急迫性」が欠けると解している（⇒123頁）。

(2) 偶然防衛

防衛意思を必要とする立場は，36条1項の条文において，権利を防衛する「ため」と規定している点をその根拠としている。また，防衛意思のない者の内心的態度は，通常の犯罪を行う者の内心的態度と変わらないのであるから，防衛意思があってはじめてその行為の不可罰性が導かれると解している。したがって，防衛意思は主観的正当化要素に位置づけられることになり，客観的な正当防衛の成立要素と相まって，行為の規範違反性を否定することになる。

このことが具体的に問題となるのは，**偶然防衛**の事例である。偶然防衛とは，正当防衛の客観的要件を満たす行為をしているにもかかわらず，その要件が充足されていることを行為者が知らない場合をいう。例えば，XがAを銃で殺害したところ，Aもまたちょうどナイフを取り出しXを刺殺しようとしていたが，XはAがナイフを取り出す瞬間を認識していなかった場合（偶然による自己防衛）や，同じくXがAを銃で殺害したところ，AはBをナイフで刺殺しようとしていたが，Xはそのことを認識していなかった場合（偶然による第三者防衛）が問題となる。これらの場合について，防衛意思必要説は，その行為の規範違反性を否定することができないとして正当防衛の成

立を否定[19]している。

▷ 防衛意思について，侵害の認識とそれに対応する防衛行為の認識があれば認められると解すると，防衛意思は違法性阻却を基礎づける事実の認識から成り立つことになる。しかし，このような事実の認識は，違法性の有無を左右するものではなく，故意に基づく責任を否定する効果しかもたないであろう（⇒**9**(**2**)）。したがって，防衛意思がないからといって違法性阻却が否定されるとは必ずしもいえない。

7 防衛行為の必要性・相当性

(1) 必要性の意義

正当防衛を認めるためには，防衛行為が「防衛するため，やむを得ずにした行為」でなければならない。侵害に対して対抗手段がとられても，自己または第三者の法益を保全するために役に立たないものであれば，そのような対抗手段を防衛行為と認めることはできない。したがって，防衛行為というためには，法益を保全するのに必要かつ適切な手段でなければならない（防衛行為の必要性）。必要性は，選択することのできる手段の中で最も害の小さなもの[20]をとった場合に認められる（手段としての必要最小限度性）。例えば，襲いかかってきた侵害者を素手で振りほどくことができるのであれば，ナイフでいきなり刺すのではなく，素手による有形力の行使という対抗手段をとってはじめて防衛行為の必要性が満たされることになる。ただし，このことは，侵害者と行為者との関係において「武器対等の原則」が維持されることを意味しない。例えば，素手による危害を防ぐために包丁で威嚇することも，侵害者と行為者との年齢差，体格差，さらに行為者の防御的態度を考慮するならば，防衛行為として認めることができる[21]（最判平元・11・13刑集43巻10号823頁）。

[19] 偶然防衛においてその行為無価値性を認めたとしても，防衛結果が生じていることから結果無価値性を認めることはできない。このことを前提として未遂犯（⇒第**7**章）の成立を認める見解，あるいは未遂犯に準じて刑の任意的減免（⇒第**11**章 6）を認める見解が主張されている。

[20] ただし，このことは，その場から退避することが最善の手段であったとしても，行為者に退避義務を課すことを意味するわけではない。

[21] なお，判例は，手段としての必要最小限度性について，防衛行為の相当性の問題として位置づけている（最判昭44・12・4刑集23巻12号1573頁参照）。

(2) 相当性の意義

　また，行為者の防衛行為によって侵害される法益と，それによって保全される法益との関係において均衡性が保たれていない場合であっても，手段としての必要最小限度性が認められる限りは，基本的に正当防衛の成立を否定するべきではない。例えば，自己の財産または名誉を防衛するために，侵害者の身体に危害を加え，またはその自由を奪うことも場合によっては正当防衛として許されるべきである。具体的に考えると，Xが，自分の財布を盗もうとしたAを突き飛ばすことによってその財布を守ったという場合，Xの当該行為は暴行罪（208条）あるいは傷害罪（204条）の構成要件に該当するが，正当防衛が成立して違法性は阻却される。しかし，たとえ手段としての必要最小限度性が認められたとしても，保全法益を著しく上回る法益を侵害することは相当であるとはいえない。例えば，極端な例かもしれないが，Xが1枚の食パンを食べようとした際に，Aがその食パンを勝手に奪おうとしたが，Xは，Aとの体格差があるために，手元にあった刃物でAを刺すほか食パンを確保する手段がなかったという場合が問題になる。この場合において，実際にXがAを刃物で刺す行為は，自己の財産を保全するために侵害者の生命に危害を加えることになるため，防衛行為としての程度を超えているのではないだろうか。したがって，ある対抗手段が防衛行為として認められるためには，保全法益と被侵害法益との関係において著しく均衡性を失していないことが求められる（防衛行為の相当性）。

　ところで，防衛行為の相当性を判断するうえでは，防衛のための手段という行為の危険性を基準とするべきであろうか。それともその手段から現に発生した結果を基準とするべきであろうか。例えば，駅のホームで女性Xが酒に酔った男性Aに絡まれた際に，Xが難を逃れるためにAの身体を突いたところ，

Aはホームから転落し、進入してきた電車とホームの間に挟まれて死亡したという事例がある。下級審判決は、Xにおいて他にとることのできる手段がなかった点を捉えて防衛行為の相当性を認めて正当防衛が成立するとした（千葉地判昭62・9・17判時1256号3頁）。この事例では、Xに対する身体への暴行と比較して、現に生じたAの死亡という結果が重大である点に着目すると、防衛行為の相当性は否定され、あとは過剰防衛（⇒8）の成否が問題[22]となる。これに対して、あくまで防衛のための手段としての適切さに着目すると、XがAの身体を突くという方法しかなかったのであれば、防衛行為の相当性が肯定され、正当防衛の成立を認めるべきことになろう。

▶ 正当防衛の成否が問題となる局面では、急迫不正の侵害が行われた時点で、侵害者の法益の要保護性が防衛者の法益を保全する限度で既に失われていることからすると、結果が重大であったからといって直ちに防衛行為の相当性を否定するべきではない。したがって、その侵害行為による法益侵害の結果および危険の程度と具体的に比較して、防衛行為による法益侵害の危険の程度が著しく均衡性を失わないのであれば、防衛行為による危険が現実化して重大な結果が発生したとしても、防衛行為の相当性は認められる。

8 過剰防衛

(1) 過剰防衛の意義とその効果

過剰防衛とは、急迫不正の侵害に対する反撃行為が「防衛の程度を超えた」場合のことをいう（36条2項）。「防衛の程度を超えた」とは、防衛行為の必要性、相当性を欠くことをいい、防衛のための対抗手段が必要最小限のものではなかった場合、または、必要最小限の手段であっても保全法益と被侵害法益との関係において著しく均衡性を失している場合をいう[23]。

過剰防衛が成立する場合、その行為について違法性阻却が認

[22] ただし、行為者が自らの行為の違法性を基礎づける事実（＝結果の相対的な重大性）を認識していない場合、故意に基づく責任が否定され過失犯の成否が問題になる。

[23] 「急迫不正の侵害」という要件を満たさない場合はそもそも正当防衛の成立が認められず、過剰防衛が成立する余地がない。また、急迫不正の侵害があっても、それに対する対抗手段が法益の保全にとって全く意味がなかった場合も過剰防衛が成立する余地がないと考えられる。

められず，犯罪の成立が肯定されるが，情状により刑の減軽・免除（減免）が認められる。刑の任意的減免を肯定する根拠について，過剰防衛では，緊迫した状況において恐怖や狼狽という精神状態から行きすぎた行為に出てしまったとして，非難の程度が減少するという責任減少説が有力に主張されている。しかし，そのような精神状態にない行為者が行きすぎた行為に出る場合に，刑の任意的減免を全く認めないのも不当である。過剰防衛といっても，ある具体的な法益を保全する限度で侵害者の法益の要保護性が喪失しているのであるから，過剰防衛では違法性の程度が減少しているという違法減少説を支持するべきであろう。ただし，防衛行為の必要性，相当性を著しく欠く場合であって，違法減少がさほど認められない場合であっても，行為者の精神状態からみてやむを得ないといえる場合であれば，さらに責任減少を認めて刑の減免を肯定するべきであると思われる。この意味で過剰防衛の法的性格は，違法減少という観点から基礎づけることができる場合もあれば，違法・責任減少という観点から基礎づけることができる場合もあることになる。

(2) 質的過剰

過剰防衛の事例には，質的過剰と量的過剰という2つの類型がある。

防衛のための対抗手段が必要性，相当性の基準からみて逸脱している場合のことを**質的過剰**という。すなわち，当該手段が法益を保全するために適格なものであったとしても，手段としての必要最小限度性が認められない場合（⇒**7**(1)）や，必要最小限度性が認められたとしても，保全法益と被侵害法益との関係において著しく均衡性を失している場合（⇒**7**(2)），質的過剰としての過剰防衛となる。

(3) 量的過剰

他方で、防衛のための対抗手段が、当初は正当防衛として認められる範囲にあったものの、不正の侵害が終了した後も反撃行為が続いた場合のことを**量的過剰**[24]という。急迫不正の侵害が継続していた時点の反撃行為を第1行為、急迫不正の侵害が終了した後の反撃行為を第2行為とすると、第2行為は急迫不正の侵害が存在しない時点のものである。したがって、そもそも第2行為について36条2項を適用して過剰防衛を認めることができるかが問題となる。過剰防衛の法的性格を違法減少によって基礎づけるのであれば、急迫不正の侵害が存在しない以上、過剰防衛の成立を認める余地がないことになる。これに対して、過剰防衛の法的性格を責任減少によって基礎づけるのであれば、急迫不正の侵害が終了した後であっても、行為者における当初の精神状態が継続している限りは非難の程度の減少が認められ、過剰防衛の成立を認める余地が生じる。

量的過剰の事例について、判例は、第1行為と第2行為を原理的に分けて評価するのではなく、この両者をあわせて1個の防衛行為と認めることができる場合には、全体として1個の過剰防衛が成立することを認めている（例えば、最判昭34・2・5刑集13巻1号1頁）。すなわち、判例は、第1行為と第2行為にわたって当初の防衛意思が一貫しており、また、第1行為と第2行為とが質的に同等な反撃態様であったといえる場合には、両者をまとめて1個の防衛行為とする。

これに対して、近年の判例は、第1行為と第2行為が時間的、場所的に連続するものであっても、侵害者がさらなる侵害行為に出る可能性がないことを認識したうえで、もっぱら攻撃の意思に基づいて第2行為に出ており、さらに、抵抗不能となった侵害者に対して相当に激しい態様の暴行に及んでいる場合には、第1行為と第2行為の間に断絶が生じるとの判断を示している。

---

[24] 不正の侵害は継続しているが、当初は認められた防衛行為の必要性、相当性が反撃の途中から失われる場合についても広い意味では量的過剰に含むことができる。

すなわち，このような場合には，第2行為は第1行為と比較して質的に強度な反撃態様に転化しているといえる。そこで，判例は，第1行為については正当防衛の成立を認めるが，他方で第2行為については正当防衛だけでなく過剰防衛の成立をも否定して，第2行為に相応する罪の成立を認める[25]（最決平20・6・25刑集62巻6号1859頁）。

[25] 具体的には，侵害者は行為者の反撃によって死亡しているが，第1行為の暴行によってその死因が形成され，第2行為の暴行によって傷害の結果が発生したという事案であった。判例は，この第2行為についてのみ傷害罪の成立を認め，第1行為について問題となる傷害致死罪の成立を否定した。

▶ なお，判例は，第2行為の時点で「不正の侵害」が終了していないため，厳密には量的過剰の事例とはいえない場合について，以下のような判断を示した。すなわち，侵害者Aによる急迫不正の侵害に対して，Xは第1行為（Aに傷害結果が発生）とそれに引き続く第2行為（Aに対する暴行にとどまる）によって対抗したところ，第1行為については，防衛行為としての相当性が認められるが，第2行為については，第1行為によってAの抵抗が困難となっていたために，防衛行為としての相当性が認められなかった場合に，両行為が急迫不正の侵害に対する一連一体のものであり，同一の防衛の意思に基づく1個の行為と認めることができる場合には，全体的に考察して1個の過剰防衛として傷害罪の成立を認め，第1行為から傷害結果が発生した経緯は有利な情状として考慮すれば足りるとしている（最決平21・2・24刑集63巻2号1頁）。

しかし，第1行為と第2行為を個別に評価すると，第1行為については正当防衛が成立して傷害罪の成立は否定され，第2行為については過剰防衛として暴行罪の成立が認められるにすぎない。したがって，第1行為から傷害結果が発生した経緯をいくら有利に考慮したとしても，第1行為と第2行為をあわせて1個の過剰防衛として傷害罪の成立を認めることは，Xにとって不利益な評価となるのであって，妥当であるとはいえない。両行為について1個の防衛行為とみなすべきだとしても，違法評価としては，第1行為のみを取り出して正当防衛として違法性阻却を認め，残余の第2行為については正当防衛を否定して違法性阻却・減少を認めず，その残余の部分に相当する罪の成立を認めれば足りると考えられる。

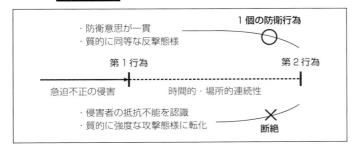

9 誤想防衛・誤想過剰防衛

(1) 誤想防衛・誤想過剰防衛の意義

急迫不正の侵害がないにもかかわらず、これがあると誤認して防衛行為に出たことを**誤想防衛**という。また、誤想防衛において、(仮定的な) 防衛行為の相当性がないにもかかわらず、これがあると誤認していることを**誤想過剰防衛**という。いずれの場合も急迫不正の侵害がない[26]ことから、正当防衛・過剰防衛の成立は認められない。

(2) 誤想防衛の処理

例えば、XがAから襲われると誤解して、Aを突き飛ばしたという場合、この行為は客観的には暴行罪 (208条) に該当し、突き飛ばすという暴行罪に該当する事実それ自体についてXには錯誤がない。したがって、誤想防衛について、事実の錯誤 (⇒第**3**章②) の問題として処理して、単純に (構成要件的) 故意が阻却されるとみることはできない。では、違法性の錯誤 (⇒第**6**章④) の問題として処理して、正当防衛が成立すると誤解して違法性の意識が生じなかった場合にすぎないといえるであろうか。誤想防衛は、正当防衛の要件やその解釈を誤った場合とは異なり、「急迫不正の侵害」という違法性阻却を基礎づける事実について誤信がある以上、行為者はその行為をしては

[26] 他方で、急迫不正の侵害に対して防衛行為に出たが、その必要性、相当性がなかったにもかかわらず、その必要性、相当性があると誤認していた場合についても誤想防衛の一種であるとみなす見解もある。

ならないという規範の問題に直面していない。したがって，誤想防衛においては行為者に故意に基づく責任を否定[27]して，故意犯の成立を認めるべきでない。

(3) 誤想過剰防衛の処理

例えば，空手3段のXが夜間の路上で，Aが女性Bに暴行していると誤信して，Bを助けようと近づいたところ，Aが自分に殴りかかってくると誤信して，とっさにAの顔面に回し蹴りをした結果，Aが死亡してしまった場合，Xの暴行は仮にAが本当に殴りかかってきて正当防衛が成立する状況があったとしても過剰防衛となるだろう。このような場合について，判例は，いわゆる誤想過剰防衛に当たるとしてXに傷害致死罪（205条）の成立を認めつつ，36条2項を適用して刑の減軽を肯定している（最決昭62・3・26刑集41巻2号182頁・騎士道事件）。この場合においてXは，手段の過剰性を基礎づける事実（空手3段の自分が相手の顔面に回し蹴りをすること）について認識がある以上，自らの行為について違法性を判断する契機が与えられている。したがって，誤想防衛の事例とは異なって，故意に基づく責任を否定することはできず，故意犯の成立が認められる。他方で，誤想過剰防衛の事例において行為者が自らの手段の過剰性につき認識がない場合には，誤想防衛の事例と同様に，故意に基づく責任を否定すべきことになろう。

さて，誤想過剰防衛については36条2項の適用を肯定して，刑の減免の余地を認めるべきであろうか。誤想過剰防衛においては客観的には「急迫不正の侵害」が存在しない以上，36条2項を適用する前提を欠く。しかし，行為者の主観面に着目すると，過剰防衛と同様に狼狽，驚愕などを示している場合もある。すると，36条2項の準用は肯定しつつ，その準用の効果としては刑の減軽の余地を認めることで十分ではないだろうか[28]。

[27] これは責任要素としての故意が阻却されるとも説明されている。なお，誤想防衛では故意犯の成立が否定されたとしても，それとは別に過失犯の成否を検討することになる。

[28] **準用**とは，ある事項について定める法令の規定を，これと似た別の事項に借用して当てはめることをいう。ある事項に関する法令の規定を準用することによって，別の事項について定める法令の規定が実際にあるものとして扱われることになる。例えば，刑法36条2項は「過剰防衛」に関する規定であるが，この規定を「誤想過剰防衛」について準用することによって，「誤想過剰防衛」の場合に刑の減免（ただし，本文では刑の減軽にとどめるべきとした）を認める規定があるものとみなされる。

10　防衛行為と第三者との関係

　防衛行為を行うことによって，侵害者以外の第三者の法益を侵害してしまった場合，どのように解決するべきだろうか。

　例えば，AがB所有のナイフを勝手に持ち出して振りまわしてきたので，Xが棒を使ってそのナイフをはたき落として壊してしまった場合が問題になる。B所有のナイフは，Aによる不正な侵害の一部を構成[29]している以上，Xには，Bに対する関係においても正当防衛の成立を認めることが可能となろう。したがって，当該行為が器物損壊罪（261条）の構成要件に該当したとしても，その違法性は阻却される。

　これに対して，Aから突然襲われたXがとっさにB所有のバットで対抗して，このバットを壊してしまった場合も問題になる。この場合は，Aから受けた侵害（危難）をBに転嫁しているにすぎず，緊急避難（⇒3）の成否を検討すれば十分である。

　それでは，Aから突然襲われたXがとっさにAを突き飛ばして身を守ったところ，突き飛ばされたAは傍らにいたBに当たって，Bが傷害を負った場合はどう処理するべきであろうか。BはXに対して急迫不正の侵害をしていない以上，Bに対する関係では正当防衛を認めることはできない。また，Bを巻き込まなければXは自身の法益を保全することができなかったともいえない以上，Bに対する関係で緊急避難を認めることもできない。したがって，XがBの存在を認識したうえで，Bを自らの防衛行為に巻き込んだのであるなら，Bに対する関係ではXに傷害罪（204条）の成立を認めざるを得ないであろう。他方で，XがBの存在を認識していない場合には，方法の錯誤が生じているため（⇒75頁），錯誤論に従って傷害罪，あるいは過失傷害罪（209条）が成立するようにみえる。しかし，Bの存在という違法性を基礎づける事実の認識を欠く以上，Xはその行為をしてはならないという規範の問題に直面していない。したがって，Xにはいずれにせよ故意に基づく責任を認める

[29] いわゆる対物防衛（⇒126頁）と類似した状況が存在しており，BによるXに対する故意・過失に基づく行為は認められないから，Bに対する関係では，Xには緊急避難しか認められないとの理解もありうる。

ことはできず，結果的に過失傷害罪の成否を検討すれば十分と思われる。なお，下級審判決の中には，このような場合について，「誤想防衛の一種」として故意責任を否定するものがある（大阪高判平 14・9・4 判タ 1114 号 293 頁参照）。

CHECK

- ☐ 1 正当防衛において違法性が阻却される根拠は何だろうか。
- ☐ 2 正当防衛における「急迫」性が否定されるのはどのような事例であろうか。
- ☐ 3 正当防衛における「不正の侵害」は人の行為に由来するものに限られるだろうか。
- ☐ 4 正当防衛の成立に「防衛の意思」は必要であろうか。必要であるならば，その内容はどのようなものであろうか。
- ☐ 5 防衛行為の必要性・相当性は，どのような基準で判断されるであろうか。
- ☐ 6 防衛の程度を超えてしまって過剰防衛になるのはどのような事例であろうか。また，複数の対抗手段がとられた場合に，個別の対抗手段ごとに正当防衛の成否を検討するべきであろうか。
- ☐ 7 誤想防衛の事例について，誤信した行為者を罪に問うことができるであろうか。また，誤想過剰防衛の事例において，行為者に対する刑を減軽・免除することは許されるであろうか。

---

3 緊急避難

CASE ● 5-5
X は登山の途中に急激な天候の悪化に遭遇し，このままでは風雨にさらされ命が危うい状態になったことから，やむなく近くにあった A 所有の山小屋に，A に断りなく逃げ込んだ。

1 緊急避難の意義

自己の生命，身体などに対する危難が生じた場合に，その危難を回避するために第三者の利益を犠牲にすることは許される

であろうか。CASE 5-5 では、A 自身が X に対する危難を作り出したわけではなく、X の生命、身体が危険な状態になっているとはいえ、そのために山小屋に対する侵入を甘受するいわれはないともいえる。このような場合に、刑法は、X の行為が**緊急避難**に当たるとして、その行為が建造物侵入罪（130条）の構成要件に該当したとしても不可罰になることを認めている。緊急避難とは、自己または他人の生命、身体、自由または財産に対する現在の危難を避けるため、やむを得ずにした行為のことをいい、この行為によって生じた害が避けようとした害の程度を超えなかった場合に限り、罰しないと規定されている[30]（37条1項本文）。ただし、その程度を超えた行為は**過剰避難**となり、情状により、その刑は減免される（同項但書）。

正当防衛においても、害の均衡性は問題となっており、著しくその均衡性を失した場合には過剰防衛となるが（⇒131頁）、緊急避難においては厳格な害の均衡性が要件となっている点が特徴的である。緊急避難は、正当防衛と同じく緊急行為の一種といえるが、正当防衛が防衛行為を受ける相手方との間で「正対不正」の関係にあるのに対して、緊急避難は危難の転嫁を受ける相手方との間で「正対正」の関係にあるという違いがある。この違いが緊急避難における厳格な要件に反映されているといえるだろう。

2　緊急避難の法的性格

緊急避難においては「正対正」の関係が問題になっており、危難の転嫁を受ける相手方も正当な利益を有している。それにもかかわらず、なぜ緊急避難が成立する場合に不可罰となるのであろうか。避難行為によって正当な利益を侵害している以上、違法性は阻却されないが、緊急な状況では適法行為を期待できず[31]、その責任が阻却されるという見解が示されている（責任阻却説）。しかし、行為者が他人のために避難行為をする場合には、その行為をしないように期待することはなお可能なので

[30] ただし、緊急避難の規定は、業務上特別の義務がある者には適用されない（37条2項）。具体的には、警察官、医師、消防士など、一定の危険に身をさらす法的義務がある者がこれに当たる。これらの者は、緊急避難を理由にして第三者に危害を加えることが原則的に許されないからである。

[31] 切迫した心理状態のため期待可能性（⇒189頁）がないということを意味する。

あるから，責任阻却という観点から緊急避難の不可罰性を導き出すことは難しい。また，害の均衡性の要件は，責任阻却に関連しているというより，違法性阻却に関連しているといえるだろう[32]。したがって，緊急避難においては違法性が阻却されると考えるべきである（違法性阻却説）。

違法性阻却の一般原理からみると，緊急避難において違法性が阻却されるということは，避難行為によって優越的な利益が維持されることを意味する。⇒120頁 しかし，37条1項の規定上，避難行為によって生じた害と，危難によって生じたであろう害が同等であったとしても，緊急避難は成立しうる。したがって，優越的な利益が維持される場合には違法性阻却を認めつつ，比較される法益が同価値である場合や，生命対生命，身体対身体が問題になる場合には，責任阻却されるにとどまるとする見解も主張されている（二分説）。しかし，社会全体の利益の総和という観点からみると，海で遭難したXとAが1人分しかつかまることのできない板きれをめぐって争う場合（「カルネアデスの板」事例）のように，複数の当事者が危難に遭遇してそのままだと共倒れになる関係（危険共同体の関係）にある場合には，緊急避難を認めても差し支えないように思われる。すなわち，当事者の一方による避難行為によって当事者の他方が犠牲になったとしても，そのことによって共倒れを防ぐことができるのであれば，社会全体では「当事者全員の死」を回避し，「当事者の一部の死」にとどまっているとみることができる。「カルネアデスの板」事例では，XがAを押しのけて自分だけが助かったとしても，Xは相対的に利益をプラス方向に保全しているのであるから，緊急避難が成立してその行為の違法性は阻却されるとみるべきであろう。

▶ 他方で，当事者が危険共同体の関係になく，無関係の第三者に危難の転嫁が図られる場合には，緊急避難を否定するべき場合があるように思われる。例えば，上述の「カルネアデスの板」事例

[32] ただし，害の均衡性が維持されているか否かにかかわらず，切迫した心理状態があれば責任阻却を認めてよいともいえる。

を修正して、海で遭難したXが自分の身を助けるために、既に救助ボートに乗り込んでいたAを引きずり下ろして、自分がそのボートに乗り込む場合、無関係の第三者を犠牲にして当事者の一方が助かったとしても、社会全体の利益の総和という観点からは損失が減少したとみることができない。この場合、Xは自分に代わる「犠牲者」を恣意的に選択しているにすぎないのであるから、Aが生命や身体に対する重大な侵害を甘受するいわれはない。したがって、危険共同体の関係にない当事者の間でなされる避難行為は「やむを得ずにした行為」には当たらず、違法性は阻却されないといえるだろう[33]。これに対して、避難行為が第三者の生命や身体に対する重大な侵害を伴わない場合には、補充性の要件（⇒**7**）を満たすことを前提として、無関係の第三者に危難が転嫁されることも許されると思われる。

[33] ただし、Xに対して、そのままおぼれるという適法行為を期待できない限りにおいて、責任阻却の余地がある。

さて、緊急避難の法的性格の問題に関連して、緊急避難に対して正当防衛で対抗することができるのかという問題が生じてくる。緊急避難において責任が阻却されるにすぎないと理解すると、避難行為に対しては正当防衛で対抗することは可能である。これに対して、緊急避難において違法性が阻却されると解すると、避難行為は「不正の侵害」とはいえないことから、正当防衛は認められず緊急避難が認められる限度で対抗することが許される。したがって、**CASE 5-5**において、山小屋にいたAが、立ち入ろうとするXを押しとどめる場合を想定すると、Aは自らの山小屋の管理権を保全するためにXの生命・身体を危険な状態にさらすことになることから、その行為に緊急避難は成立せず、せいぜい過剰避難が認められるにすぎないということになる。

▶ ところで、民法720条1項によると、他人の不法行為に対し、自己または第三者の権利または法律上保護される利益を防衛するため、やむを得ず加害行為をした者は、損害賠償の責任を負わないとされ、また、同項の但書によると、被害者から不法行為をした者に対する損害賠償の請求を妨げないとも規定されている。し

たがって，同項によれば，危難が他人の不法行為に由来する場合には，避難行為者ではなく，その不法行為をなした者が賠償責任を負うことになる。ここでは，当該避難行為については，刑法だけでなく，民法においても違法性の阻却が認められるとみるべきである。ただし，当該避難行為において，危険共同体の関係にない第三者の生命や身体に対する重大な侵害を伴う場合には，民法においても「やむを得ずにした」加害行為であるとはいえないと思われる。したがって，この場合については，刑法上，緊急避難が成立しないだけでなく，民法上も当該避難行為について賠償責任を負うというべきである[34]。

[34] 以上に対して，危難が自然現象に由来する場合について，刑法上の緊急避難が成立する事例では，避難行為によって第三者が受けた損害は保険制度や政策的な補償制度によって補填されるべきである。

3　緊急避難の成立要件

緊急避難が成立するためには，「現在の危難」という緊急状況が必要となる。ここでは，危難の現在性，および危難自体の性質が問題となる。「現在の危難」があると認められると，それに対して避難行為が可能となる。避難行為は，自己または他人の生命，身体，自由または財産に対する現在の危難を避けるため，「やむを得ずにした行為」でなければならず，かつ，この行為によって生じた害が避けようとした害の程度を超えなかったことが求められる。ここでは，避難意思，補充性，法益の均衡性が問題になる。

4　現在の危難

(1) 危難の性質

緊急避難の成立要件としての**危難**とは，生命，身体，自由，財産といった法益に対して侵害または侵害の危険が生じていることをいう。

危難の原因は，自然現象[35]であっても，人の違法行為であってもよい。例えば，暴力団の幹部からけん銃を突きつけられて覚せい剤を自分自身に注射するよう強要され，やむなく覚せい

[35] 動植物に由来する侵害・危険も含まれる。

剤を自己に注射したという場合，生命に対する危険の切迫度が大きく，自己に覚せい剤を注射すること以外にその危険を避けようがなかったとして，覚せい剤の使用について緊急避難の成立が認められた裁判例がある（東京高判平24・12・18判時2212号123頁）。他方で，危難が人の適法行為に由来する場合，特に法令による逮捕や裁判の執行については，その対象者はそれらを甘受しなければならず，そもそも危難があるとはいえない。

> また，法益に対する侵害・危険にさらされた者が当該侵害・危険を甘受している場合も危難があるとはいえない。ただし，生命・身体について自己決定に基づく処分が許されない範囲[36]において，法益に対する侵害・危険を甘受している者の意思に反して避難行為を行うことが認められる。例えば，自然災害に巻き込まれたAが自らの死すべき運命を受け入れようとしていたところ，それをみかねたXがAを強引に救助し，近くにあったB所有のビルにBに断りなく共に逃げ込んだ場合，XがAの生命を助けるために行った行為について，Aに対する関係で逮捕罪，Bに対する関係で建造物侵入罪の成否が問題となる。この場合，いずれの行為についても緊急避難の成立を認めるべきである。

[36]
ここでは，被害者の同意（⇒5）と類似した問題が生じるのであり，自己決定が認められるための有効性要件を検討しなければならない。

A ← X → B
逮捕罪
建造物侵入罪
⇒いずれも
緊急避難成立

(2) 危難の現在性

危難の現在性が認められるかどうかは，基本的には正当防衛における「急迫」性（⇒②**4**）と同様の見地から判断される。すなわち，避難行為によって保全されるべき利益に対する侵害が切迫している場合，あるいは現に侵害状態が生じている場合に，危難の現在性が肯定される。

> 問題となるのは，侵害が切迫した状態になくとも，侵害を回避する手段を即座にとる必要があった場合に，危難の現在性を認めるべきなのかということである。例えば，山小屋の客であるAとBが山小屋の主人Xを翌朝殺害して金品を奪う計画をたてていたところ，偶然にもXがこれを聞きつけたという場合に問題になる。AとBによる急迫不正の侵害は未だにないことから，

XはAとBに対して正当防衛をなすことはできない。しかし，Xが安全に山小屋から退避するためには，AとBに提供する食事に睡眠薬を混入して眠らせるほかに手段がなかったという場合，この段階において危難の現在性を肯定してもよいと考えられる。

実際に保全法益の侵害に至ると具体的に予測することができる場合には，その予測の時点で避難行為を認めることが合理的である。保全法益に対する侵害が現実化した時点で行う避難行為と，その予測の時点で行う避難行為を比較すると，後者の避難行為において，より法益侵害の程度が低い手段を選択できると一般的にいえるからである。したがって，その予測の時点で危難の現在性を認めて，避難行為に出ることを許容するべきである。

5 避難行為と避難意思

緊急避難は，危難を避けるための行為（避難行為）でなければならない。避難行為には，危難を避けるために第三者の正当な利益を侵害する転嫁型（攻撃的緊急避難）の場合と，危難が由来するところの正当な利益を侵害することによって当該危難を避ける反撃型[37]（防御的緊急避難）の場合がある。

また，緊急避難においては，正当防衛において防衛意思（⇒②**6**）が必要であるのと同様に，主観的正当化要素として**避難意思**が必要であると解されている[38]。したがって，避難意思をもつことなく偶然にも危難を避けることができた場合（偶然避難）には，緊急避難の成立はそもそも認められない。これに対して，危難を避けようとする意思があるのであれば，危難回避の結果，不注意により第三者を害したとしても，緊急避難は成立しうる（過失の緊急避難）。例えば，Xが自動車を運転していた際に，Aが突然目の前の道路に飛び出してきたため，Xがこれを避けようとしてハンドルを切ったところ，思ってもみなかったBに自車をぶつけて軽傷を負わせた場合に問題になろう。Xの当該行為は過失運転致傷罪に当たるようにみえるが，緊急避難が成立する限り，その罪は成立しない[39]。

[37] 例えば，緊急避難によって自己の利益を侵害しようとする者に対して，緊急避難でもって対抗する場合が問題となる。

[38] これに対して，客観的に避難に適した行為をしていれば足りると解すると，避難意思は必ずしも必要ないということになる。

[39] ただし，Bに傷害が発生した点について，結果回避可能性がないことからそもそも過失がないという見方もありうる。

6 保全法益

避難行為は、自己または他人の「生命、身体、自由又は財産」に対する危難を回避するものでなければならない。条文上は保全法益が生命、身体、自由、財産に限定されているようにみえるが、これらの法益は例示的な列挙にすぎない。名誉やプライバシーなど個人にとって重要な利益については保全法益に含まれると解される[40]。

7 補充性

緊急避難は「やむを得ずにした行為」でなければならないが、正当防衛も「やむを得ずにした行為」でなければならない。条文上は同じ文言が使われているが、緊急避難においては正当な第三者の利益を侵害することになるために、避難行為の要件は防衛行為のそれよりも厳格なものでなければならない。したがって、避難行為として認められるには、その行為によってしか危難を回避することができないことを前提として（補充性）、その行為によって保全される法益と、その行為によって侵害される法益とを比較して、前者の法益が上回るか、両者の法益が均衡していること（法益の均衡性）が求められている。

このように避難行為の成立には、まず**補充性**が要求される。補充性とは、その行為が危難を回避するために必要であったことにとどまらず、他にとるべき方法がなかったことを意味する。第三者の正当な利益を侵害することなく危険を回避することができた場合や、その利益を犠牲にするにせよ、侵害の程度がより低い手段を選択することができた場合には、補充性の要件を満たさない。

ただし、補充性が認められるようにみえたとしても、危険共同体の関係にない第三者の生命、身体を犠牲にすることは、そもそも「やむを得ずにした行為」には当たらない。他方で、危険共同体の関係にない第三者の財産等を犠牲にすることは、補

---

[40] このような解釈が一種の類推解釈であるとしても、行為者にとって有利な類推解釈は刑法上も許される（⇒20頁[28]）。

充性の要件を満たすことを前提に許される[41]。

8　法益の均衡性

緊急避難が成立するのは，「生じた害が避けようとした害の程度を超えなかった場合」に限られる。すなわち，避難行為によって現に侵害された法益が，避難行為によって保全された法益を上回らなかったことが要件となり，これを均衡性の原則（害の均衡）という。基本的には，生命＞身体＞自由＞財産，という価値序列に従って利益の衡量がなされ，価値序列が同じ利益の間で衡量がなされる場合には，その利益に対する侵害・危険の程度や侵害・危殆化された利益の数量に従って均衡性の有無を判断すればよいだろう。

比較が困難となるのは，個人法益に対する侵害を避けるために社会法益を危殆化するような場合である。この場合は，比較の対象となった社会法益が，避難行為によってどの程度具体的に危険にさらされるかを検討するべきであろう。他方で，生命や身体といった保全法益が，避難行為によってどのように具体的に保全されるかをも検討するべきである。前者の危険が抽象的なものにとどまるのに対して，後者の法益保全に具体性があるのであれば，法益の均衡性は肯定されると考えられる。

例えば，下級審判決では，高熱を出してぐったりした子供を病院に連れていくためにスピード違反をした事案が問題となった（堺簡判昭61・8・27判夕618号181頁）。この事案では，子供の「身体」という個人法益と「交通の安全」という社会法益が比較の対象になるところ，当該判決では法益の均衡性が認められたが，その判断に際しては子供の病状と行為当時の交通の状況が具体的に考慮されたとみることができる[42]。一般的にみれば，制限速度に違反したとしても，交通の安全に対して抽象的な危険しか生じていないのであれば，その分だけ法益の均衡性が認められる余地は大きなものになるだろう。しかし，制限速

---

[41] 例えば，急に雨が降ってきて，自己の身体や服が濡れるのを防ぐために，他人の傘を奪った場合が問題になる。その傘を奪う行為が自己の身体や服を保全するための唯一の手段といえるのであれば，緊急避難を認める余地がある。ただし，通常は，傘を奪うという手段をとらなくても，雨宿りをするなどすれば自己の身体や服に対する危難を十分に回避することが可能であるために，上述の場合において，実際に緊急避難が成立する事例は，それほど多くないと思われる。

[42] ただし，当該判決では，病院までそれほど遠くなく，制限速度内で運転すれば足りたとして「補充性」が否定され，当該スピード違反行為は過剰避難とされた。

度違反に基づく運転によって第三者の利益が具体的に危険にさらされた場合には，法益の均衡性が認められる余地は小さなものになるというべきである。

正当防衛	緊急避難
急迫不正の侵害	現在の危難
防衛意思	避難意思
必要性	補充性
相当性	法益の均衡性

9　自招危難

　自ら危難を招いた者について緊急避難を認める余地はあるだろうか。いわゆる**自招危難**については，例えば，天候の悪化が予測されているにもかかわらず登山に出かけて，災害に巻き込まれた場合や，自動車の運転上の不注意によって自らあるいは他人に危険を生じさせた場合に問題となる[43]。自らが故意に，あるいは過失により招いた危難を避ける行為については，緊急避難を認めないとする指摘もある（東京高判昭45・11・26判タ263号355頁）。

　しかし，危難を招き寄せたことにつき，故意や過失といった帰責性があるからといって直ちに緊急避難の成立を否定するべきではない。例えば，危難の自招性が問題になる場合について，①不注意により災害に巻き込まれた登山者が無断で山小屋に逃げ込む場合（保全法益の保有者が危難を招いて，避難行為を行う場合），②自殺者を助けるために，無断で他人の敷地に入る場合（保全法益の保有者が危難を招くが，第三者が避難行為を行う場合），③自動車を運転中，不注意により他人をひきそうになったので，急ハンドルを切って別の他人の家に自動車をぶつけてとめる場合（保全法益の保有者ではない第三者が危難を招いて，この第三者が避難行為を行う場合）が想定される。これらの具体例において，それぞれの行為は「やむを得ない」ものとして緊急避難を認めてもよいと思われる。

　正当防衛における自招侵害においては「正当防衛権の濫用」という観点から，正当防衛の成立が制限されることが議論となっていたが，⇒125頁　緊急避難においては危難を自ら招いた場合であっても，その保全法益が直ちに「不正」なものに転化するわけで

[43] ここではあくまで当該避難行為によってしか危難を回避することができない場合が前提となる。

はない。保全法益の保有者，あるいは第三者が危難を招いた場合に，その危難を保全法益の保有者が必ず甘受すべきであるとはいえないことから，保全法益の保有者自らが，あるいは第三者が避難行為をしたことにつき，緊急避難の成立が認められる余地はあると考えられる。

▶ 自招危難の事例を検討するにあたっても，危険共同体の関係にない第三者の生命・身体を犠牲にして危難を回避することは許されないと思われる（⇒**2**〔140頁〕）。これに対して，危難の自招性が問題になる場合であっても，危険共同体の関係にある第三者の生命・身体を犠牲にして，生命・身体といった法益を保全することはやむを得ないのではないだろうか。また，生命・身体といった法益を保全するためであれば，危険共同体の関係にない第三者の財産を犠牲にすることもやむを得ない場合があると思われる。

10 過剰避難

過剰避難とは，「避難行為として認められる程度」を超えた行為をいい，情状により刑の減軽・免除が認められる（37条1項但書）。過剰避難が認められる場合には，違法性阻却が認められず，その罪が成立することになるが，刑の任意的減免が認められる根拠は，過剰防衛（⇒**2 8**〔131頁〕）の場合と同様に違法・責任の減少が認められるからである。緊急状況においてある具体的な法益を保全するという観点から違法減少が肯定される。さらに，緊急状況に直面した行為者の精神状態から責任減少が肯定される余地もある。

過剰避難は法益の均衡性を逸脱した場合に認められるが，（法益の均衡性を逸脱していなくとも）補充性を逸脱している場合にも認められるかは争いがある。例えば，暴力団の組事務所にその組長らによって監禁され，暴行を受けていたXが，火事を起こし，その隙をついて逃げようと組事務所に放火したが，逃走するための手段が放火する以外になかったとはいえない事

例において，補充性を満たさない避難行為は「やむを得ずにした行為」とはいえないとして過剰避難の成立を否定した判例がある（大阪高判平 10・6・24 高刑集 51 巻 2 号 116 頁）。しかし，補充性を欠く行為についても，ある具体的な利益を保全することができること，また，緊急状況に直面して冷静に対応できない場合があることを考えると，その違法・責任が減少しうるのであるから，過剰避難を認めてもかまわないのではないだろうか。前出の堺簡裁昭和 61 年判決では，法益の均衡性を満たすが，補充性を逸脱した行為につき，過剰避難の成立が肯定されている。

11　誤想避難

誤想避難とは，現在の危難がないのにあると誤信して避難行為に出たことをいう。この場合に，仮に現在の危難があったとしても，その程度を超えた避難行為を誤想過剰避難という。誤想避難の扱いは基本的に誤想防衛（⇒②9）の扱いと同様に考えてよい。すなわち，誤想避難については，故意に基づく責任が否定される。誤想過剰避難については，過剰性の認識がない場合には同様に故意に基づく責任が否定され，過剰性の認識がある場合には故意に基づく責任が否定されず故意犯の成立が認められる。

CHECK

- [ ] 1　正当防衛と緊急避難の類似性はどこにあるだろうか。また，その相違はどこにあるだろうか。
- [ ] 2　緊急避難において，違法性が阻却されるといえるだろうか。
- [ ] 3　緊急避難における「現在の危難」はどのような場合に認められるであろうか。
- [ ] 4　緊急避難の成立に「避難意思」は必要であろうか。必要であるならば，その内容はどのようなものであろうか。
- [ ] 5　危難を自ら招いた者についても緊急避難を認める余地はあるだろうか。

- ☐ **6** 緊急避難において，補充性と法益の均衡性はどのような基準で判断されるのであろうか。
- ☐ **7** 過剰避難が成立するのは，どのような場合であろうか。

4 法令行為・正当業務行為

> **CASE ● 5-6**
> 警察官Xは，令状に基づき被疑者Aを逮捕した。

> **CASE ● 5-7**
> プロボクサーXは，対戦相手Aを試合中にノックアウトした。

> **CASE ● 5-8**
> 医師Xは，患者Aに手術を施してその悪性腫瘍を切除した。

1 緊急行為と正当行為

正当防衛（⇒②）と緊急避難（⇒③）は，緊急状況におけるやむを得ない行為として緊急行為の中に含まれるものであり，その行為の違法性は阻却される。これに対して，法令行為（35条前段）と正当業務行為（同条後段）は，緊急状況を必ずしも前提としない**一般的正当行為**の中に含まれるものであり，緊急行為と同様にその行為の違法性は阻却される。

2 法令行為の意義

35条前段は，法令による行為について罰しないと規定する。**法令行為**が不可罰となる根拠は，他の法令において許されている行為や義務づけられている行為を罰することによって法秩序の統一性が損なわれることを回避する点にある。例えば，**CASE** 5-6において，Xは刑事訴訟法上の要件と手続を踏まえてAを逮捕しているのであり，それにもかかわらず刑法上の

逮捕罪（220条）に当たるとしてXを処罰すると、結局、XはAを逮捕することができないということになってしまう。それゆえ、刑法は、他の法令における判断を尊重し、他の法令による行為の違法性を阻却するのである。

法令行為は違法性阻却事由に当たるといえるが、このことを違法性の実質から考えてみると、それぞれの法令においてあらかじめ法益衡量または社会的相当性の観点が考慮されているとみることができる。CASE 5-6においてAの身体拘束が許されるのは、Aの自由という利益よりも捜査上の必要性という利益が上回っているからであるし、その逮捕が社会的にみて相当といえるからにほかならない[44]。

3　法令行為の具体例

公務員の職権・職務行為は、「法令行為」であってその違法性が阻却される。例えば、死刑、懲役、禁錮といった刑罰の執行（刑法11条・12条・13条）、被疑者・被告人の逮捕・勾留（刑事訴訟法60条・199条以下）、捜索・差押え（同法99条以下）などである。法令によって認められた私人の権利行使も「法令行為」となる。例えば、私人による現行犯逮捕（同法213条）、親権者や教員の懲戒行為（民法822条、学校教育法11条）[45]などである。政策的理由に基づき法令によって許容されたものも「法令行為」となる。例えば、競馬法による勝馬投票券の販売、当せん金付証票法によるいわゆる宝くじの販売は法令行為に当たり、賭博罪など（刑法185条〜187条）の成立は認められない。特別法において特に規定された違法性阻却事由も「法令行為」となる。例えば、母体保護法による人工妊娠中絶、臓器移植法による移植用臓器の摘出も法令行為となり、前者の中絶行為について業務上堕胎罪（刑法214条）、後者の臓器摘出行為について傷害罪（204条）の成立は認められない。

なお、憲法28条は労働基本権を保障しており、これを受け

[44] したがって、捜査上の必要性がなければいくら被疑者といえども逮捕することができないといえる（刑事訴訟法199条参照）。

[45] ただし、学校教育法11条但書によると「体罰」は許されない。親権者による懲戒についても同様に「体罰」は許されない。

て労働組合法1条2項は同条1項の目的のためにした正当な労働争議について刑法35条の適用が認められると規定する[46]。

4　正当業務行為の意義

35条後段は，正当な業務による行為について罰しないと規定する。**正当業務行為**は，社会生活においてその活動が承認されているものをいう。ここで業務[47]とは，社会生活上，反復・継続して行われるものであり，必ずしも経済的な対価を追求するものであることを要しない。基本的には，その領域において確立されたルール（行動準則）[48]が守られている限り刑事責任の追及を受けないことになり，正当業務行為として認められると，行為の違法性は阻却される。

5　正当業務行為の具体例

CASE 5-7のようなスポーツ競技に伴う暴行・傷害はそのルールの範囲内において違法性が阻却される。また，CASE 5-8のような治療行為についても，それが生命・健康の維持・回復にとって必要であり，その方法が医学的にみて適切なものであって，その治療を受ける患者の承諾があることによって違法性が阻却される。そのほかに，例えば，刑事弁護人が弁護活動を行うに際してなされた名誉毀損行為，報道機関が取材活動を行うに際してなされた秘密漏示の唆し行為，僧侶・神父などが宗教活動を行うに際してなされた犯人蔵匿なども，その活動にとって必要なものであり，その手段・方法が適切なものであれば正当業務行為になりうる。

[46] ただし，同条2項但書によると「暴力の行使」は労働組合の正当な行為とはならないとされる。

[47] 業務性は単なる例示であり，35条は，正当行為一般の不処罰を確認するものにすぎないという指摘もある。

[48] そのルールは，法益衡量や社会的相当性という観点から，刑法上妥当といえるものでなければならない。

CHECK

□ 1　緊急行為と一般的正当行為の違いは何だろうか。

- □ 2　法令行為について違法性が阻却される根拠は何だろうか。
- □ 3　正当業務行為について違法性が阻却される根拠は何だろうか。

5　被害者の同意

CASE ● 5-9
　Xは，Aから眠気覚ましに顔を叩くようにいわれてAの顔を手で叩いた。

1　超法規的違法性阻却事由の意義

　刑法は35条から37条にかけて違法性阻却事由を規定しているが，違法論の実質からみると，明文化されていない超法規的な違法性阻却事由も検討する必要がある。例えば，違法性が阻却されるべき緊急行為については，明文化された正当防衛や緊急避難だけでなく，自救行為が超法規的違法性阻却事由として問題となる。**自救行為**[49]は，過去の権利侵害に対して正規の法的手続を踏んで回復を図る余裕がない際に，私人が実力によって救済を図ることをいう[50]。

　また，例えば，同じく違法性が阻却されるべき一般的正当行為については，明文化された法令行為や正当業務行為だけでなく，被害者の同意も超法規的違法性阻却事由として問題となる。被害者の同意があることによって，一般的にはその被害者に対する犯罪行為の違法性が阻却されると考えられている。

2　被害者の同意の意義

　被害者の同意（承諾）とは，法益の保有者である法益主体が，法益侵害に対して同意を与えることにより，その法益の要保護性が失われること，あるいは法益性それ自体が失われることを

[49]　民事法では自力救済とも呼ばれる。

[50]　例えば，窃盗の現場ではなく，数日後にその現場から離れた場所で，窃盗犯人から盗品を取り返す場合，窃盗犯人による窃取行為（＝急迫不正の侵害）は既に終了しているために正当防衛の成否は問題にならない。この場合は，自己の財物に関する特例（242条）によって，その取り返し行為について窃盗罪の構成要件に該当したとしても，自救行為が認められる範囲において，当該行為の違法性が阻却される。

いう。法益の要保護性が失われることから，その侵害行為を犯罪として評価することはできず，その違法性が阻却される。例えば，CASE 5-9 においてXの行為が暴行罪あるいは傷害罪の構成要件に該当したとしても，Aの同意があることによってその違法性が阻却されるため，Xを処罰することはできない。

ただし，被害者の同意は常に違法性阻却の効果を導くわけではない。例えば，被害者の意思に反することが構成要件要素となっている場合は，被害者の同意があることで構成要件該当性がそもそも否定される。具体的にみると，住居侵入罪（130条）では被害者の意思に反する立入り，窃盗罪（235条）では被害者の意思に反する窃取が構成要件要素になっているために，住居の立入りや財物の持去りに際して被害者の事前の同意があれば，そもそも住居侵入罪，窃盗罪の構成要件に該当しない。

これに対して，被害者の同意が，構成要件上意味をもたない場合がある。この場合は，被害者の同意があっても構成要件該当性が否定されることはない。具体的には，13歳未満の者に対するわいせつ行為や性交について，同意の有無にかかわらず，強制わいせつ罪（176条後段），強制性交罪（177条後段）が成立する。

被害者の同意が犯罪性を失わせるのではなく，刑の減軽効果をもたらすにすぎない場合もある。この場合は，被害者の同意があることによって，刑の減軽が規定された特別の構成要件を満たすことになり，その罪が成立する。具体的には，被害者の同意を得てその者を殺害する場合が問題になる。この場合，通常の殺人罪ではなく，それよりも刑の軽い同意殺人罪（202条後段）が成立[51]する。同意に基づく殺人については，違法性がなくなるのではなく，違法性が減少するにすぎないと解されよう。

以上に対して，同意に基づく傷害行為については，具体的な

[51] 被害者の自殺について教唆，幇助する場合には，自殺関与罪が成立する（202条前段）。

事例に応じて犯罪性を否定するべきか否か自体が争われている（⇒**4**）。

3　被害者の同意と違法性阻却の根拠

　被害者の同意がある場合に，なぜ法益の要保護性が失われるといえるのだろうか。ここでは，被害者の同意に基づく侵害行為が社会的にみて相当である場合，あるいはその行為の目的が正当なものである場合にその違法性が阻却されるとする考え方がある。しかし，いくら刑法が社会秩序の維持のために存在しているといっても，そのことはあくまでも個人の生活基盤を維持し，その自己実現を図るための前提条件にすぎない。個人がその法益の処分・放棄をあえて行い，そのことにより自己実現を図ろうとする場合に刑法の介入を認めることは無用であろう。自己実現の目的が社会的にみて不合理なものであっても，そのこと自体は刑法が考慮するべき問題ではない。したがって，個人の自己実現・自己決定を尊重するという観点から法益の要保護性は失われ，その法益を侵害したとしても，当該侵害行為の違法性は阻却されると考えるべきである。

　ただし，被害者の同意の不処罰効果には限界があるというべきである。同意に基づく殺人，自殺への関与といった場合や，同意に基づく傷害において重大な身体障害をもたらす場合は，たとえ何らかの自己実現が認められるにせよ，生命や身体を害することによって個人の生活基盤それ自体を覆すのであるから，パターナリズム⇒10頁**11**の観点から同意の有効性を否定して刑法による介入を認めるべきである。

4　同意傷害の具体例

　以上のような観点からすると，同意に基づく傷害は，原則的に不可罰とするべきである。これに対して，被害者の同意があったとしても，重大な身体障害をもたらす場合は傷害罪の成立

が認められるべきであるが，この場合のほかに，被害者の同意があったとしても傷害罪の成立が認められる場合はあるのであろうか。

具体的な事例では，Xが，交通事故を装って保険金を騙し取ることをAたちと計画して，Aたちが乗った自動車に自車を追突させ，Aに傷害を負わせた場合が問題となった。Aたちは，X運転の自動車に追突されることにより傷害を負うこと自体には同意があるとみることができる。しかし，判例は，「被害者が身体傷害を承諾したばあいに傷害罪が成立するか否かは，単に承諾が存在するという事実だけでなく，右承諾を得た動機，目的，身体傷害の手段，方法，損傷の部位，程度など諸般の事情を照らし合せて決すべきものであるが」，本件における「承諾は，保険金を騙取するという違法な目的に利用するために得られた違法なものであって，これによって当該傷害行為の違法性を阻却するものではない」とした（最決昭55・11・13刑集34巻6号396頁）。したがって，判例は，同意傷害の事例において，単に有効な同意があるだけでは足りず，同意がなされた動機，目的や傷害の手段，程度などを総合的に考慮して，同意が保険金詐取という違法な目的のためになされた場合には違法性阻却を否定する立場[52]にある。

▶ しかし，この事例では，同意の対象となった自己の法益の処分それ自体が問題になっているのではなく，その処分によって他者の法益を侵害しようとした点が問題になっているにすぎない。違法な目的のための法益処分については，その違法な目的が達成された場合に，その目的に関連した犯罪（この事例では詐欺罪〔246条〕）の成否を検討すれば足りると思われる。したがって，その目的に関連した犯罪の成否を先取りして，自己の身体という法益の処分の有効性を問うことは不適当なのであり，この事例において，Xの行為に傷害罪の成立を認めることはできない。

[52] この立場は，社会的相当性を基準として違法性阻却を認める見解に親和的であるといえる。なお，下級審判決では，いわゆる「指つめ」に関与した事例において，被害者の同意があったとしても，当該指つめは社会的に相当な行為とはいえないとして，違法性阻却を否定したものがある（仙台地石巻支判昭62・2・18判時1249号145頁）。

5 同意の要件

(1) 同意の時期

　同意は，ある犯罪の違法性阻却効果を導くことからすると，その犯罪の構成要件該当性が認められる時点において存在しなければならない。事後の同意は，既に成立した犯罪の違法性を阻却する効果をもたない。また，被害者は同意を任意に撤回することが可能とみるべきであるから，事前の同意があっても，既遂犯ならば既遂結果の発生段階まで，未遂犯ならば具体的危険の発生段階までその同意の存在が継続していることが必要である。

> ▶ 以上に対して，同意は実行行為時に存在していればよいという見解もある。しかし，実行行為と結果発生との間に時間的な間隔がある場合に，実行行為後，結果発生までの間に被害者が同意を撤回したとしても，その行為の違法性を阻却することになって不当であると思われる。他方で，実行行為後，結果発生までの間に被害者が法益処分の意思を示しても，その行為の違法性は阻却されることはなく，このこともまた不当であろう。

(2) 同意の外部的表示

　被害者の同意の有効性を認めるために，同意は，被害者の内部的な心理にとどまるもので十分であろうか，それとも外部に表示されるべきものであろうか。また，行為者は，同意という被害者の心理状態を認識していなければならないのであろうか。

　まず，同意の外部的表示の必要性についてみてみると，内心的意思は外部から影響を受けやすく，時間的に変遷することが一般的である。したがって，法益の要保護性の喪失という効果を生じさせるためには，その意思が比較的強固となり，時間的に変遷しないように，外部的に表示され[53]，他者がその意思を認識することができる状態が必要になると思われる。

[53] 同意は主観的意思の問題ではなく，客観的な行為であると理解することもできる。同意行為があってはじめてその効果が生じると考えることになる。

これに対して，行為者は，外部に表示された同意について認識する必要はあるのであろうか。正当防衛における「防衛の意思」(⇒②**6**)〔127頁〕のように，同意の存在に関する認識が主観的違法(阻却)要素を構成するという立場をとると，外部的に表示された同意を認識する必要性があることになる。したがって，例えば，傷害結果の発生につき被害者の同意があったにもかかわらず，行為者がその同意の存在を認識することなく同人に傷害を負わせた場合，傷害行為の違法性は阻却されないことになる。しかし，被害者の意思によって法益の処分がなされるのであり，その意思が生じて外部的に表示された時点で法益の要保護性が失われると解すると，同意の存在を行為者が認識したか否かを問わず，当該行為の違法性は阻却されると思われる。

以上についてまとめると，同意の有効性を認めるためには，同意が外部的に表示される必要性がある。他方で，被害者の同意に基づく違法性阻却は，同人の自己実現・自己決定の観点から認められることからすると，同意の存在を行為者が認識する必要はないということになる。

網掛けが同意の有効性に必要な範囲

(3) 同意の内容，同意能力，任意性

被害者の同意が有効なものになるためには，同意能力のある被害者が任意に法益処分の判断を示したことが必要となる。具体的には，第1に，被害者は，処分の対象となる法益が自己に帰属する[54]ものであること，その法益の性質，さらに，その法益を処分することによって生じる自己への作用・影響を認識しておかなければならない。第2に，そのような認識をもって法益を処分するためには，自己の価値観に照らして合理的に判断を行うことができる能力（同意能力）を備えておく必要がある。例えば，未成年者や精神障害者で，同意能力がない場合には，そもそも同意が有効なものにならない。前述したように(⇒**2**)〔154頁〕，13歳未満の者に対するわいせつ行為や性交について，その者

[54] 他者に帰属する個人法益だけでなく，社会法益，国家法益も個人が任意に処分することができないため，同意による処分の対象には含まれない。

の同意の有無が問題にならないのは、性的自己決定に関する同意能力が類型的に認められないからであろう。第3に、法益処分の判断が自由な自己決定に基づくものでなければならない。法益処分の任意性は、暴行・脅迫により同意が強制された場合に失われ、その同意は無効となる。

(4) 錯誤による同意

　被害者の同意が暴行・脅迫によらず、錯誤によって生じた場合に、その有効性を認めることができるであろうか。法益の帰属、性質、または法益処分の影響について誤信がある場合には、法益に関係する錯誤（いわゆる**法益関係的錯誤**）が生じており、そのような錯誤に基づく同意は無効になる。問題となるのは、法益関係的錯誤の場合に限って同意を無効とするべきなのかということである。具体的に、判例では、いわゆる偽装心中[55]に関する事例について、被害者の同意を認めて自殺関与罪にとどまるか、それとも通常の殺人罪が成立するかが争われた。その事例は、XがAに別れ話を持ちかけたところ、Aがこれに応じず心中しようと申し出たので、XはAと一緒に死ぬ気がないにもかかわらず、Aと一緒に死ぬといってAに青化ソーダ（シアン化ナトリウム）を飲ませて死亡させたというものである。判例は、AがXの欺罔の結果、Xの追死を予期して死を決意したものであり、その決意は真意に沿わない重大な瑕疵ある意思であることが明らかであるとして、Xの追死を誤信させてAを自殺させたXの行為は通常の殺人罪に該当すると判示した（最判昭33・11・21刑集12巻15号3519頁）。

　この判例に対しては、被害者は自己の死そのものについては誤認がないのであるから、その同意は刑法上有効なものであって自殺関与罪が成立するにとどまるのではないかという批判がある。このような批判は、法益処分の動機や、法益処分の反対給付に関わる事実について誤認があっても同意はなお有効であ

[55] 本来的に心中とは、親しい関係の者たちが一緒に自殺（情死）することをいう。当事者は互いに相手に対する関係において自殺の教唆・幇助を行っているために、刑法上は当事者それぞれに自殺関与罪が成立する。

り，法益に関係する事実について誤認があってはじめて同意は無効となるとする見解（法益関係的錯誤説）に基づく。例えば，前述の偽装心中は法益処分の動機について被害者に錯誤がある場合に当たる。また，Yがお金を支払う意思も能力もないにもかかわらず，お金を払うから殴らせてくれとBに持ちかけて，同意したBを殴ってそのまま逃げた場合は，法益処分の反対給付について被害者に錯誤がある場合に当たる。このような場合について法益関係的錯誤説は，法益の処分それ自体については錯誤がないとして同意はなお有効であると解している。

たしかに，法益関係的錯誤がある場合には同意を無効[56]とすべきであるが，法益関係的錯誤がないからといって同意が任意のものであるとは必ずしもいえない。他方で，判例のように，同意が真意に反する場合，すなわちそのことを知っていれば同意しなかったであろう場合において，同意をすべて無効にすることもできないであろう。例えば，性格が明るくなると医師に乗せられて美容整形手術を受けたが，性格が明るくならなかったからといってその同意を無効とすることは不当である。

以上からすると，錯誤による同意がある場合，その錯誤が法益関係的なものであるかをまず検討し，法益関係的錯誤があれば，その錯誤による同意は無効となり，法益関係的錯誤がなくとも，その錯誤による同意が自由な自己決定に基づくものであるかを次に検討するべきである。法益処分をしないという選択肢が客観的にはあるにもかかわらず，錯誤によって法益処分をするという選択肢しかないと主観的に強いられている状態では，自由な自己決定があったとはいえず，任意性の観点からその同意を無効とするべきであろう。前述の偽装心中の事例では，Xから一緒に死ぬといわれたことによって，思いつめたAの主観においては自殺する以外の選択肢がなくなってしまっており，そのような死の同意は無効として扱うべきであると思われる。これに対して，お金を払うから殴らせてくれといわれた事例や，

[56] この場合は同意が無効になるというよりも，むしろ当該法益処分についてはじめから同意が存在しないというべきである。

性格が明るくなるから手術しましょうといわれた事例では，被害者においてその申出を断ることができたといえる限りにおいて，なおその同意は有効であると思われる。

6　推定的同意

推定的同意とは，被害者の現実の同意は存在しないが，もし被害者が事態を認識していれば同意していたであろうと推定できる場合をいう。例えば，Xが，Aの留守宅に無断で立ち入ってAの留守宅の水道から漏れていた水を止める場合が想定できる。この場合，Aは，Xの立入りをその時点では認めていないが，留守宅の漏水という事態を認識していればXの立入りを容認していたであろうと合理的に推測することができる。推定的同意が認められる場合は，行為者の当該行為について，被害者の現実の同意がなくとも，かえって被害者の利益に客観的にかなうもの[57]といえる。したがって，行為者の行為は構成要件該当性がない，あるいは少なくともその違法性が阻却されると解するべきである。

ただし，推定的同意は，現実の同意の有無を確認することができない場合に，「被害者の同意」が果たすべき機能を補完する意義しかないと思われる。したがって，社会通念上は合理的にみて被害者の同意が得られると推測することができたとしても，被害者の事前の言動からみて同意を得ることができないであろうといえる場合には，推定的同意を認めるべきではない。例えば，頭を打って気絶したAをXが車に乗せて病院に担ぎ込んだという場合，一般的にはXの当該行為についてAの推定的同意を認めて，逮捕監禁罪の構成要件該当性を否定するか，その違法性を阻却するべきであるようにみえる。しかし，Aが常日頃から病院にいって診察を受けることを嫌っており，そのことが周囲の人にとって明らかであったならば，Aの推定的同意を認めるべきではない[58]だろう。

[57] 被害者にとって利益になる事態ではなくとも，行為者による侵害の程度が比較的軽く，被害者がその侵害を甘受することが社会生活上，不合理とはいえないと思われる場合においても推定的同意は認められる余地がある。例えば，友人が帰宅するまで友人宅に勝手に上り込むような場合である。

[58] 推定的同意が認められない場合であっても，Xの行為は，Aの生命，身体を保全するために，やむを得ずAの自由を侵害したといえる限りで，緊急避難（⇒3）が認められる余地がある。また，緊急避難など違法性阻却事由が認められない場合であっても，誤想防衛（⇒29）と同様に，違法性を基礎づける事実（推定的同意の否定を導き出す事実，例えば被害者の事前の意思によると，自らへの救助を拒絶していたこと）について誤認があれば，故意に基づく責任が否定され，少なくとも故意犯の成立は否定されることになる。

7　危険の引受け

侵害結果が生じることについては被害者の同意がないものの，その結果を引き起こす危険な行為に関与することについては被害者の同意がある場合，当該結果が被害者に現実に生じた際にはどのように処理するべきであろうか。このような「**危険の引受け**」があった事例[59]として，下級審判決ではいわゆる「ダートトライアル」事件がある。この事件において，ダートトライアルの初心者であったXは，その練習走行会中に事故を起こしてしまい，その結果，同乗していたダートトライアル経験者であるAを死亡させてしまった。この事件について下級審は，「本件事故の原因となった被告人の運転方法及びこれによる被害者の死亡の結果は，同乗した被害者が引き受けていた危険の現実化というべき事態であり，また，社会的相当性を欠くものではないといえるから，被告人の本件走行は違法性が阻却されることになる」と判示して，業務上過失致死罪（現行法では，自動車運転死傷行為処罰法上の過失運転致死罪）の成立を否定した（千葉地判平 7・12・13 判時 1565 号 144 頁）。

この判決は，被害者側の事情として「危険の引受け」があったこと，行為者側の事情として「社会的相当性」があったことを考慮しているが，この両者がどのような関係にあって違法性阻却を導き出しているのかは明らかではない。被害者は死亡結果が起きてもかまわないという認識で同乗していたわけではないから，危険の引受けがあってもそれ自体が違法性阻却を導き出すと理解するのは困難である。被害者側に自己答責[60]的な態度があったとしても，危険行為に基づくリスクの負担が完全に被害者側に配分されるともいえない。他方で，行為者の態度が社会的に相当であったか否かという点は，結局，その行為が正当業務行為（⇒④4）に当たるか否かという問題に帰着するであろう。なお，危険の引受けが問題になる場合において，被害者の死傷といった重大な結果を回避するためのある一定のルール

[59] 危険の引受けには，被害者が自ら危険行為を行う自己危殆化の類型と，他者による危険行為に被害者が関与する他者危殆化の類型がある。

[60] 自己答責性が認められると，次のように解することになる。すなわち，ある事態の発生が，被害者が責任を負うべき領域で生じた際には，その事態を生じさせた行為者は責任を負わないとする。しかし，このような立場は，責任の所在について結論の先取りをしているにすぎないようにみえる。

に従って行為者が危険な行為に出ているのであれば，注意義務違反がないとして過失を否定することも検討するべきである。

8　安楽死・尊厳死

(1) 安楽死

安楽死とは，患者の死期が迫る中，その甚だしい肉体的苦痛を除去・緩和するために，その患者に安らかな死を迎えさせる措置をいう。安楽死において，刑法上最も問題となるのは，薬物を投与するなどして積極的に患者の生命を断絶させる「積極的安楽死」[61]である。患者が安楽死を望み，その措置を医師や家族に依頼して死を迎えたとしても，202条によって自殺関与罪，同意殺人罪の規定がある以上，その措置に関与した医師や家族は同条によって処罰される可能性がある。生命については処分の自由を認めないとして安楽死を違法とする立場もあるが，下級審判決には，ある一定の要件を示して安楽死について違法性阻却を認めるものがある。その要件は，①患者が耐えがたい肉体的苦痛に苦しんでいること，②患者は死が避けられず，その死期が迫っていること，③患者の肉体的苦痛を除去・緩和するために方法を尽くし他に代替手段がないこと，④生命の短縮を承諾する患者の明示の意思表示があること，といったものである（横浜地判平7・3・28判時1530号28頁）。生命の質を考慮して，劣る生命は断絶してもよいという社会は望ましくない。しかし，死期が切迫している極限の状況において，患者本人の同意があるのであれば，安楽死はやむを得ない措置[62]なのではないだろうか。

(2) 尊厳死

尊厳死とは，回復の見込みのない末期状態の患者に対して延命治療を中止し，人間らしい厳かな死を迎えさせることをいう。

[61]
　安楽死には，そのほかに苦痛除去・緩和措置を行って死期が早まることなく死を迎えさせる「純粋な安楽死」，苦痛除去・緩和措置の副作用として死期が早まる「間接的安楽死」，延命措置の中止を行う「消極的安楽死」とがある。

[62]
　ただし，終末期医療において，苦痛緩和のための措置が発達していく現在の状況においては，積極的安楽死の正当化を認める余地がほとんどなくなってしまうだろう。

[63] 患者に対する治療の中止を扱った判例には、患者の回復可能性や余命について的確な判断を下せる状況になかったことや、被害者の推定的同意（⇒**6**）が認められないことから、医師の治療中止は法律上許容されるものではないとの判断を示したものがある（最決平21・12・7刑集63巻11号1899頁）。

[64] いわゆるリビング・ウィル（事前の意思表示）によって患者本人の意思を推定することは可能であろう。ただし、同意の撤回可能性を前提とすると、現実の同意があるといえるかは疑問となる。

延命治療を継続しても遅かれ早かれ患者の死が避けられない場合には、患者の同意があることを前提として、医師の治療義務が否定されることになる。したがって、当該医師の治療中止行為は、そもそも不作為犯（⇒第**2**章3）としての故意犯、過失犯の構成要件に該当することはない[63]。ただ、尊厳死において特に問題になるのは、植物状態となった患者について生命維持措置をとりやめることができるのかということである。この場合には、患者の意識は喪失していることから患者が苦痛を感じているとはいえない点、さらに患者の意思[64]を確認することは困難である点を考慮すると、違法性阻却を認める余地はほとんどないように思われる。

CHECK

- □ 1　被害者の同意はそれぞれの犯罪類型においてどのような効果をもつといえるか。
- □ 2　被害者の同意において、違法性が阻却される根拠はどのようなものだろうか。
- □ 3　同意に基づく傷害の事例において、いかなる範囲で違法性の阻却を認めるべきか。
- □ 4　同意が有効となる要件はどのようなものだろうか。
- □ 5　錯誤に基づく同意は、いかなる範囲で無効となるか。
- □ 6　推定的同意が認められるのは、どのような場合であろうか。
- □ 7　危険の引受けがある場合に、どのような根拠から不可罰になるといえるのか。
- □ 8　安楽死、尊厳死について、その違法性を阻却することは許されるであろうか。

CHAPTER

第6章

責　任

　「構成要件該当性」と「違法性」が認められても，犯罪成立のためには，さらに，行為者の「責任」が認められなければならない。「責任」とは，構成要件に該当し，違法である，と評価された事実について，行為者を「責める」ことができるかを問う判断要素である。具体的には，行為者に，物事の善し悪しを判断する能力が欠けていた場合（「責任能力」の問題），自分の行為が法律によって禁止されているということを知らなかった場合（「違法性の錯誤」の問題），他人から脅されるなどして，犯罪の決意を強制されていた場合（「期待可能性」の問題）などにおいて，行為者の「責任」の存否が問われることになる。

1 総説

1 責任とは

　行為者が引き起こした出来事が，犯罪の構成要件に該当し，違法だと評価されたとしても，それだけでは，まだ犯罪の成立が認められるわけではない。どのようなルールであっても，単にそのルールに違反する事実（刑法でいえば構成要件該当性と違法性）が認められただけでは，それに対するリアクション（刑法でいえば刑罰による制裁）が生じるか否かはまだ確定しない。犯罪が成立するためには，犯罪構成要件に該当する違法な出来事を引き起こしたことについて，行為者にその**責任**を問うことができるのでなければならない。

　この原理を1つのたとえ話で言ってみよう。例えば大学のゼミで，「自分の報告担当の回に無断欠席をしてはならない。もし無断欠席をすれば単位を認めない」という（厳しい？）成績評価のルールがあったとしよう。いま，報告担当の学生Aが無断欠席したとすると，Aはルール違反の事実を引き起こしたことになる。しかし，このルール違反の事実が，直ちに「単位を認めない」という効果につながるわけではない。例えば，大学に出かける直前に高熱が出て倒れたという事情があって，Aが無断欠席せざるを得なくなったのであれば，担当教員であるBは無断欠席についてAの責任を問わないだろう。教員Bの頭の中では，出来事に対するルール違反（「無断欠席である」）という評価が，それに対するリアクションの発動（「単位を認めないこと」）に直結するのではなく，その間に，Aにその出来事の責任を問えるか（Aの行動が，Aに対して非難を向けることができるような理由に基づくものなのか否か），という「責任」の判断がはさまっていることになる。これに対して，無断欠席をしてゼミに1回穴をあけた以上，理由を問わず単位を認めな

い，といったように非常に厳しいルール運用を行う教員Cもいるかもしれない。この教員Cは，およそルール違反の事実を引き起こした以上，それだけで既に「責任」を問うべき理由がある（そのようにルールを運用しなければゼミの規律が緩んでしまう）と考えているのだろう。このように，どのような場合に人に「責任」を問えるか（責任を問う理由があるか），という点に関して考え方が分かれる可能性はあるが，およそルール違反に対してリアクション（制裁）を発動させるためには，人にそのルール違反の「責任」を問えることが必要である，という原理それ自体は，いずれのルール運用においてもその基礎に置かれているわけである。

2 刑法上の責任

それでは，刑法上の「責任」はどのような場合に認められるべきか。その根本的な発想をめぐって，主に，次の２つの考え方が対立している。

(1) 道義的責任論

第1に，責任とは，行為者が「適法な」行為を選択することが可能だったにもかかわらず，自分の自由な意思決定により「違法な」行為の方を選択したことについて，行為者を道義的に非難することができることである，という考え方がある（道義的責任論）。この考え方によれば，責任とは，行為者の過去の行為（意思決定）に対して非難を向けることができること（**非難可能性**）であり，行為者の責任を問うためには，行為当時の行為者本人の能力を基準にして，「行為者には，そのとき他の行為（適法な行為）を選択することもできた」（**他行為可能性**）と認められることが必要である。

(2) 予防的責任論

　第2に，刑法上の責任は，行為者が刑罰目的（**予防**という観点）から見て容認できないような形で，法の拘束性から離脱する態度（遵法精神の欠如）を示した場合に認められる，とする考え方がある（予防的責任論）。この考え方に従うと，刑法というのは，行為者がその行為によって「ルールに対する不承認の態度」を表明したと認められるときに，そのような行為に対して刑罰というリアクションを加え，それを通じてルールの妥当を再確認する，という働きをするものである。したがって，行為者に刑法上の責任が認められるのは，問題の行為が，刑法のルールの妥当を揺るがすような挑戦として受けとめられる場合である。

(3) 具体的な帰結

　上の2つの考え方は，刑法上の責任を，過去の行為に対する非難可能性として捉えるか（道義的責任論），それとも，将来のためにその行為に対して刑罰を発動させる必要性として捉えるか（予防的責任論）という点で，その視点が大きく異なっている。しかし，両者の帰結の違いは，一見したところほど大きくない。第1に，予防的責任論も，過剰なリアクションはむしろルールへの信頼を動揺させてしまうことから（例えば前述の教員Cの場合を考えてみるとよい），結局，公正な非難と認められる限度で（行為者に他行為可能性が認められる限度で）責任を認める，というところに落ち着くことになりうる。第2に，刑法上の責任が認められるための要件（**責任要件**），または刑法上の責任が否定されるための要件（**責任阻却事由**）は，刑法上，明文規定の形で既に定型化されており，行為者の責任の存否は原則としてこれらの明文規定の適用判断によって決まる。そのため，上の2つの考え方の違いが目に見える形で表面に現れることは少

ない。

3 責任の要件

刑法上の責任は，**他行為可能性**（他の行為を選択するという意思決定も可能だった，と認められること）をその内実とする。これはすなわち，「行為者は，実際に行った違法な行為を差し控えることもできたはずだ」ということである。逆に言えば，行為に出るか否かを決する際に，行為者の自由な意思決定を阻害するような障害（責任阻却事由）があったと認められる場合には，行為者の責任（他行為可能性）が否定されることになる。

> ▶ **決定論と他行為可能性**　人がどのような行為を決断するかが「過去の状況」と「自然法則」とによって完全に「決定」されているのだとすれば（このような仮説を「決定論」と呼ぶ），人にはおよそ他行為可能性がなかったことになるのではないか。このように考えて，もし「決定論」が正しいならば，刑事責任はおよそその根拠を失うという議論（決定論と自由意志との非両立論）が哲学の分野において繰り返し主張されてきた。つまり，刑事責任を問うためには，人に「自由意志」があること（人がほかに何の原因もなく，自ら自分の決断の「起源」となりうること）が認められなければならない，というのである（自由意志論）。しかし，上で問題にした刑法上の「他行為可能性」は，このような根源的な「自由意志」の存在を前提にするものではない。刑法上問題とされる「他行為可能性」は，単に「日常的自由」の存在，すなわち，日常的判断において人の意思決定の自由を疑わせるような障害（例えば一定の精神疾患，他者による強制，洗脳など）が存在していないこと，を意味する概念にすぎない。

このように，行為者の他行為可能性（責任）を否定するような障害（責任阻却事由），または責任を減少させる事情（責任減少事由）として，刑法にはいくつかのものが規定されている。

行為者にその行為について責任を問えるためには，まず，行為者に「故意」（故意犯），または「過失」（過失犯）があること

が必要であり，これらが欠ける場合には行為者は不可罰となる。これについては，それぞれ別の章で検討を行っているので（故意については第**3**章，過失については第**4**章），ここでは，それ以外の責任阻却・減少事由について取り上げて検討する。

第1に，行為時の行為者が**心神喪失**（39条1項）の状態だった場合，また，責任減少事由にとどまるが**心神耗弱**（39条2項）の状態だった場合（⇒❷**1**）が挙げられる。第2に，**刑事未成年者**（「14歳に満たない者」，41条）の行為も，不可罰と規定されている（⇒❷**2**）。これらは，行為に際して（十分な）「責任能力」が認められない場合に当たる。第3に，自分の行為が刑法に違反するものであることを自覚せずにその行為に出てしまう，という**違法性の錯誤**と呼ばれる場合がある。この場合に関して正面から規定した条文は刑法上存在していないが（もっとも，38条が関連性をもっている⇒❹），裁判例や学説においては，違法性の錯誤について，一定の場合に責任の阻却が認められている。第4に，他者から心理的な**強制**を受けたために行為に出た場合，または，その行為に出なければより大きな害悪を被るという状況に置かれ，心理的な窮状（緊急状況）に陥っていたために問題の行為に出るという意思決定をせざるを得なかったという場合も，その行為について責任の存否が問題となりうる。この場合をめぐっては「適法行為の期待可能性」という名称のもとに議論がなされているが（⇒❺），これについての刑法上の明文規定は存在しない[1]。

[1] 旧刑法典には，強制の場合を不可罰とする明文規定があった（旧刑法75条1項）。また，現行刑法においても，緊急状況での行為が緊急避難（37条）の要件を満たす場合には，責任の阻却を問題とするまでもなく，同条によってその行為は「正当化」される。

2 責任能力

1 責任能力

刑法が定めるルールに違反しないように自分の行為を選択・決意し，その決意どおりに自分の行動をコントロールできることを，**責任能力**という。行為者に刑事責任を問うことができる

のは，問題の行為の時点で，行為者に責任能力が伴っていたという場合である（ただしその例外として，③の「原因において自由な行為」の場合がある）。39条は，1項において「心神喪失者の行為は，罰しない」，2項において「心神耗弱者の行為は，その刑を減軽する」として，行為の際に責任能力が欠如または減退していた行為者について，その責任を問わず，またはその刑を減軽することを定めている。

(1) 心神喪失・心神耗弱

それでは，「心神喪失者」と「心神耗弱者」というのは，行為の際にどのような精神状態にあった者のことを指すのか。判例は，**心神喪失**とは，「精神の障害により事物の理非善悪を弁識するの能力なくまたはこの弁識に従って行動する能力なき状態」をいい，**心神耗弱**とは，「精神の障害未だ上叙の能力を欠如する程度に達せざるもその能力著しく減退せる状態」をいう，としている（大判昭6・12・3刑集10巻682頁）。「事物の理非善悪を弁識するの能力」（**弁識能力**）とは，行為が刑法のルールに反する違法なものか否か（問題の行為に出ることの是非）を正しく認識できる能力，「この弁識に従って行動する能力」（**制御能力**）とは，上の行為の是非の判断に適合するように，自分の行動をコントロールすることができる能力をいう。「精神の障害」によって，これらの能力の少なくとも一方が欠如している状態が心神喪失であり，少なくとも一方が著しく減退している状態が心神耗弱である[2]。

そうすると，弁識能力というのは「違法性の意識」を持ちうる能力，制御能力というのは法の「期待」どおりに自分の行動をコントロールする能力だと整理することができる。したがって，弁識能力が欠如する場合には「違法性の意識の可能性」（⇒④）が，制御能力が欠如する場合には「期待可能性」（⇒⑤）がそれぞれ欠けている，ということもできるだろう。しかし，

[2] このように，弁識能力とは，行為の適法・違法を正しく評価しうる能力のことであり，事実を正しく認識する能力のことではない。もっとも，行為者が精神の障害に基づく幻覚的な妄想によって，目の前の人を「人」ではなく例えば「魔獣」だと認識して殺害したような場合には，これら2つの能力の欠如が一体化している。

ここで問題にしている「心神喪失」の場合には，「違法性の意識の可能性」や「期待可能性」の欠如が行為者の「精神の障害」によって生じている，という点にその特殊性がある。39条1項の「心神喪失者」とは，「違法性の意識の可能性」や「期待可能性」の欠如が行為者の「精神の障害」に起因した場合を特にくくり出して，それを1つの責任阻却事由として類型化したものだと見ることができる。

(2) 心神喪失・心神耗弱の判断方法

行為時の行為者が心神喪失または心神耗弱の状態にあったか否かは，第1に，行為者にそのような状態に陥る原因となった「精神の障害」があったか否か，第2に，そのような障害の存在に基づいて，具体的に弁識能力または制御能力が欠如または減退していたか否か，という2つの要素を考慮することによってその判断が下される。この第1の判断要素を**生物学的な要素**，第2の判断要素を**心理学的な要素**と呼び，このように，両者の要素をあわせて考慮する判断方法のことを**混合的方法**と呼んでいる。行為者の責任が阻却されるか否かの判断において決定的な意味をもっているのは，第2の「弁識能力」および「制御能力」の存否である。これに対して，第1の「精神の障害」という要素は，行為者に一定の精神の病気，症状，特性が認められた場合に，その「弁識能力」や「制御能力」がそれによってどのような影響・変性を被るかということを，精神医学の知見に基づいて判断するために要求される要素である。

このように，生物学的要素，心理学的要素の認定を通じて行われる責任能力の判定は，あくまで刑事責任を問いうる前提としての能力の存否を問題にする法律判断であるから，「究極的には裁判所の評価にゆだねられるべき問題である」が，「生物学的要素である精神障害の有無及び程度並びにこれが心理学的要素に与えた影響の有無及び程度については，……専門家たる

精神医学者の意見が鑑定等として証拠となっている場合には，……これを採用し得ない合理的な事情が認められるのでない限り，その意見を十分に尊重して認定すべきもの」である，というのが，責任能力の認定に関して示された最高裁の見方である（最判平 20・4・25 刑集 62 巻 5 号 1559 頁）。

 心神喪失者等医療観察法 「心神喪失等の状態で重大な他害行為を行った者の医療及び観察等に関する法律」（平成 15 年法律第 110 号，平成 17 年 7 月 15 日施行）は，心神喪失または心神耗弱の状態で殺人等の重大な他害行為（同法 2 条 1 項に列挙されている行為）を行った者が，不起訴処分となった場合，心神喪失により無罪判決を下された場合，心神耗弱により刑を減軽されて執行すべき刑期がなかった場合に，検察官の申立て（同法 33 条）があった場合には，裁判所は，行為者が行為に出た際の「精神障害を改善し，これに伴って同様の行為を行うことなく，社会に復帰することを促進するため」に「必要があると認める場合」には，その行為者に，入院または入院によらない医療を受けさせる旨の決定をしなければならないものとしている（同法 42 条）。

2　刑事未成年者

刑法 41 条は，「14 歳に満たない者の行為は，罰しない」と定めている。これは，刑事政策的考慮から，一定の年齢（14 歳）に満たない者についてはその責任能力を否定する，という一律の扱いを認めた規定である。

3　原因において自由な行為

CASE ● 6-1
　Xは，著しい精神病の顕在症状を有する者であったが，多量に飲酒したことによって病的酩酊に陥り，調理場で女性を殴打してAから制止され，それに憤慨してとっさに傍にあった包丁でAを刺突し，Aを失血死させた。刺突行為の時点で，Xは心神

喪失の状態にあった。

CASE ● 6-2
　Xは，自動車で配達の仕事を終えてから，自分の車を駐車場に駐車してバーで数時間飲酒し，その後，路上に駐車してあった他人の自動車に乗り出し，正常な運転ができないおそれがある状態で運転した（酒酔い運転）。運転を開始した時点で，Xは飲酒のために心神耗弱の状態にあった。

CASE ● 6-3
　Xは，全長 24 cm の鋭利なハサミで，Aの顔面，頸部，胸部，背部等をめった突きにし，約 150 か所に刺切傷を負わせてAを失血死させた。Xは，この犯行開始後に興奮により情動性もうろう状態となり，犯行途中から心神耗弱の状態にあった。

(1) 問題点は何か

　責任能力は，問題の犯罪行為について，行為者に責任を問うための要件だった。したがって，責任能力は，行為者が「問題の実行行為に出るか否か」の意思決定をする際に，行為者に備わっていたのでなければならない。そこで，実行行為に出る時点で責任能力があったことが，行為者に責任を問うための必要条件だと考えられることになる（**行為と責任の同時存在の原則**）。
　そうすると，**CASE 6-1** のように，被害者を刺突する殺人の実行行為の時点で心神喪失の状態にあったXには，39条1項により，およそ殺人について罪責を問う余地がなくなり，また，**CASE 6-2** のように，自ら飲酒したうえで酒酔い運転を行ったXも，運転行為時に心神耗弱の状態にあった以上，39条2項の適用を受けるということになりそうである。しかし，行為者が，飲酒などの自分の落ち度によって心神喪失・心身耗弱の状態に陥ったにもかかわらず，39条によって犯罪結果につき常に（完全な）責任を問えなくなる，という結論には問題がある。判例・学説は，この種の場合につき，一定の理論構成をして，

行為者に完全な罪責を問う余地を認めている。このような理論構成は、一般に「**原因において自由な行為**」の理論と呼ばれている[3]。以下では、判例・学説に見られる2種類の理論構成について見てみよう。

(2) 構成要件モデル

CASE 6-1（最大判昭26・1・17刑集5巻1号20頁）に関して、最高裁は、Xのように「多量に飲酒するときは病的酩酊に陥り、因って心神喪失の状態において他人に犯罪の害悪を及ぼす危険ある素質を有する者は……右心神喪失の原因となる飲酒を抑止又は制限する等前示危険の発生を未然に防止するよう注意する義務」があり、この注意義務に違反して人を殺害するに至った場合には過失致死の罪責を負う、と判示して、この注意義務違反の存否については審理せず、心神喪失を理由にXを無罪とした原判決を破棄した。最高裁が示しているのは、Xの「飲酒行為」それ自体を実行行為（注意義務違反）と見て、「その実行行為の危険がまさに現実化したもの」としてAの致死結果を説明できれば、Xに過失致死罪の成立を認めることができる、という理論構成である。

飲酒が、わずかなきっかけで他人の生命身体に危害を加える行動に出る、という衝動を抑えられない精神状態を招く場合には、その飲酒行為それ自体に、他人を直接攻撃する行為（刺突など）と同等の「生命身体に対する危険」を認める余地がある。そして、飲酒行為の結果、実際にそのような精神状態に陥り、衝動を抑制できずに人を殺傷した場合には、その致死傷結果は飲酒行為に内在した危険の現実化にほかならない。このように、相手を刺すなどの直接の攻撃行為（**結果行為**と呼ばれる）が心神喪失のために処罰できなくても、それ以前の、自分の自制能力を喪失させ、狂暴な習癖を発動させる原因となった行為（**原因行為**と呼ばれる）の方を実行行為と見て、それを起点に「危険

[3] もともと「原因において自由な行為」とは、実行行為の時点では行為者が責任能力（意思決定の自由）を失っていたが、その責任無能力を自ら招いた原因行為（飲酒など）の時点まで遡ってみると責任能力が認められ、なお行為者を非難することができることから、それを根拠に、行為者に一定の罪責を基礎づけようとする理論構成を指していた。したがって、飲酒行為それ自体を「実行行為」と見て罪責を検討する(2)の「構成要件モデル」は、厳密に言えば「原因において自由な行為」の理論ではない。

の現実化」のストーリーを組み立てることができるならば，殺人罪や過失致死罪の成立を当然に認めることができる。行為者は，この原因行為の時点ではまだ心神喪失に陥っていないから，責任能力の点でも問題はない。

この理論構成は，実行行為（構成要件該当行為）の候補となる「危険な行為」を，結果行為（刺突など）よりも前の時点に探すことができるのではないか，という発想に基づくものであって，**構成要件モデル**と呼ばれている。しかしこれは，何か特別な理論構成を主張するものではなく，飲酒などの原因行為を実行行為の候補として探し出したら，あとは，その行為について普通どおりに犯罪成立要件の充足を検討するものにすぎない。したがってまず，その原因行為を起点にして，致死傷結果へと至る「危険の現実化」（または「相当因果関係」）が認められなければならない。ここで注意が必要なのは，飲酒のような原因行為を「危険の現実化」の起点となる実行行為と考えることができるのは，あくまで，その飲酒に「他人を死傷させる危険性」が内在していたからであって，飲酒のせいで後の結果行為の時に行為者が責任無能力に陥った（したがって結果行為を処罰することができなくなった）からではない，という点である[4]。飲酒行為に既に「他人を死傷させる危険性」を認めるためには，単に「一定量以上飲酒すると，粗暴な行動に出る可能性がある」といった一般的な傾向では足りず，行為者に，飲酒酩酊すると**非常に高い確率で自制能力を完全に喪失し，他人の生命身体に対する加害行動に出る習癖**（CASE 6-1 に見られる「精神病的な顕在症状」に類するような事情）が認められなければならない。

そして，主観的要件である故意・過失は，実行行為である原因行為の時点で認められる必要がある。判例には，原因行為を実行行為と見て「殺人罪」の成立を認めたものは見当たらないが（CASE 6-1 の最高裁も，過失致死が成立する余地を認めるにとどまる），それは，原因行為である飲酒の時点で，行為者に「自

[4] 重要なのは，原因行為が「結果行為の時点の心神喪失（行為者自身が不可罰となる事情）」を招いたか，という点ではなく，原因行為に「自制心を完全に喪失させ，高い確率で他害的な結果行為に出る危険性」があったか，という点である。結果行為が心神喪失のために処罰できないこと自体は，その心神喪失状態を自招した原因行為を処罰する理由にはならない。自分が不可罰となる事情を作り出すことが，直ちに犯罪になるわけではないのである。

分は飲酒によって危険な習癖を発動させ，人を殺害するだろう」という自覚（殺人の故意）が伴っているような事例が，実際上はほとんど存在しないからだろう。

(3) 責任モデル

次に，CASE 6-2 の事件に関しても，判例（最決昭 43・2・27 刑集 22 巻 2 号 67 頁）は，39 条 2 項の適用を否定し，X に酒酔い運転罪（道路交通法 117 条の 2 第 1 号）の完全な罪責を認めている。「酒酔い運転の行為当時に飲酒酩酊により心神耗弱の状態にあったとしても，飲酒の際酒酔い運転の意思が認められる場合には，刑法 39 条 2 項を適用して刑の減軽をすべきではない」というのが，判示された理由である[5]。これは，一体どのような理論構成で刑法 39 条の適用を排除しているのだろうか。

責任能力は，行為者が「実行行為に出るか否かの意思決定をした」時に存在していたのでなければならない。しかし，そこから直ちに，責任能力は行為者が「実行行為に出た」時に存在していたことを要する，ということは導かれない。実行行為に出るという**最終的意思決定**をした時点で行為者に責任能力が伴っており，かつ，その後の実行行為が**その意思決定がそのまま実現した過程**と評価できる場合には，仮に実行行為の時点で心神喪失・耗弱の状態に陥っていたとしても，その実行行為によって生じた犯罪結果について，行為者に完全な責任を問うことができると考えられる。なぜなら，「実行行為に出るか否か」を決めた内心の意思決定が，実行行為を実現に移すか否かの最後の分かれ目だったといえる場合には，その意思決定について行為者に責任があれば，その後の経過全体について行為者を非難することができるからである。このように考えて，「行為と責任の同時存在」の要請を緩和し，実行行為に出るか否かを決する「意思決定の時点」で責任能力が伴っていればよい，とする理論構成を**責任モデル**という。

[5] 原判決（東京高判昭 42・6・23 刑集 22 巻 2 号 74 頁）も，「心神に異状のない時に酒酔い運転の意思があり，それによって結局酒酔い運転をしているのであるから，運転時には心神耗弱の状態にあったにせよ，刑法第 39 条第 2 項を適用する限りではない」とする。

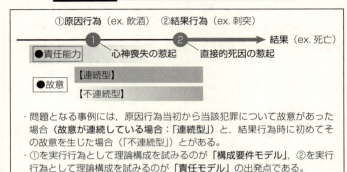

CHART 6.1 原因において自由な行為の理論

- 問題となる事例には，原因行為当初から当該犯罪について故意があった場合（故意が連続している場合：「連続型」）と，結果行為時に初めてその故意を生じた場合（「不連続型」）とがある。
- ①を実行行為として理論構成を試みるのが**「構成要件モデル」**，②を実行行為として理論構成を試みるのが**「責任モデル」**の出発点である。

CASE 6-2 の事件では，Xは，責任能力があった飲酒開始の時点で「飲酒後に酒酔い状態で自動車を運転して帰る」という意思決定をしており，その後の酒酔い運転の実行行為はXが決意したとおりの事態の展開といえるものであって，その間に生じた心神耗弱の状態は，結局，Xの決意が現実の行動に移される過程に何の影響も及ぼしていない。そこで，自分の決意を途中何の障害もなくそのまま実現しているXに，完全な責任を問えない理由はないと考えるわけである。

しかし，この理論構成による場合，行為者の最終的意思決定を過去のどの時点に求めてもよい，というわけではないだろう。例えば，Aを殺害しようと決意したXがその実行にいったん失敗し，その数週間後，飲んだ薬の影響で自動車の運転中に意識がもうろうとして人をひき殺してしまったが，その被害者がなんとAだった，というような場合に，「Xは当初の殺害の決意を実現したのだから，Aに対する殺人罪に問われる」などと結論づけることは無理であろう。責任モデルの理論構成によって行為者に故意犯の完全な責任を問えるのは，少なくとも，責任能力がある時点での意思決定（故意）がそのままの形で保持され，それが後の（心神喪失・耗弱の状態下での）実行行為において行動に移された，といえる場合（**故意が連続している場**

合）に限られる[6]。なお，このように「以前の意思決定がそのままの形で保持され，それが実行に移された」と認められるためには，その間に，以前の意思決定の効果が薄れてしまうような時間の経過があったり，実行行為に出るためには再度の決意を必要とするような状況・場面の転換があったりしてはならないだろう。

責任モデルの理論構成は，判例上，酒酔い運転罪や，覚せい剤使用罪（大阪高判昭56・9・30高刑集34巻3号385頁）など，実行行為が単純な「挙動」である犯罪において採用されている。これらの犯罪事件で構成要件モデルの理論構成が試みられていないのは，殺人罪・過失致死罪などの結果犯と違って，挙動犯（⇒第２章①4 32頁）においては，飲酒などの原因行為がその犯罪の「実行行為」であるとする論理（酒酔い運転罪でいえば「飲酒行為が，運転行為である」という論理）が不自然と考えられたからであろう。他方，殺人罪などの故意結果犯において，責任モデルの理論構成を用いて完全な責任を認めた判例は，現在までのところ見当たらない。

(4) 実行行為途中からの心神喪失・心神耗弱

以上に対し，CASE 6-3 においては，Xが犯罪の実行に着手した後で，一連の実行行為（刺突）を継続している途中から心神耗弱に陥っている。CASE 6-3 の事件に関する東京高判昭54・5・15判時937号123頁は，Xは，①心神耗弱に陥るまでの完全責任能力がある間に，既に殺意をもって重大な加害行為に及んでおり，②その後の実行行為も，その殺意の継続発展として，同じ態様の加害行為を反復継続したものであり，③犯行途中から陥った情動性もうろう状態も，自分の加害行為による激しい精神的昂奮によって自ら招いた面が多い，という理由を挙げて，39条2項の適用を排除した。

学説上も，この種の事例では39条の適用を排除すべきだ，

[6] さらに，行為者の最終的意思決定は，心神喪失・耗弱を自招した飲酒などの「原因行為」よりも前の時点に遡って求めてはならない，とする客観的な限界づけも考えられる。しかし，この限界づけを採用すると，責任モデルと構成要件モデルの理論構成は事実上ほとんど違いがなくなる。

とする考え方が多数である。CASE 6-3 の事件のように，複数回の刺突のうちのどの部分が直接の死因を形成したとは断定できず，一連の刺突行為全体が結果を惹起したと評価するしかない場合には，その一連の実行行為の一部に心神喪失・耗弱状態が認められたとしても，全体としては完全な責任を問うことができる，と考えるのである。この結論は，上の責任モデルの考え方から基礎づけることができる。CASE 6-3 の事件では，責任能力のある時点でXが形成した殺意（①）が，そのままの形で，その後の実行行為において実現へと移されている（②）のだから，XによるAの殺害は，責任能力のある状態でなされた最終的意思決定が，まさにそのまま実現した過程だといえることになるのである[7]。

[7] これに対して，東京高裁が挙げた③の事情（Xが心神耗弱を非難可能な形で自招したこと）は，責任モデルの考え方からすれば，必ずしも重要な要素とはいえないだろう。

CHECK

- □ 1　心神喪失，心神耗弱とは，どのような状態を指すか。
- □ 2　いわゆる「原因において自由な行為」の問題とはどのようなものか。
- □ 3　「構成要件モデル」（原因行為説）と，「責任モデル」（結果行為説）の考え方はそれぞれどのようなものか。それぞれの立場に立った場合，行為者に完全な責任が認められるためには，どのような要件を満たすことが必要か。

4　違法性の錯誤

CASE ● 6-4
　映画製作者Xは，性的な描写が含まれた映画を製作し上映したとして，わいせつ図画公然陳列罪（175条）で起訴された。Xは，この映画が「映画倫理委員会」（映画業界関係者らが設立した審査機関）の審査を通過したので，刑事罰を受けることはないと信じていた。

CASE ● 6-5
　Xは，「鑑札」という札のついていない犬は法律上「無主犬」（誰の所有でもない野犬）とみなされると誤信し，鑑札の付いていない犬（実際はAの飼い犬）を殺した。

1　総説

　犯罪の成立には，故意か過失が必要である（⇒第 **3** 章）。例えば，故意犯である殺人罪（199条）が成立するには，行為者に，「自分が人を殺しているという事実の認識」（故意）が要求される。これに対して，「人を殺すことは刑法上違法である（禁止の対象である）」という，自分の行為に向けられる刑法的評価についての自覚を，**違法性の意識**という。これは，「事実の認識」とは別物である。例えば，「人からひどい侮辱を受けた場合には，その人を殺害することが正当化される」というルールのもとで育った者が，日本に来て，ひどい侮辱を受けたため，日本でも同じルールが通用していると疑わず，相手を殺害したとしよう。この行為者には，人を殺している（殺人）という事実の認識はあるが，自分の行為は正当だ（刑法上違法でない）と確信しているから，違法性の意識はない。このように，自分の行為に対する刑法的評価を誤り，違法とされる行為を正当（適法）なものだと誤信することを**違法性の錯誤**（法律の錯誤）と呼ぶ。

　それでは，この行為者は殺人罪で処罰されるだろうか。これは，犯罪の成立には，違法性の意識，または少なくとも**違法性の意識の可能性**が必要か，という問題である。逆にいえば，違法性の錯誤があれば，何らかの責任要件が阻却され，行為者が不可罰とされる余地があるのか，という点が問題となるのである。刑法典の総則には，違法性の錯誤の場合に関わる規定として **38 条 3 項**があり，これは，「法律を知らなかったとしても，そのことによって，罪を犯す意思がなかったとすることはできない。ただし，情状により，その刑を減軽することができる」

と定めている。この条文は，法律を知らないという抗弁は（原則として）許されない，とするルールを明文化したものとも見られ，違法性の錯誤の場合の罪責をどのように解するかは，この条文の解釈の問題でもある。それでは，「違法性の錯誤」の場合の罪責について，詳しく見ていくことにしよう。

2　「違法性の錯誤」の場合の罪責

(1) 違法性の錯誤の種類

「違法性の錯誤」といえる場合には，いくつかのものがある。第1に，行為者が，自分の行っている種類の行為を処罰する刑罰法規の存在を，端的に知らないという場合がある（**法の不知**）。第2に，自分の行為が刑罰法規の定める要件には該当しないと誤信していた，という場合もある（**あてはめの錯誤**）。また第3に，行為者が，自分の行為は犯罪だと思っていたが，それを処罰する刑罰法規の「法定刑」を知らなかった，という場合（相当重い法定刑が定められているのに，軽い刑罰ですむ犯罪だろうと誤信していた場合）も考えられる[8]。

[8] なお判例（最判昭32・10・18刑集11巻10号2663頁）は，法定刑の程度を知らなかったにすぎない場合には，38条3項による刑の減軽を否定している。

(2) 違法性の錯誤の処理

行為者が違法性の錯誤に陥り，自分の行為が正当だと信じていた場合，行為者の内心においては，「その行為をやめる」と決断するきっかけになる情報が与えられていない。そうすると，「その行為をする」という意思決定をしてしまったことについて，行為者を強く非難することはできない。現在の学説はこのような発想を共有しており，行為者に違法性の錯誤があった場合，一定の限度でその罪責を否定すべきだと考えている。そして多数の見解は，行為者が違法性の錯誤に陥ったことについて落ち度がある場合（違法性の意識の可能性があった場合）には行為者に故意犯の罪責を問い，反対に，違法性の錯誤に陥ったこと

について相当の理由があった場合には「故意」または「責任」を阻却すべきだ，と解している（後述のc），d）説）。

下級審裁判例にも，これらの学説と同様の考え方を示し，行為者の罪責を否定した例が多数見られる。しかし，最高裁判例には，違法性の錯誤を理由に行為者の罪責を否定したものは，いまだ存在していない。

以下，違法性の錯誤の処理に関して，これまでに現れた諸見解を見ておこう。

a) 違法性の意識不要説　まず，犯罪成立にとって違法性の意識（の可能性）は不要であり，違法性の錯誤はおよそ犯罪の成立を妨げない，とする見解がある。この見解の背後には，法の不知や法に対する無関心を大目に見る必要はない[9]，という考え方がある。しかし現在では，この見解は，学説上支持を得ていない。この見解によれば，CASE 6-4 の X は故意犯の罪責を負うことになる。判例には，この見解に立っていると見られるものもある（大判大 13・8・5 刑集 3 巻 611 頁は，関東大震災で交通機関が破壊されたために，行為の当時「暴利取締令」の発布を知りえなかった被告人も，「暴利取締令」違反で有罪としている）。

b) 厳格故意説　これに対し，犯罪の「故意」が認められるためには，「犯罪事実の認識」だけでは足りず，「違法性の意識」が必要である，とする見解がある（厳格故意説）。この見解は，行為者に違法性の意識がなければ，その行為を思いとどまるきっかけもないのだから，そのような行為者を非難することはできないと考える。問題は，この考え方が38条3項と整合するかであるが，厳格故意説からは，この条文は「問題の法律の規定それ自体」（例えば，殺人罪ならば「刑法199条」）を知らなくても，故意がなかったとすることはできない，という趣旨のものとして解釈することが可能だと主張される。この見解からは，CASE 6-4 の X は故意が阻却され，不可罰となる。

c) 制限故意説　現在では，厳格故意説に従うと「故意」

[9] これは，刑罰規定でもって人に禁止・命令を示し，それを意識させることで犯罪を予防しようとしている刑法が，当の刑罰規定を知らなくても許すといった評価を下すことは自己矛盾である，という考え方に基づく。

が否定される場合が不当に広がりすぎるとして,「違法性の意識」が実際に備わっていなくても,行為者に「違法性の意識の可能性」があれば「故意」を認めることができる,とする考え方（制限故意説）が有力である。もっとも,この見解に対しては,違法性の意識ではなくその「可能性」があるだけで（言いかえれば,違法性の錯誤について「過失」があるだけで）「故意」を認めることについて,故意の中に過失の要素が混入されている,との批判がある。

CASE 6-4 の事件において,東京高判昭 44・9・17 高刑集 22 巻 4 号 595 頁（黒い雪事件）は,問題の映画に刑法 175 条の「わいせつ」に該当する場面があり,X もその場面の存在を認識していることを認めた。しかし,映画が映画倫理管理委員会（当時）の審査を通過したこと,映画倫理管理委員会に対する社会的評価などにかんがみれば,X には「本件映画の上映もまた刑法上の猥褻性を有するものではなく,法律上許容されたものと信ずるにつき相当の理由があった」のであり,X は「刑法第 175 条の罪の犯意を欠くものと解するのが相当である」として,X の故意を否定した。下級審裁判例においては,このように,違法性の錯誤について「相当の理由」がある場合に行為者の「故意」を否定するものが多数見られるが,ここに見られる論理は,制限故意説と親和的である。

最高裁は,現在までのところ,違法性の錯誤の事例で故意を阻却したことはない。被告人 X が,紙幣と紛らわしいサービス券を作って「通貨及証券模造取締法」違反の罪で起訴されたが,X は事前に警察官に相談し,その際の態度が好意的で,警察官から受けた「寸法を大きくする」などの助言も断定的なものとは受け取れなかったことから,（寸法を変えなくても）同サービス券の作成が処罰されることはないと信じていた,と主張した事件（百円札模造事件）において,最決昭 62・7・16 刑集 41 巻 5 号 237 頁は,本件の「事実関係の下においては,X が

……行為の……違法性の意識を欠いていたとしても，それにつき……相当の理由がある場合には当たらないとした原判決の判断は，これを是認することができるから，この際，行為の違法性の意識を欠くにつき相当の理由があれば犯罪は成立しないとの見解の採否についての立ち入った検討を待つまでもなく，本件……行為を有罪とした原判決の結論に誤りはない」と判示して，Xの上告を退けた。ここで最高裁は，違法性の錯誤につき「相当の理由」があれば不可罰とする，という見解をとる可能性を一律に否定しなかったことから，最高裁が今後そのような処理を行う可能性も残されている。

d）**責任説** 以上の見解に対し，行為者に「違法性の意識の可能性」があったことを，「故意」とは別個独立の責任要件だと考えるのが責任説である。この見解によれば，38条3項は，違法性の錯誤があっても「罪を犯す意思」（故意）は阻却されない，ということを明示しているが，だからといって違法性の錯誤が行為者の罪責に全く影響しないわけではなく，行為者に「違法性の意識の可能性」もなかった場合には（超法規的に）責任が阻却される，と主張されることになる。**CASE 6-4**においては，「違法性の意識の可能性」があったか否かが，Xの罪責を分けることになる（実際の結論は，制限故意説と大差のないものになる）。

3 事実の錯誤と違法性の錯誤の区別

以上で見たように，現在の多数説（および下級審判例に見られる処理）からすれば，違法性の錯誤に「相当の理由」があるのでなければ，行為者の故意（罪責）は否定されない。これに対して，行為者に「事実の錯誤」があった場合は，直ちに故意が阻却される（⇒第3章②）。つまり，行為者の陥った錯誤が「事実の錯誤」なのか「違法性の錯誤」なのかによって，その処理には大きな違いがある。そうだとすると，行為者の陥った

「錯誤」がどちらの種類なのかが，明確に識別されなければならない。しかし，この識別は非常に難しい場合がある。「事実の認識」があると言えるためには，行為者が自分の行為の「意味」を認識していることが必要であるが，この「意味の認識」（これが欠けると事実の錯誤である）と，「違法性の意識」（これが欠けると違法性の錯誤である）とが，重なり合っているように見える場合があるからである。そこで次に，このような識別が困難な事例を取り上げて，事実の錯誤と違法性の錯誤の区別の仕方について検討してみよう。

(1) 意味の認識

犯罪の「事実の認識」があったといえるためには，自分の行っている犯罪事実の「外見」が行為者の目に映っていただけでは足りず，その行為の「意味」を自覚していたのでなければならない。これを意味の認識という。例えば，外国語で書かれていた名誉毀損に当たる内容の文章を，その意味もわからずにコピーして，自分のブログに載せたような場合，その行為者には，「その文字列の文章を閲覧可能にした」という事実は自覚されているが，自分の行為が「名誉毀損」という「意味」を伴っていることは自覚されていない。この場合，行為者には自分が「名誉毀損をしている」という犯罪事実の認識はなく，名誉毀損罪の故意は認められない。

▶ 意味の認識とは，あくまで「犯罪事実の認識」がある，といえるために必要とされる認識であり，行為者が「自分の行為が犯罪構成要件に該当する」という法的評価を自覚していること（違法性の意識）とは異なる。例えば，置き忘れてあった他人のかばんを勝手に持ち去った行為者Xに，占有離脱物横領罪（254条）の「犯罪事実の認識」が認められるためには，Xが自分の行為を，「占有を離れた他人の物を横領した」という254条の犯罪構成要件に該当する行為として把握している必要はなく，例えば，いわゆる「置き引き」（置き忘れられた他人の物を勝手に持ち去ること）

をやった，という事実認識を持っていれば足りる。Xの頭の中に浮かんでいた「自分はいま置き引きをしている」という情景は，裁判官の目から見れば，「占有を離れた他人の物を横領した」(254条)という犯罪構成要件に該当する情景だろう。Xは，それと同じ意味内容をもつ情景を「置き引き」という通俗的なイメージで把握していたのだから，「占有離脱物横領」などという法的概念を全く知らなかったとしても，Xには自分の行為について，占有離脱物横領に当たる事実としての「意味」の認識があったことになる。

(2) 法律的事実の錯誤

問題となるのは，「一定の法的規制に関する知識」があることによってはじめて，行為者に犯罪事実としての「意味」の認識が生まれる，という場合である。道路交通法の速度違反罪について考えてみよう。速度違反をしているという「犯罪事実の認識」が認められるためには，「自分の出している速度が，その道路の制限速度を超えている」(例えば「指定最高速度が時速40 kmの道路を，自分は時速60 kmで走っている」)という事実の認識が必要である。いま，運転者Xが，道路標識を見落としたために，その道路の指定最高速度が時速40 kmであることを知らなかった(その道路の制限速度は法定最高速度の時速60 kmだと思い込んでいた)，としよう。この場合，「スピードメーターの針が時速60 kmを指している状態で走行している」という現実の情景(外見)がXの目に映っていたとしても，Xは，自分の行為を「速度違反」という意味で捉えてはいない。したがって，Xには「速度違反」という意味を伴った事実の認識がない。速度違反という意味をもった事実認識をもつためには，当該道路の法的規制(指定最高速度が時速40 kmとされていること)の存在を知らなければならない。そうすると，自分はこのような法的規制の存在を知らなかった，というXの主張は，「事実の錯誤」の主張なのだろうか，それとも「違法性の錯誤」

（法の不知）の主張なのだろうか。

　結論からいえば，これは「事実の錯誤」に当たる場合だと考えられる。刑罰規定の中には，何らかの法的規制や法的制度を前提にしてはじめて成り立つような行為を，犯罪構成要件として定めるものがある。例えば，「他人の物を損壊した」（器物損壊罪）にいう「他人の」は，損壊される「物」が，「民法」において他人に所有権が認められる物であることを要件としている。このように，一定の法的規制・制度の存在を前提にすることではじめて成立するような事実も，そのような「意味」をもった「事実」にほかならないのであって，この種の事実に関する錯誤（**法律的事実の錯誤**とも呼ばれる）は，あくまで「事実の錯誤」の一種だと考えられるのである。

　CASE 6-5 の事件（無鑑札犬事件）について，最判昭 26・8・17 刑集 5 巻 9 号 1789 頁は，X は「鑑札をつけていない犬は……他人の飼犬であっても直ちに無主犬と看做されるものと誤信していた」のだから，この錯誤のために「犬が他人所有に属する事実について認識を欠いて」おり，器物損壊罪の故意が阻却される余地があることを認めている。これは，CASE 6-5 の X の錯誤が「事実の錯誤」である，という判断だといえよう。

(3) 事実の錯誤と違法性の錯誤との区別

　以上の場合と違って，自分の行為が，問題の犯罪事実としての「意味」をもつことを自覚していながら，自分の行為に向けられる「刑法的評価」（違法か否か，処罰されるものか否か）を見誤ったという場合が，「違法性の錯誤」だということになる。この違いを，CASE 6-4 をもとにして考えてみよう。

　CASE 6-4 の X は，裁判官が「わいせつ」性（175 条）を認定する際の「法的な」評価基準を共有していなかったとしても，映画の中に一定の性的描写のシーンがあるという事実は認識していた。そして，X がそのシーンに感じ取っていたイメージ

は，裁判官ならば刑法175条の「わいせつ」と評価するような属性と一致するものだった。そうすると，Xには，わいせつ図画公然陳列の「事実の認識」（意味の認識）は認められることになる。

しかしXは，この映画が，（その評価に高度の社会的信頼が寄せられている）映画倫理委員会の審査を通過したので，「刑法175条のわいせつ図画には該当しないだろう」と誤信した。これは，自分の行為の法的評価（刑法の条文へのあてはめ）に関する錯誤であり，「違法性の錯誤」である。そこで，この事例は，違法性の錯誤に関する見解に従って処理されることになるのである。

5 期待可能性

人が，その内心において，犯罪行為に出るか否かの二者択一の決断を迫られたとき（例えば，コンビニで商品を目の前にして「万引きをするか否か」について決断を下そうとしているとき），犯罪行為に出ることを差し控え，適法行為に出る（適法な態度を維持する）という意思決定ができないような心理状態に陥っていたのであれば，犯罪行為に出ることを決断してしまっても行為者を非難できず，行為者には責任がないという判断が下されることになる。つまり，行為者に責任非難を加えることができるためには，行為者に，「適法行為を選択する」という意思決定をすることが期待できた場合でなければならない。この責任の要件を，適法行為の**期待可能性**という。行為者が意思決定を行った際に，外部の状況により，一定の意思決定を行うことを余儀なくされていた場合（当該状況に抵抗して逆の意思決定に出ることを期待することが酷であり，そのような意思決定を当人に要求することはできない，と考えられる場合）には，この要件が欠け，責任が（超法規的に）阻却されることになる[10]。例えば，行為者が，万引きをしてこなければ極めて激しい暴行を加えると他者から

[10] 期待可能性がなければ責任が阻却される（不可罰とされる），という旨を定めた規定は，刑法には存在しない。しかし，「規範的責任論」（刑事責任の本質は，行為者が犯罪行為に出ないという意思決定をすることもできたはずだ，という点に求められるという考え方）の立場に基づき，通説は「期待可能性の欠如」を，超法規的な責任阻却事由と解している。

脅され，恐怖心から万引き行為に出た場合などが，その具体例として考えられる。

　もっとも，期待可能性の欠如を理由に責任阻却を認めた最高裁判例は見当たらない。「期待可能性の欠如」は，それ自体が独自の「責任阻却事由」として活用されているというよりも，むしろ，過剰防衛における刑の減免（36条2項），過剰避難における刑の減免（37条1項但書）など，責任減少をその内実とした規定の背後にある思想として理解されているのが現状であるといえよう。また，上記の「万引きの強要」の事例では，期待可能性の有無が直接判断される前に，他者から迫っている激しい暴行という現在の危難を避けるために第三者（コンビニ）に害悪を転嫁した行為として，緊急避難（37条）の成否が問題とされることになるだろう（緊急避難については，第**5**章3を参照）。⇒138頁

CHECK

- □ 1　違法性の錯誤とは，行為者にどのような錯誤がある場合か。
- □ 2　違法性の錯誤があった場合に，行為者の故意や責任は認められるか。
- □ 3　事実の錯誤の事例と，違法性の錯誤の事例とは，どのようにして区別されるか。

CHAPTER

第 **7** 章

未 遂 犯

　一般に犯罪は既遂犯として規定されており，それぞれの構成要件を充足しない限り成立しない。ただし，刑法は，既遂に至る前の段階として，犯罪の実行に着手する未遂もまた処罰する規定を置いている。既遂に至っていないにもかかわらず未遂犯が処罰されるのは，基本的に法益侵害の具体的危険を作り出しているからである。これに対して，犯罪の実行に着手しているようにみえても法益侵害の具体的危険のない不能犯は処罰できない。また，行為者が自己の意思で犯罪を取りやめた中止犯については，刑の必要的減免が認められている。

1 総説

> **CASE● 7-1**
> Xは、Yたちとテロを起こして大勢の人を殺害する計画をたて、さらに時限爆弾を製造した。その後、Xは、深夜に時限爆弾を地下鉄入口付近に設置し、朝の通勤時間帯に爆発するようタイマーをセットした。時限爆弾がタイマーに従って爆発したところ、その付近にいたAは重傷を負い、その後、病院に運ばれて治療を受けたが、数日後に死亡した。

> **CASE● 7-2**
> CASE 7-1で設置した時限爆弾に詰められた火薬は、Xが誤って調合したものであり、実際に爆発することはなかった。

> **CASE● 7-3**
> CASE 7-1で設置した時限爆弾が実際に爆発したことを見届けたXは、惨状を目の当たりにして大変なことをしてしまったと思い、爆発の負傷者Bの救護を行った。そのためBは重傷を負ったが死なずにすんだ。

1 未遂犯の意義

一般に犯罪は、**既遂犯**[1]（⇒第 **2** 章 ① **4**）33頁 として規定されており、それぞれの構成要件要素をすべて満たすことによって成立する。これに対して、**未遂犯**は、犯罪の実行に着手したけれども、既遂に至らなかった場合をいう。未遂の態様としては、犯罪の実行に着手したが実行行為の終了に至らなかった**着手未遂**と、実行行為は終了したが既遂に至らなかった**実行未遂**がある。例えば、銃で人を殺そうとして引き金に指をかけたが、その時点で取り押さえられた場合には、殺人の実行行為自体は終了していないために殺人罪の着手未遂となる。これに対して、実際に銃を撃ったが弾が外れたという場合には、殺人の実行行為は既に終了していることから殺人罪の実行未遂と認められる。

[1] 既遂犯において、侵害犯では法益侵害の惹起、危険犯では法益侵害の危険の惹起を要件とする。また、結果犯においては結果が発生すること、挙動犯においては実行行為が完全に終わることをもって既遂となる。

CASE 7-1 では，実際に A が死亡してはじめて殺人罪の既遂となるが，どの段階において殺人罪の未遂が認められるかが問題となる。

さて，結果不発生の事例においては，結果発生の可能性（危険性）がそもそも存在しない**不能犯**（⇒③）と，それが存在する広義の未遂犯がある。広義の未遂犯には，行為者の意思によって犯罪の実行を取りやめた**中止犯**（⇒④）と，行為者にとって意外な障害によって既遂に至らなかった狭義の未遂犯（**障害未遂**）（⇒②）がある。例えば，CASE 7-2 では，時限爆弾が爆発する可能性がなかったことから不能犯と認められるか，CASE 7-3 では，X の救護活動によって被害者 B に死の結果が発生しなかったことから殺人の中止犯となるのかが問題となる。

2　犯罪の発展段階

未遂犯に対して，実行の着手よりも前の段階において，犯罪実行のために 2 人以上の者が相談して計画をめぐらし合意を形成する（謀議をする）ことを**陰謀**，犯罪実行のために準備をすることを**予備**という。したがって，犯罪は，陰謀→予備→未遂→既遂という発展段階をたどることになる。具体的には，CASE 7-1 では，殺人罪において陰謀自体は処罰の対象となっていないが，X が Y たちとテロを起こす計画を立てた点を捉えて陰謀[2]を認めることができる。次に，X が，テロを起こすために時限爆弾を製造することで，殺人予備罪が成立する。

[2] ただし，X と Y たちとの間で謀議がなされ共謀があったとするならば，X と Y たちは殺人罪について共犯（⇒第 **8** 章）の成立が認められうる。

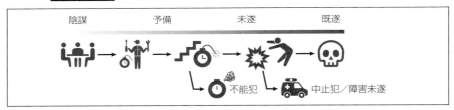

CHART 7.1　犯罪の発展段階

1　総　説

刑法においては，既遂犯処罰が原則とされており，刑法各則に未遂犯の処罰規定が置かれてはじめて未遂犯の処罰が可能となる（44条）。また，未遂犯の刑は任意的に減軽されるにすぎない（43条本文）。予備・陰謀については，重大な犯罪に限ってその処罰[3]が認められている。

3 未遂犯の処罰根拠

既遂に至っていないにもかかわらず，なぜ未遂犯を処罰することができるのか。

かつては，その処罰根拠を行為者の危険性（反社会的性格）に求める**主観的未遂論**が主張されていた。この見解は，危険な意思が外部に現れたことをもって処罰に値する，つまり，その行為者が刑罰による改善・教育の対象になるとしたが，どの時点で処罰することができるのかが不明確である。これに対して，その処罰根拠を行為の危険性に求める**客観的未遂論**が支持を集めている。この見解は，行為それ自体の一般的危険性・規範違反性に着目する考え方（行為無価値論）と，行為によって惹起される法益侵害の具体的危険性に着目する考え方（結果無価値論）に分かれて対立している（⇒第5章 ¶4）。刑法において，未遂犯の刑は既遂犯と比べて任意に減軽されるにすぎないことからすると，行為規範違反性だけでは未遂犯の罪の重さを説明することはできない。むしろ後者の考え方に従って，未遂犯においては，その行為の遂行によって引き起こされる既遂結果発生の可能性の有無を問題とするべきである。そのうえで，事前にその可能性を具体的に予測することができるのかが未遂犯成立の基準になるだろう。

法益保護という観点からは，実際に法益侵害という既遂結果が生じることは望ましくない。したがって，ある行為が遂行される際に，その行為時に存在していた事情を基礎として事前に予測すると，その行為によってある既遂結果が引き起こされる

---

[3] 刑法典上，予備については，放火予備罪（113条），殺人予備罪（201条），強盗予備罪（237条）などが置かれており，陰謀については，内乱陰謀罪（78条），外患陰謀罪（88条），私戦陰謀罪（93条）のみが置かれている。また，テロ等準備罪（組織的な犯罪の処罰及び犯罪収益の規制等に関する法律6条の2）の新設により，ある一定の重大な犯罪については，その計画・準備行為の段階で処罰が可能となった。

可能性が生じるとわかったならば，その行為の遂行は差し控えるべき[4]ということになる。この差し控えるべき事態の始まりが「実行の着手」として把握され，その段階を未遂犯とみなして刑法は介入できると考えられる。

2 狭義の未遂犯

1 成立要件

未遂犯が成立するためには，行為者が犯罪の実行に着手する必要がある。**実行の着手**があることによって，その行為は予備と区別される。さらに，実行の着手によって結果発生の**具体的な危険**が生じてはじめて，未遂犯としての可罰性が認められる。

2 実行の着手

では，どの段階に至れば実行の着手があると判断されるのであろうか。客観的未遂論の立場からは，構成要件の内容を実現しようとする行為が実行の着手であると形式的に理解されることになる（**形式的客観説**）。しかし，殺人罪であれば，人に銃を向けて引き金に指をかける段階，窃盗罪であれば，かばんの中のどこに財布があるのか物色をする段階において未遂犯が成立すると一般的に考えられているが，これらの行為はそれぞれの犯罪の構成要件の内容それ自体を構成するものではない。というのも，実際に引き金を引いて弾丸が発射されなければ人の死亡という殺人罪の結果，また，実際にかばんの中から財布を取り出さなければ財物の占有侵害・移転という窃盗罪の結果は起こりえないからである。判例では，夜間に電気器具店に侵入し，金銭を盗むために，店のタバコ売場の方に行きかけた時点において，窃盗罪[5]の実行の着手を認めたものがある（最決昭40・3・9刑集19巻2号69頁）。この判例も窃取という行為がなされる前の段階において実行の着手を認めたといえる。

[4] 逆に，犯罪の既遂に至る可能性がない，あるいはその可能性を有意に高めることはないと予測されるのであれば，特に刑法が介入する必要がないということになる。

[5] この事案では，その際に店主に発見され，逮捕を免れるために店主を殺害しており，事後強盗殺人罪（238条・240条）の成否が争われた。事後強盗罪の主体は窃盗犯人でなければならず，窃盗犯人が窃盗の機会に殺人を行ってはじめて事後強盗殺人罪の成立が問題となる。この事案において窃盗の着手行為がなければ，単なる殺人罪の成否しか問題にならない。

学説では，構成要件該当行為と密接する行為の開始をもって実行の着手を認める見解がある（密接行為説）。しかし，この見解においても，どの段階で密接行為を認めるのかにつき基準を示すことが求められている。これに対して，既遂結果発生の具体的な危険の発生という実質的な観点から実行の着手時期を判断しようとする見解が有力に主張されている（実質的客観説）。行為の遂行によって引き起こされる既遂結果の可能性こそが未遂犯の処罰根拠である点からすると，この見解は基本的に支持されるべきと思われる。

　ただし，実質的客観説からすると，実際には実行行為（＝構成要件該当行為）がいまだ存在しないにもかかわらず，具体的な危険があるとして相当程度に早く実行の着手が認められてしまうおそれもあるだろう。未遂犯成立による不当な処罰の早期化を回避するためには，その行為が開始されることによって，実行完了・結果発生の段階へと確実的，自動的に至ることが着手未遂の要件になると思われる。判例では，夜間に女性をダンプカーに引きずり込み，その場から数km離れた工事現場に連行してその女性を姦淫した事案において，女性をダンプカーに引きずり込んだ時点において「強姦に至る客観的な危険性が明らかに認められる」として，その時点において強姦[6]罪（現行の強制性交等罪）の実行の着手を認めたものがある（最決昭45・7・28刑集24巻7号585頁）。この事案では，その時点において姦淫行為・結果発生の段階へと確実的，自動的に至る点が危険性を基礎づけているのではないかと思われる。

3　行為意思・計画の考慮

　主観的未遂論によると，犯意の表動（外部に現れること）によって実行の着手を認めることになるが，この立場によると，予備と未遂の区別が不明確になる。というのも，予備行為についても犯意の表動と捉えることができるからである。他方で，客

[6]　この事案では，女性をダンプカーに引きずり込んだ時点において女性は傷害を負わされており，強姦致傷罪（現行の強制性交等致傷罪。181条2項）の成否が争われた。その時点において強姦行為の着手がなければ，強姦致傷罪の成立は否定されるが，その時点では，姦淫のための暴行ではなく，単なる監禁行為が認められるにすぎないともいえる。

観的未遂論によっても，行為の危険性判断に際しては，行為者の主観面として行為意思を考慮するべきとの指摘がなされている。すなわち，人に銃を向けて引き金に指をかけたとして，この段階で実行の着手が認められるのは，次に引き金を引くという意思があることによって結果発生の具体的危険が生じるからだというのである。また，行為者の行為計画を考慮することによって，結果発生に至る確実性，自動性が認められるのであれば，その行為の開始をもって実行の着手とすべきとの指摘もなされている。

ただし，いくら行為意思・計画があったとしても，それが現実の裏づけのない，行為者の単なる願望にすぎないのであれば，結果発生の危険性が具体的に高まることはない。行為意思・計画が，現に存在する物理的法則，社会的経験則[7]に基づいてはじめて結果発生に至る具体的な可能性が生じる。前述 **2** の2つの最高裁判例も，行為者の計画に照らして，行為完了・結果発生に至る客観的な危険性が認められるからこそ，構成要件該当行為を行う前の段階において窃盗罪，あるいは強姦罪の実行の着手が認められたと思われる。

[7] ここでは，銃の引き金を引けば弾丸が発射されるであろう，あるいは，爆発物入りの荷物を郵送すれば，その荷物が宛先に届くであろうといった予測が成り立つかが問われている。

4 早すぎた構成要件の実現

早すぎた構成要件の実現とは，行為者が当初想定した行為が完了する前に，その準備段階において結果が発生した場合のことをいう。この場合，その準備段階の開始において未遂が認められなければ，既遂犯の成立は否定される。既遂犯は，必ず未遂を経て成立するものと考えられているからである。そこで，行為者の行為意思・計画を考慮することによって，その準備段階の開始の時点で実行の着手を認めることは可能であろうか。

例えば，判例では，被害者にクロロホルムを吸引させて失神させ（第1行為），意識のない被害者を近くの港まで運び，自動車ごと海中に転落させて（第2行為）溺死させようとしたが，

被害者の死因は第 1 行為によるものか，第 2 行為によるものか特定することができなかった事案が問題になった（クロロホルム事件）。判例は，第 1 行為が（計画上の）第 2 行為に密接な行為であって，第 1 行為を開始した時点で既に殺人に至る客観的な危険性があると認めて，殺人罪の実行の着手を認め，また，行為者は一連の殺人行為に着手してその目的を遂げたのであるから，第 1 行為によって被害者が死亡していたとしても殺人の故意に欠けるところはないとして殺人罪の既遂が成立するとした（最決平 16・3・22 刑集 58 巻 3 号 187 頁）。この判例では，行為者の行為計画が考慮[8]されて，当初想定されていた第 2 行為の準備段階に当たる第 1 行為の開始の時点において実行の着手が認められたと思われる。したがって，実際には第 2 行為が行われず，第 1 行為によって結果が発生したといえる場合であっても，判例に従えば既遂犯の成立が認められる余地がある。

▶ ただし，実行の着手が認められるからといって，直ちに故意を認めるべきかというとそうではない。行為の危険性の認識，さらに，その行為から結果が発生する認識が具体的に認められてはじめて既遂の故意があるというべきである。したがって，既遂の故意がないという観点から既遂犯の成立を否定し，せいぜい未遂犯の成立を認めるべきか，または故意犯の成立を否定したうえで，結果的加重犯，あるいは過失犯の成立を認めるべきか検討しなければならない。また，準備段階から結果が発生した経過に異常性があるならば，因果関係の錯誤（⇒第 3 章 ② 3〔80 頁〕）という観点から故意の阻却を検討する必要もある。

5 具体的危険の発生

通常の場合であれば，実行の着手に至れば，直ちに結果発生の具体的な危険が生じて未遂犯として可罰的になる。しかし，行為者の行為自体が完了しても，結果の発生が時間的，場所的に離れている[9]場合に，結果発生の切迫性をもってはじめて未遂犯が成立するというべきであろうか。判例では，毒薬を混入

[8] 行為者の主観面としての行為意思・計画が考慮されるべきというのであれば，第 2 行為の開始こそが実行の着手に当たるというべきである。しかし，そのように理解しないのは，失神させた被害者を近くの港に連れて行って海中に転落させることが第 1 行為の段階において具体的に予測できるからではないだろうか。

[9] いわゆる離隔犯と呼ばれるものである。原因において自由な行為（⇒第 6 章 ③），間接正犯（⇒第 8 章 ②）においても同様な問題が起こりうる。

した砂糖をお歳暮として小包郵便により送付した事案において、この砂糖を被害者が受領した段階において同人またはその家族が食べることのできる状態に置かれたとして、実行の着手を認めた[10]（大判大7・11・16刑録24輯1352頁）。

　結果発生の切迫性を必要とする見解は、この判例の結論を支持することになる。しかし、結果発生に至る確実性、自動性を問題にする立場からは、結果発生の切迫性は未遂犯成立にとって必要不可欠な条件とはいえない。したがって、行為者の行為が開始されることによって、あるいはその後、実行行為が完了することによって結果発生に至る確実性、自動性が認められるのであれば、その時点において未遂犯の成立を認めるべきである。ただし、行為者の行為が完了したとしても、結果発生が不確実であれば、結果発生が切迫し、その確実性が認められる時点において未遂犯の成立が認められるべき場合もあるだろう。

　そでCASE 7-1を検討してみると、結果発生の切迫性が必要不可欠とする立場によれば、爆発時刻に近づいてはじめて未遂犯の成立を認めることになろう。他方で、結果発生に至る確実性、自動性を問題にする立場によれば、時限爆弾を設置した時点でタイマーに従って爆発することが確実的、自動的であるならば、その時点で未遂犯の成立を認めることになる。

　後者の立場からすると、ある行為の開始から実行行為の完了が確実的、自動的であるならば、その行為の開始の時点で「実行の着手」を認め、また、その行為の開始から実行行為の完了

[10] 判例は、具体的な危険の発生をもって実行の着手があると判断していることになる。これに対して、実行の着手の存否と具体的な危険の発生の存否は別の問題であると理解するならば、危険の発生は未遂犯の成立にとって「書かれざる構成要件要素」ということになる。

CHART 7.2　「具体的危険の発生」時期

2　狭義の未遂犯

を経て結果発生に至ることが確実的，自動的であるならば，その確実性，自動性が認められる時点で「具体的な危険」が発生したとして未遂犯として可罰的となる。このように，確実性，自動性という基準は，「実行の着手」時期という未遂犯の始点を設定し，また，「具体的な危険の発生」時期という未遂犯の結果を設定することになる。

3 不能犯

1 意義

不能犯とは，行為者が犯罪の実行に着手したつもりであったが，およそ結果発生の可能性がない場合をいう。不能犯は，危険の発生がないために未遂犯として処罰されない。例えば，XがAを呪い殺そうとして大声で何かの呪文を唱えていたとしても，それだけではAが死ぬ可能性はないので，Xは殺人の未遂犯として処罰されることはない。

不能犯の態様としては，現実には行為客体が存在しない**客体の不能**，行為者が選択した手段が結果発生に適していない**方法の不能**，身分犯[11]において身分がないにもかかわらず身分があると誤信して行為に出た**主体の不能**がある。例えば，客体の不能では，死体であるにもかかわらず生きていると勘違いしてナイフで刺す場合に，方法の不能では，**CASE 7-2**のように，爆弾を製造して設置したがおよそ爆発する可能性がない場合に，殺人罪の未遂を認めることはできるであろうか。また，主体の不能では，ある会社員がその会社の事務処理者ではないにもかかわらずその身分があると誤解して任務違背行為を行った場合に，背任罪[12]の未遂を認めることはできるであろうか。

2 未遂犯と不能犯の区別

問題になるのは，未遂犯と不能犯をどのように区別するのか

[11] ある一定の身分があることによってはじめて犯罪が成立したり，刑の加減が認められたりするものを身分犯という（⇒29頁）。

[12] 事務処理者が図利加害目的をもって任務違背をなし，財産上の損害を発生させた場合に背任罪（247条）の成立が問題となる。具体的な事例では，銀行の融資業務を担当する銀行員が，融資先に十分な担保がないにもかかわらず，その融資先に融資を実行し，その後，その融資先が倒産して融資金を回収できなかった場合に背任罪の成立が想定される。

である。主観的未遂論では，行為者の危険性の有無をいかに判断するのか，客観的未遂論では，行為の危険性の有無をいかに判断するのかが問われることになる。

　主観的未遂論の立場からは，行為者が認識した事情をもとに，行為者が危険と感じる場合に（**主観説**），あるいは，行為者が認識した事情をもとに，一般人が危険を感じる場合に（**抽象的危険説**），未遂犯の成立を認める。これらの学説によると，例えば，行為者が砂糖を致死作用のある毒薬と誤信して人に投与した場合，その行為者が誤信した事情を行為者自身，あるいは一般人が危険であると感じる限り，殺人罪の未遂犯が成立する。ただし，砂糖を砂糖であると認識して健康な人に適量に投与しても殺人罪の未遂犯にはならないのであるから，これらの学説は，ある粉末に致死作用があってこれを人に投与しようとする行為者の意思を捉えて処罰するに等しい。しかし，単なる主観的な意思は可罰性の根拠とすることはできない。刑法にとって望ましくない外界への影響，つまり，未遂犯では客観的な危険性の発生が可罰性の根拠となるというべきである。

　それでは，行為の危険性はどのような事情をもとに判断されるべきなのであろうか。通説的な見解は，一般人が認識することができた事情および行為者が特に知っていた事情をもとに，一般人が危険を感じる場合に未遂犯の成立を認める（**具体的危険説**）。この見解によると，上述の具体例において，行為者の認識にかかわらず，行為者によって人に投与された粉末が砂糖であると一般人が認識することができるのであれば，「砂糖を人に投与した」ということが判断基礎となる。ただし，一般人の認識可能性によって，どのような事情が判断基礎に取り込まれるのかは不明確である。例えば，殺人罪において，行為客体が生きているのか否か，あるいは行為の手段が死亡結果をもたらす性質をもつのか否かが一般人にとって判然としない場合，どのような事実が判断基礎となるのであろうか。また，一般人

に知られていない殺害手法がとられた場合に，行為の危険性がないと判断することは不当であろう。したがって，この見解は，一般人にとって認識することができなくとも，行為者が特に認識している事情を判断基礎に取り込むとする。しかし，例えば，人に投与した粉末に致死作用があることを一般人が認識できなかっただけでなく，行為者も認識していない場合に，その投与行為の危険性を否定[13]することは奇妙である。

以上からすると，一般人が認識することができるのか否か，行為者が認識していたか否かにかかわりなく，基本的には行為時に存在していた客観的事情[14]をもとに，一般人が危険を感じるのであれば未遂犯の成立を認めるべきであろう（**客観的危険説**）。客観的な危険性の判断をめぐっては，結果が発生しなかった場合に，結果惹起をもたらすべき仮定的事実が存在する可能性があるのであれば，そこに具体的危険の発生を認めるべきとする見解がある（**修正された客観的危険説**）。例えば，「方法の不能」が問題となる CASE 7-2 について，客観的危険説によると，およそ爆弾が爆発する可能性がなければ危険の発生は認められず，未遂犯の成立が否定されることになる。これに対して，修正された客観的危険説によると，Ｘが爆弾の製造に成功するという仮定的事実が存在する可能性があったのであれば危険の発生を認め，未遂犯の成立[15]を認めることになる。

▶ しかし，修正された客観的危険説は，未遂犯成立に必要な具体的危険性を「結果発生の可能性」ではなく，「結果発生の危険性の可能性」として理解している点が問題になるだろう。例えば，本物のけん銃と取り違えて殺傷能力のないモデルガンを殺害手段として用いたという場合，（仮定的な）実行の着手時期から遡って本物のけん銃を現場に持参することができたのかを問うことになる。しかし，（仮定的な）実行の着手時期を遡れば遡るほど，恣意的に仮定的事実を設定することができるのであるから，そのようなありえたかもしれない事実に従って危険性判断を行うのは結論の先取りになりかねない。CASE 7-2 では，実際に爆弾が爆

[13] 過失犯の成立においても，行為の危険性とそれに基づく結果の実現が必要であるならば，予見可能性の有無を問うまでもなく過失犯の成立が否定されることになる。

[14] 裁判時に認定される限度において，その事情が判断基礎に取り込まれることになる。ただし，このことは，事後的な危険予測判断を意味しない。結果が発生しなかったからそもそも危険はなかったとすることはできないのである。

[15] 修正された客観的危険説には，死体にナイフを刺すといった「客体の不能」に関する事例についても，その客体が生きていたという仮定的事実の存在可能性を検討するべきとする立場がある。

CHART 7.3 危険性の有無の判断

		判断基礎に入る事情	誰が危険を感じるか
主観的未遂論	主観説	行為者が認識した事情	行為者
	抽象的危険説		
客観的未遂論	具体的危険説	一般人が認識できた事情，および，行為者が特に認識していた事情	一般人
	客観的危険説	行為時に客観的に存在した事情	

発する可能性がない限り，殺人罪の未遂としての可罰性は認められないし，その爆弾の設置行為を差し控えるべきともいえないだろう。

3 判例の動向

判例は，基本的に，認定された客観的な事情をもとに危険の有無を判断しているように思われる。例えば，「方法の不能」が問題となった事例について，被害者を殺害するために硫黄粉末を服用させた場合では，殺害の結果を惹起することが絶対に不能であったとして殺人未遂罪の成立を否定した（大判大6・9・10刑録23輯999頁）。他方で，被害者を殺害するために，その静脈に空気を注射したが，その量が致死量に達していなかった場合では，空気の量が致死量以下であったとしても，被害者の身体的条件などその他の事情によっては死の結果発生の危険が絶対にないとはいえないとして殺人未遂罪の成立を認めた（最判昭37・3・23刑集16巻3号305頁）。下級審判決では，警察官から奪ったけん銃をその警察官に向けて引き金を引いたが，その銃には弾が装塡されていなかった場合に，勤務中の警察官が携帯するけん銃には常時，弾が装塡されているべきものと一般社会に認められていることから，たまたまその銃に弾が装塡されていなかったとしても，殺害の結果をもたらす可能性があったとして殺人未遂罪の成立を認めたものがある（福岡高判昭28・11・10高等裁判所刑事判決特報26号58頁）[16]。

[16] この判決では，警察官が携帯していたけん銃という具体的な事情に着目して危険の有無を判断していることから，この判決に基づき「弾の入っていない銃」の引き金を引くことに危険があると一般化することはできない。

「客体の不能」が問題になった事例については，下級審判決ではあるが，別の行為者によって銃撃された被害者に対して，とどめを刺すために日本刀で突き刺したが，その刺突時点では既に被害者は死亡していた場合に，専門家の間でもその生死の判断が分かれるほど生死の限界が微妙な案件であって，一般人もその死亡を知りえないのであるから，その行為に死の危険を感じることは当然であるとして殺人未遂罪の成立を認めたものがある（広島高判昭 36・7・10 高刑集 14 巻 5 号 310 頁）[17]。

[17] この判決でも，被害者の生死が確定しがたかったという具体的な事情に着目して危険の有無を判断していることから，「人体らしい物体」，「生きているようにみえる死体」に加害行為に及べば危険があると一般化することはできないように思われる。

4 中止犯

1 意 義

中止犯（**中止未遂**）とは，犯罪の実行に着手したが，自己の意思により犯罪を中止したことをいう（43条但書）。例えば，相手を射殺しようとしてけん銃の引き金に指をかけたが，にわかに改心して撃つ前にけん銃をしまった場合のように，犯罪の実行の完了前に実行行為それ自体をとりやめる**着手中止**や，CASE **7-3**（⇒192頁）のように，犯罪の実行は完了したが，結果が発生する前にその発生を防止する**実行中止**が中止犯となる。

未遂犯（障害未遂）が成立しても，その効果は刑の任意的減軽となるにすぎないが，中止犯が成立すると，その効果は刑の必要的減軽または免除[18]となる（⇒第11章 6）。

[18] なお，中止犯が成立する場合，その際に生じた結果（例えば，殺人未遂における傷害の結果）については，それも含めて中止犯において評価される限り，別途犯罪の成立を認めて処罰する必要はないと考えられている。

2 中止犯の法的性格

(1) 刑の減免を認める根拠

未遂犯においても，中止犯においても，結果発生の危険が生じているにもかかわらず，なぜ中止犯はより有利に扱われるのであろうか。その根拠については，刑事政策的な観点から説明する見解と，犯罪論的な観点から説明する見解がある。

(2) 刑事政策的な観点

まず，**刑事政策説**は，中止犯の規定について，刑の必要的減免という褒賞を約束することにより，行為者に対して犯罪の中止を奨励しようとするものと理解する。つまり，いったんは成立した未遂犯について，事後的な中止行為によってその評価を変えることはできず，刑の必要的減免という効果は，犯罪結果の防止という刑事政策的な理由に基づくものであるという。この見解に対しては，国民の多くは中止犯の規定を知らない，また，刑の減免[19]にとどまるのであれば中止を奨励する効果が上がらないとの批判がなされてきた。しかし，国民の多くが当該規定の委細を知らなくとも中止犯が寛大に扱われているとの認識がありさえすればよく，また，形成される処断刑（⇒第11章⑥）が軽くなることが約束されているのであれば一応は犯罪の中止を行う動機となりうるのではないかと思われる。むしろ問題となるのは，他にも政策的な理由によって刑の任意的減軽を認める規定（例えば，自首に関して42条1項）があるにもかかわらず，なぜ中止犯の場合にだけ特に刑の必要的減免が認められるのか，さらに，刑の減軽か免除かを選択する基準を刑事政策説は導き出すことができないのではないかという点である。刑事政策的な観点だけから説明することができないのであれば，さらに犯罪論的な観点もあわせて考慮する必要が生じる。

> ▶ 刑事政策説に関連して，刑法の目的が刑罰による犯罪の抑止を図る点にあるのに対して，中止犯の規定趣旨は刑の減免による犯罪の中止を図る点にあるという観点から，中止犯について，いわゆる「**裏返しの理論**」が主張されている。この見解は，中止犯の成立を認めるために，中止行為と中止結果，その間における因果関係（⇒3 (2)）が客観面において必要であり，また，中止行為の任意性（⇒4），中止故意（⇒3 (1)）が主観面において必要であることを説明できるとする。すなわち，犯罪行為とその結果，その間における因果関係，故意などといった，犯罪の成立要件を裏返

271頁

[19] ドイツ刑法のように，中止犯が成立すると，未遂犯として処罰しないという立法例もある。

したものとして、中止犯のそれぞれの成立要件が要求されるとする。

(3) 犯罪論的な観点

そこで、**法律説**は、違法減少ないしは責任減少という観点から、中止犯の法的性格を説明しようとする。つまり、違法性という観点からは、行為規範違反の程度が弱まったこと、あるいは主観的違法要素としての故意が撤回されたこと、行為者自らが法益侵害の危険を消滅させたことに基づいて、違法減少を導き出すことができるとされる。しかし、違法評価の対象を規範違反的な態度とするか、あるいは法益侵害・危殆化に尽きるとするか、いずれにしても、それらに対する評価は事後的に変更・消滅[20]することはない。これに対して、責任という観点からは、中止行為を行った行為者に対する非難の程度が弱まったことに基づいて、責任減少を導き出すことができるとされる。責任評価の対象も未遂行為時点における事情に狭く限定するのであれば、事後的な中止行為によってその評価が左右されることはありえないことになろう。しかし、責任の領域において、その行為に至る志向的な態度と、その行為を遂行してしまったことに対する回顧的な態度もあわせて広く捉えることができるのであれば、中止犯の法的性格を責任減少に関連づけることは可能と思われる[21]。

3 中止行為

(1) 中止行為の意義

中止犯が成立するためには「犯罪を中止した」ことが必要である。**中止行為**については、行為の遂行を取りやめる不作為で足りる場合もあれば、結果を回避するために積極的な作為が必要とされる場合もある。いずれの場合も、結果発生に至る因果

[20] 共犯の従属性（⇒第8章①2）を前提とすると、違法減少は連帯的に作用するはずであるが、刑の減免は他の共犯者には及ばないと考えられている。

[21] 犯罪論的な観点だけでなく刑罰の目的という観点からさらに検討すると、中止行為が行われることによって法益尊重意識の回復が認められるとして、処罰の必要性の程度が低下したとも考えられる。

の流れを遮断することが必要である（**因果関係遮断説**）。さらに，自らの中止行為によって結果の発生を妨げたことを認識する必要がある（中止故意の必要性）。例えば，被害者が既に死亡したと誤信して，それ以上の殺害行為を行わなかった場合，行為者には，殺害行為の遂行を取りやめることによって，死亡結果の発生を回避したという認識がないのであるから，行為者に対して，刑の減免という恩典を与える実態がないと考えられる。

▶ 一般的には，実行行為が終了していない場合には，その実行行為を取りやめること，実行行為が終了している場合には，結果発生を回避するための積極的な作為をなすことが中止行為として必要であると解されている。しかし，行為者の計画によってさらなる行為が予定されていたとしても，結果発生に至る因果の流れが既に生じているのであれば，その流れを止める積極的な措置が必要であり，他方，客観的には行為の遂行がなされていたとしても，さらなる行為の遂行がなければ結果発生に至る因果の流れが具体的に生じることはないのであれば，そのさらなる行為の遂行を取りやめれば十分であると解される。

具体例で考えてみると，被害者を射殺するために銃の引き金に指をかけ，1発撃ったが，その弾は被害者に当たらなかったという場合，2発目の銃撃行為を取りやめる[22]ことによって中止行為が認められる。この場合は，さらなる発射行為がなければ結果発生に至る因果の流れが生じないからである。これに対して，CASE 7-3のように，爆弾が爆発した結果，被害者が負傷している場合，行為者自身が救命措置を行うか，あるいはそれが無理であれば救急車を呼んで病院に搬送し，その結果，被害者が一命をとりとめてはじめて中止行為が認められる。この場合，そのまま放置すれば結果発生に至る因果の流れは止まらないからである。

[22] 銃に弾が1発しか入っておらず，2発目の銃撃行為が想定されていなかったとしても，その他の殺害手段がとれる限りにおいて，その殺害手段をとらないという態度があれば中止行為として十分と思われる。

(2) 中止行為と結果不発生との因果関係

①結果発生に至る危険が生じていたが，中止行為とは無関係

に結果発生が阻止された場合，あるいは，②中止行為の時点で結果発生に至る危険が存在していなかったが，そのことを知らずに行為者が（仮定的な）中止行為を行った場合は，どちらも中止行為の有無にかかわらず結果は発生しない。これらの場合においては，中止行為と結果不発生との間に因果関係を認めることができないが，それにもかかわらず中止犯を認める余地があるだろうか。

　前者①の場合について，例えば，殺害行為によって被害者が重傷を負ったところ，行為者が翻意して救急車を呼びにいったが，その間に第三者によって被害者が病院に運ばれた場合が問題になる。この場合は，救急車を呼びにいく行為によって結果発生に至る危険は消滅していないのであるから，そもそも中止行為があったと評価することはできない。また，②の場合について，実行行為の段階において既に不能犯（⇒3）と評価される場合であれば，中止犯を論じるまでもなく未遂犯としては不可罰である。これに対して，実行の着手段階では未遂犯として可罰的となる危険が生じたが，事後的な観点からは結果発生に至る因果の流れは生じていなかったという場合はどうであろうか。例えば，被害者に銃を撃った結果，弾が命中し被害者はけがを負うことで殺人未遂となったが，結果的に死に至る危険はなかった場合において，結果発生の危険を知らずにそのけがの治療を行ったとしても，これを中止行為と評価することはできない。むしろ，この場合は，さらなる実行行為の遂行を取りやめたというだけで中止行為を認めるのに十分であり，最終的には中止行為の任意性の有無によって中止犯の成否を検討すれば足りると思われる。

(3) 他人の助力と真摯な努力

　中止行為は基本的に行為者自らによってなされるべきである。しかし，行為者自身だけでは結果の発生を防ぐことが困難であ

る場合，行為者が他人の助力を求めたとしても直ちに中止行為の存在を否定することにはならない。例えば，病院に搬送して医師による治療を受けさせること，あるいは，行為者自らによる病院への搬送が困難であれば，通報することによって警察官や救急隊員[23]に救急措置をとってもらい，病院に搬送してもらうことも，結果発生の危険性を除去するにあたって相応しい行動をとったといえる。これに対して，行為者自らが結果発生を防止したことと同視しうる「**真摯な努力**」を要求することも考えられる。たしかに，放火をした後に，隣人に向かって「放火したので，よろしく頼む」と叫んで走り去っただけでは中止行為の存在を否定するべきである（大判昭 12・6・25 刑集 16 巻 998 頁）。この場合，結果発生を防ぐ適切な措置をとることが第三者に丸投げされており，行為者自らが中止行為を行ったと同視することができないからである。ただし，中止行為においては，結果発生の危険性の除去が端的に問われているのであるから，真摯な努力の内容として，危険性を除去すること以上の負担や，倫理的・道徳的な負担を求めることは適当ではない。例えば，被害者を病院に搬送した後，医師に対して，自らが犯人であること，どのような状況で被害者のけがが発生したのかということ，行為者自ら治療等について経済的負担を負うと約束することなどを伝えなかった場合に，真摯な努力が行為者になかったとして，中止犯の成立を否定した下級審判決がある（大阪高判昭 44・10・17 判タ 244 号 290 頁）。しかし，自らが犯人であることや経済的負担を負う旨を伝えることまでを中止行為の内容として要求することは疑問である。

[23] 警察官，救急隊員の臨場が直ちには難しいのであれば，周りにいる第三者に協力を求めることも考えられる。

4　任意性

(1) 任意性の意義

中止犯が成立するためには「自己の意思により」犯罪が中止

されなければならない。自己の意思によらず，外部的な事情によって犯罪を中止した場合，その中止行為は任意的なものとはいえない。したがって，中止行為に**任意性**があってはじめて中止犯が成立する。

(2) 任意性の判断基準

　任意性の有無を判断する基準については，主観説，限定主観説，客観説といった見解が主張されている。主観説は，外部的な障害による場合，あるいは外部的な障害を認識して中止した場合に任意性を否定する。中止犯の法的性格を責任減少に結びつける見解からすると，行為者の内部的な態度に着目するこの基準は基本的に妥当なものといえる。ただし，何が行為者にとって「外部的な障害」になりうるのかは明らかではない。そこで，「やろうと思えばできたが，やらなかった」場合が中止犯となり，「やろうと思っても，できなかった」場合が通常の未遂犯となると区別することができる（いわゆる「**フランクの公式**」）。この基準によると，犯行の現場に警察官がやってきたと思って，それ以降の犯行を取りやめた場合には，（実際には警察官がきていなかったとしても）自己の意思によって犯罪の実行を中止したとはいえないことになる。

　次に，限定主観説は，犯罪の中止に至った動機の性質に着目し，広い意味で後悔[24]を認める場合に限り，中止行為の任意性を肯定する。**CASE 7-3**のように，行為者が「大変なことをしてしまった」と後悔している場合にはじめて任意性を認めるのである。したがって，例えば，他人の財布から現金を抜き取ろうとしたが，その財布に現金がほとんどなくて抜き取ることをやめた場合には，任意性を否定することになる。たしかにこの場合に中止犯の成立を認めることは妥当ではない。しかし，行為者の内部的な態度として，倫理的・道徳的な反省を求めることは刑法の役割を超えており，過剰な要求である。規範意識の

[24] 反省や悔悟，同情，憐れみの気持ちがあれば，行為者は広い意味で後悔をしているといえる。

覚醒があってはじめて責任非難は減少するとはいえるが，そこでいう規範意識の覚醒とは，法益尊重意識の回復を意味するというべきである。したがって，外部的な障害を認識していないことを前提に，他人の法益を尊重するという内部的な態度を中止行為から読み取ることができるのであれば任意性を認めるべきである[25]。上述の具体例のように，他人の財布に現金がほとんどなかったために，その財布から現金を抜き取ることをやめたという場合には，「他人の物を盗むべきではない」という法益尊重意識の回復が認められない。それゆえ，窃取行為を取りやめたとしても，中止行為の任意性は否定されるべきである。

　主観説，限定主観説に対して，客観説は，犯罪を中止した原因について，社会通念に照らして通常障害となるといえる場合に任意性を否定し，そうとはいえない場合に任意性を認める。この基準は，中止犯の法的性格を違法減少に結びつける見解に親和的であるとみられている。判例では，放火をしたところ犯行の発覚を恐れて消火した場合に，犯罪の発覚を恐れることは経験上一般に犯罪の遂行を妨げる事情であるとして（大判昭12・9・21刑集16巻1303頁），また，被害者を殺害するためにバットで殴打したところ，被害者が頭部から血を流して苦しんでいるのをみて驚愕恐怖し，その後，殺害行為を続行できなかった場合に，犯罪の完成を妨害するに足る障害があったものとして（最決昭32・9・10刑集11巻9号2202頁），いずれも任意性を否定している。このように判例は，客観説を採用しているようにみえるが，社会通念や経験則に照らして，どのような場合に犯行の障害となるのかは明確に導き出すことはできないと思われる。任意性があくまで行為者自身の主観的な問題にとどまるのであれば，社会通念や経験則は行為者の内心の状態を推認する手がかりとして考慮すれば足りるように思われる。

---
[25] このような意味での規範意識の覚醒は，任意性を認めるための必要条件ではないという指摘もある。しかし，刑の必要的減免を認めるだけの責任減少があるというためには，法益尊重意識の回復が要求されるべきであろう。

CHECK

- [ ] 1 犯罪は既遂に至るまでどのような発展段階を経るであろうか。
- [ ] 2 結果が発生していないにもかかわらず，未遂犯として処罰することができるのはなぜであろうか。
- [ ] 3 実行の着手はどのような基準からどの時点において認めることができるか。
- [ ] 4 およそ結果発生の可能性がない場合に，不能犯となって未遂処罰が認められないのはなぜであろうか。
- [ ] 5 結果発生の可能性がないにもかかわらず，未遂犯として処罰することができる場合はあるであろうか。もしできるとすれば，どのような基準からどのような場合に処罰することができるであろうか。
- [ ] 6 自己の意思により犯罪を取りやめて結果が発生しなかった場合に，中止犯として刑の減免が認められるのはなぜであろうか。
- [ ] 7 中止犯として認められるために，結果発生の危険性を除去する措置を自ら行う必要はあるであろうか。また，そのこと以上の措置を負担する必要があるだろうか。
- [ ] 8 中止行為の任意性は，どのような基準によって認めることができるであろうか。

CHAPTER

第8章

共　犯

　犯罪を実現する者のことを正犯という。正犯には，自らの手で犯罪を実現する直接正犯と，他人を利用して自己の犯罪を実現する間接正犯がある。他方で，犯罪は常に単独で実現されるわけではなく，2人以上で共同して犯罪を実現する場合があり，このことを共犯という。共犯には，2人以上が共同して犯罪を実現する共同正犯，他人に犯罪を行うよう唆す教唆犯，他人を手助けすることによって犯罪の実行を容易にする従犯（幇助犯）がある。また，共犯の問題として，共犯の間に錯誤がある場合，身分者・非身分者の間で共犯になる場合，共犯の間に過失しかない場合，犯罪の遂行過程の途中から参加する承継的共犯の場合，逆に犯罪の遂行過程の途中で離脱する共犯からの離脱の場合の処理を検討しなければならない。

1　総説

CASE● 8-1
❶ Xは，毒薬をAに注射してAを殺害した。
❷ 医師Xは，毒薬とすり替えた注射器を看護師Yに渡して，患者Aに注射するよう指示したところ，その事実を知らないYがそのままAに注射して，Aは死亡した。

CASE● 8-2
❶ XとYは，ともにAを殺害することを計画し，Aが自宅を出たところを狙って，まずXがナイフで刺し，そこで倒れたAをYが銃撃した結果，Aはその場で死亡した。
❷ Xは，Yに対してAを殺害するよう依頼したところ，Yはそのことを承諾してAを殺害した。
❸ YはAを殺したいと日頃から思っていたが，そのことを知ったXがYにけん銃を提供したところ，Yはそのけん銃を使用してAを殺害した。

1　正犯と共犯の類型

正犯と共犯の類型は，**CHART**8.1のように表すことができる。

　ここで，**正犯**とは，犯罪を遂行する者のことをいい，特に**単独正犯**とは，行為者が「単独」で犯罪を遂行する場合のことをいう。正犯において，行為者が自らの手によって犯罪を実行する場合のことを**直接正犯**といい，行為者が他人を利用して自己の犯罪を実行する場合のことを**間接正犯**という。

　ところで，犯罪は常に単独で遂行されるわけではない。(単独)正犯に対して，2人以上で犯罪を遂行する者のことを**共犯**という。共犯にはいくつかの類型がある。例えば，2人以上が共同して犯罪を実行する場合のことを**共同正犯**という。これに対して，他人を唆してその他人に犯罪を実行させる場合のこと

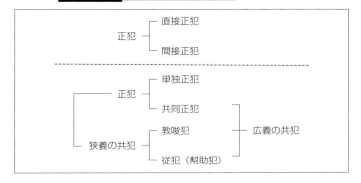

CHART 8.1 正犯と共犯の分類

を**教唆犯**といい，また，正犯を手助け（幇助）して，その犯罪の実行を容易にする場合のことを**従犯（幇助犯）**という。

　正犯として処罰される場合には，あえて共犯として処罰されることはない。したがって，正犯として処罰されない場合に，はじめて共犯として処罰されるかが検討される。この意味で，「犯罪の実行」という正犯的な側面がなく，「2人以上による犯罪の遂行」という共犯的な側面しかないものは「狭義の共犯」である。教唆犯と従犯は，犯罪の実行に直接的に関与しておらず，正犯を介して犯罪を遂行する点において「狭義の共犯」に属する。これに対して，正犯的な側面の有無を問わず，共犯的な側面があるものは「広義の共犯」である。共同正犯は，犯罪の実行に直接的に関与している点において「狭義の共犯」とはいえないが，2人以上が共同して犯罪を遂行している点において「広義の共犯」に属する。また，共同正犯は，単独正犯（本来的な正犯）とはいえないが，2人以上が共同して「犯罪の実行」に関与している点では正犯的な側面を有しており，「広義の正犯」に属するといえる。したがって，共同正犯には，正犯性と共犯性という二面的な性格がある。

　以上のような正犯と共犯の類型を具体例で確認してみると，CASE 8-1 ❶では，Xが1人で殺人罪を遂行しており，（単独）正犯であるといえる。また，この場合，Xは，自らの手で殺

人罪を実行しているのであるから，直接正犯である。これに対して，CASE 8-1 ❷では，Xは，事情を知らないYを利用して，Aの殺害という自己の犯罪を実行しているのであるから，間接正犯である。

他方で，CASE 8-2 のそれぞれの具体例では，XとYが共同して殺人罪を遂行しており，共犯といえる。その中において，CASE 8-2 ❶では，XとYが共同して殺人罪を実行しており，XとYは殺人罪の共同正犯といえる。また，CASE 8-2 ❷では，XがYを唆して殺人罪を実行させているのであるから，Xは殺人罪の教唆犯である。CASE 8-2 ❸では，XがYにけん銃の提供という手助けをすることによって，YによるAの殺害を容易にしているのであるから，Xは殺人罪の従犯（幇助犯）である。

2 正犯と共犯との関係

(1) 共犯の従属性

例えば，CASE 8-2 ❷において，XがYに殺害を依頼した段階で，CASE 8-2 ❸においては，XがYにけん銃を提供した段階で，直ちにXを殺人（未遂）の共犯として処罰することは妥当であろうか。一般的にみて，ある一定の法益侵害の具体的危険がなく，正犯の実行行為がない段階で共犯の処罰を認めるのは，刑法の介入が過度に早くなるおそれが生じる[1]。正犯には共犯と比べて重く処罰されるべき実態があると考えると，正犯の実行行為があって正犯の可罰性が認められた後に，はじめて共犯の可罰性を検討すれば足りる。この意味で，共犯は正犯に従属するのであり，正犯の可罰性（実行行為）に関係するものとして共犯の可罰性を検討しなければならない。

[1] 未遂犯の処罰は，実行の着手があった段階で認められるのであるから（⇒195頁），正犯による実行の着手前に共犯の処罰を認めると，正犯の可罰性がないにもかかわらず，共犯の可罰性を肯定することになってしまう。

(2) 共犯の処罰根拠

　正犯の可罰性が認められて，はじめて共犯の可罰性を検討するとしても，そもそも共犯の処罰根拠が問題となる。例えば，共同正犯においては「一部実行全部責任」が認められており，共同正犯において実行行為の一部であっても関与しているのであれば，共同して実行された犯罪の結果全体につき帰責される。CASE 8-2 ❶では，被害者であるAの息の根を止めたのはYであって，Xではないにもかかわらず，Xもまた殺人既遂の共同正犯になる。また，教唆犯，幇助犯においては，そもそも犯罪の実行を分担していないにもかかわらず，犯罪の結果全体について帰責される。このように，共犯において，自らが直接的に犯罪結果を引き起こしていないにもかかわらず，その犯罪結果につき刑事責任を問われるのはなぜであろうか。

　まず，責任の有無は行為者ごとに判断されるべきであるとすると，他人に犯罪行為を行わせたからといって，直ちにその犯罪について自分の責任が認められるわけではない。また，違法性の有無はそれぞれの行為者にとって共通の前提問題になるとしても，その違法性を基礎づける犯罪結果の惹起について，自分の関与と関連性がないのであれば，その犯罪結果について自分の関与が違法性を帯びると評価することもできないであろう。したがって，問題となるのは，他人の犯罪行為を介して自己がどのような犯罪結果を作り出そうとしたかにあるといえる。つまり，共犯の行為の因果性が正犯の行為を通じて，犯罪結果の実現に影響を及ぼしているのか[2]が検討されなければならない。この立場からすると，共犯が他の正犯の行為を通じてともに犯罪結果を惹起したことが共犯の処罰根拠となる（**惹起説**）。したがって，自らの行為が直接的に犯罪結果を生じさせたわけではない場合であっても，共犯が認められる限度において，その犯罪結果全体について責任が問われうる。

[2] このように，犯罪結果に対する共犯の因果性に着目する見方を**因果的共犯論**という。なお，その因果性については，正犯に武器を与えるなど，犯罪結果の実現にとって物理的因果性が問題になる場合と，犯罪実現に向けて正犯を説得・激励することなど，犯罪結果の実現にとって心理的因果性が問題になる場合がある。

ただし，以上のように処罰根拠を理解したとしても，共犯に位置づけられる共同正犯と，同じく共犯に位置づけられる教唆犯，従犯を直ちに区別することはできない。ここでは，正犯にも位置づけられる共同正犯の性質をさらに確認する必要がある。

(3) 正犯と共犯との区別

ある行為者の振る舞いに正犯性が認められる場合，1人の者が単独で犯罪を実行すれば単独正犯となり，複数の者が共同して犯罪を実行すれば共同正犯となる。そこで，このような単独正犯，共同正犯といった正犯性が認められる場合と，教唆犯，幇助犯といった正犯性がなく，共犯性しかない場合（狭義の共犯）との区別が問題になる。

まず，自己のために犯罪を行った者が正犯であり，他人のために犯罪を行った者が共犯であるとする見解がある。この見解は，客観的に犯罪結果に条件を与えた点では正犯と共犯を区別することはできないとして，行為者の主観を基準として正犯と共犯の区別をしようとする。しかし，利他的な動機から犯罪を行った場合や，主体性なく犯罪を行った場合に直ちに正犯性を否定することはできない[3]。

主観面から正犯と共犯を区別することができないとすると，行為の客観面にも着目して両者を区別するということになる。しかし，実行行為を行った者が正犯であり，それ以外の行為を行うことによって犯罪の実現に関与する者が共犯であると形式的に区別することもできない。というのも，どのような基準によって形式的に実行行為を認めるべきなのかが必ずしも明らかではないからである。そこで，実質的な観点から，犯罪結果へと危険が実現する過程を支配している場合，あるいはそのような犯罪実現過程において重要な役割を果たしている場合に正犯性を認めることが考えられる。この見地からは，直接的には犯罪を実現する行為をしていない者であっても，間接正犯（⇒②）

[3] 逆に，犯罪から生じる利益を獲得する意思があったとしても，あるいは，主体的な意思をもって犯罪を行ったとしても，このことだけでは正犯性を認めることはできない。

や共謀共同正犯（⇒③**2**）として正犯と評価される場合があるということになる。

間接正犯

1 間接正犯の意義

間接正犯とは，行為者が他人を自己の犯罪の実現に利用する場合[4]のことをいう。一般的には，利用された他人は，あたかも将棋の駒のようになって，行為者の犯罪実現のために操られている。

2 間接正犯と共犯との関係

そもそも間接正犯の概念は，ある一定の場合に処罰の間隙が生まれるために，その救済策として検討されてきた。すなわち，共犯が処罰されるためには，正犯において犯罪が成立していることが必要である[5]と解すると，**CASE 8-1 ❷**においてYには故意がなく，殺人罪が成立しないために，Xを殺人罪の教唆犯として処罰することができなくなる。このような場合にXを間接正犯として処罰する必要性が生じるのである。しかし，そもそも故意や過失に基づく責任非難は，その向けられた個人についてのみ問題になるのであって，正犯に責任があるのかという問題は共犯の成立にとって関係がないはずである[6]。したがって，例えば，刑事未成年である子供に盗みを働くようけしかけた場合に，責任を認めることができないその子供に窃盗罪が成立しないのは当然であるが，けしかけた者に窃盗罪の間接正犯が成立するのか，それともその共犯が成立するのかについて議論する必要がある。

ここで，改めて**CASE 8-1 ❷**をみてみると，被利用者であるYは自らが殺害行為を行っているとは自覚しておらず，したがって，「人を殺してはならない」という規範に直面してい

[4]
なお，間接正犯の形式では犯すことができず，必ず行為者自身の手によって実行する必要のある犯罪のことを自手犯という。例えば，偽証罪（169条）がこれに当たる。

[5]
学説には，正犯に構成要件該当性，違法性，責任が少なくとも備わっている場合に，はじめて共犯の処罰を検討する立場がある。

[6]
これに対して正犯に違法性がなければ，そもそも共犯を処罰する契機が存在しないことになる（違法の連帯性について⇒236頁）。

⇒70頁

ない。この意味で，間接正犯が問題になる局面では，その犯罪実現過程において被利用者が**規範的障害**になっておらず，利用者が作り出した危険がそのまま犯罪結果へと実現してしまうことになる。他方で，行為者の犯罪実現過程において，自律的な判断を行うことのできる他者（被害者も含まれる）が介在するとき，最終的にその犯罪が実現されるか否かはその他者に判断が委ねられる場合がある。例えば，CASE 8-2 ❷ において、Yが（⇒214頁）殺害行為をしないと翻意した場合には，Xが実現を意図していたAの殺害結果は発生しない。このように，法が違法行為を避け適法行為に出るよう期待できる者が介在している場合には，その介在者は当初の行為者にとって犯罪実現過程における規範的障害となっている。以上からすると，ある者の犯罪実現過程に他者が介在している場合には，まずはその他者について正犯性を認めるべきか検討しなければならない。この介在者が規範的障害となっていない場合には，その背後にいる当初の者が犯罪の実現過程を支配していたか，またはその過程において重要な役割を果たしていたかを検討することにより，その者に正犯性（＝間接正犯）を認めるべきかを確認するということになる。

▶ ただし，既に犯罪を行うことについて決断している者の行為を利用して自らの犯罪を実現しようとする場合も想定される。例えば，Yが広場に爆弾を設置したとの情報を得て，XがAをその広場に行かせてAをその爆弾の爆発により死亡させる場合である。この場合，Aの死亡についてXとYはいわゆる**同時犯**となって，それぞれ殺人罪の正犯を認めるべきである。YはXが登場する以前に法の期待に背いて犯罪の実現過程に身を投じている以上，Xにとって規範的障害となっていない。また，YにはXの登場以前に既に殺人罪の正犯性を認めることができるのであるから，Yにとって想定されていないXが登場したとしても事後的に正犯性が覆ることはないというべきである。

3　間接正犯の類型

間接正犯の典型的な事例は，①「故意のない[7]者」を利用する場合である。ここでは，CASE 8-1❷のように，行為者が被利用者の過失行為を利用することや，被利用者の無過失な行為を利用することが想定される。

②「故意ある者」を利用する場合も間接正犯は成立する余地がある。例えば，犯罪の成立に主観的な目的を必要とする犯罪や，ある一定の身分を必要とする犯罪において，故意はあるが，目的ないしは身分のない者を利用する場合である。具体的には，その成立に「行使の目的」が必要である通貨偽造罪（148条）について，その目的のない者に通貨を偽造させる場合である。また，公務員という身分が必要である収賄罪（197条1項）について，公務員が公務員ではない者に事情を話して賄賂を受け取らせる場合である。これらの場合では，目的ないしは身分のある利用者に間接正犯が成立する[8]と考えられている。

問題となるのは，③利用者と被利用者との間に上下主従の関係がある場合など，利用された「故意ある者」が主体的に犯罪を遂行したとはいえない場合（いわゆる「故意ある幇助道具」）である。判例では，会社の取締役が従業員に命じて，食糧管理法に違反して米を運搬させた場合に，この取締役が従業員を自己の手足として米を運搬したと評価したものがある（最判昭25・7・6刑集4巻7号1178頁）。この場合，従業員が事情を認識してその違法性を意識していたとしても，取締役の優越的地位を認めて，その指示を従業員が事実上拒絶できないのであれば，取締役に食管法違反の間接正犯を認めることができると思われる。

④「適法行為」を利用する場合にも間接正犯は成立すると考えられている。例えば，被利用者が正当防衛や，緊急避難をしなければならない状況を作り上げ，その結果，第三者の利益を侵害させる場合である。適法行為を行うつもりの被利用者は利用者にとって規範的障害になっていない[9]ということになる。

[7]　ここで「故意がない」とは，行為者が実現しようとする犯罪事実について認識を欠くことをいう（⇒70頁）。

[8]　ただし，被利用者に身分がないだけであって，この者が行為の違法性を意識している場合には，規範的障害が認められ，背後の利用者には共同正犯の成立が認められうる。

[9]　ただし，被利用者の行為がそもそも適法なものであるならば，規範的障害の有無を論じる以前に，適法行為を利用することがなぜ違法となるのかという点を検討する必要がある。

しかし，被利用者が規範的障害になっていないとしても，必ず正当防衛や緊急避難を行うという状況でない限り，利用者は被利用者を意のままに扱ったとはいえないと思われる。適法行為を行うか否かの選択が被利用者に委ねられている場合には，利用者に間接正犯を認めることができず，せいぜい教唆犯にしかならない場合があるだろう。

判例は，税関で大麻の密輸入が発覚した際に，いわゆるコントロールド・デリバリー[10]が行われ，配送業者が配達したその大麻を被告人が受け取った場合に，被告人が配送業者らの行為を自己の犯罪実現のための道具として利用したとして，禁制品輸入罪の既遂が成立するとした（最決平9・10・30刑集51巻9号816頁）。この場合，被告人自身が大麻の密輸入を行ったわけではないから，配送業者らを介した禁制品輸入罪の間接正犯の成立が考えられる。ただし，コントロールド・デリバリーが実施された後は，配送業者は捜査当局に利用支配されていることから，禁制品輸入罪はその未遂にとどまるというべきである。

⑤「責任無能力者の行為」を利用する場合にも間接正犯は成立する。例えば，心神喪失（39条1項）となって責任能力のない者は，違法性を弁識する能力，あるいはその弁識に従って自らを制御する能力がないために，責任無能力者は，利用者にとって規範的障害になっていない。したがって，この者を利用して犯罪を実現しようとする者は間接正犯となりうる。同じように，14歳未満の刑事未成年者（41条）を利用する者も間接正犯となりうる。しかし，刑事未成年者であっても，12，13歳の子供であれば，実際には弁識能力がある場合がある。この場合であれば，利用者には間接正犯は成立せず，共犯の成立を検討するべきである。判例では，12歳の長男に強盗を指示した場合において，この長男には是非弁別の能力があり，長男は自らの意思によって強盗を決意し，臨機応変に対処して強盗を遂行したとして，指示をした母親に強盗罪の間接正犯を認めず，そ

⇒171頁

[10] 麻薬特例法4条によって認められる「泳がせ捜査」であり，当該薬物は捜査当局の監視のもとに置かれた状態で運ばれることになる。

の共同正犯が認められると判示したものがある（最決平13・10・25刑集55巻6号519頁）。これに対して，判例は，12歳の養女に窃盗を行わせた場合に，この養女に是非善悪の判断能力があったとしても，被告人が自己の意のままにこの養女を従わせていたという事情をもとに，被告人には窃盗罪の間接正犯が成立するとした（最決昭58・9・21刑集37巻7号1070頁）。

⑥「被害者の行為」を利用する場合にも間接正犯は成立する。例えば，被害者の錯誤を利用する場合や，被害者を強制下におく場合である。前者の例として，薬と偽って毒薬を被害者に渡して服用させる場合[11]などが想定される。後者の例として，判例は，被告人に極度に畏怖して服従していた被害者に対して，被告人が車ごと海中に飛び込んで自殺するよう執拗に迫ったところ，被害者がそれ以外の行為を選択することができず，車ごと海中に飛び込んだ場合について，被告人の行為が殺人の実行行為に当たるとした（最決平16・1・20刑集58巻1号1頁）。

[11] ここでは，法益侵害に対する，被害者の自律的な自己決定が問題となり，法益関係的錯誤（⇒159頁）が生じてはじめて間接正犯が成立するとの見解も主張されている。

3 共同正犯

1 実行共同正犯の成否

共同正犯が成立するためには，2人以上の者が「共同」すること，さらに共同した2人以上の者が犯罪行為を「実行」することが必要となる。2人以上の者が実際に犯罪行為を共同実行することを特に**実行共同正犯**という。

共同正犯が成立するためには共同性が必要である。これが認められる前提として，各自が一致協力して共同実現の意識を形成すること，つまり，**共謀**が問題となる。共謀には相互的な意思連絡[12]が必要となるが，その場における「謀議」だけでなく，間接的，順次的な意思連絡も共謀に含まれる。また，意思連絡は必ずしも言葉による必要はなく，身振りや合図などによる「黙示」の意思連絡であっても共謀は認められる。

[12] したがって，意思の連絡なく，一方的に犯罪行為を共同する片面的共同正犯の成立は認められない。ただし，一方的に犯罪行為を助長する片面的従犯については成立する余地がある（⇒229頁）。

▷ 判例には，暴力団組長とその警護役（スワット）との間に黙示の意思連絡を認めて，警護役が所持していたけん銃に関する銃刀法違反の罪の（共謀）共同正犯が当該組長に成立すると認めたものがある。すなわち，判例は，当該組長が「スワットらに対してけん銃等を携行して警護するように直接指示を下さなくても，スワットらが自発的に被告人を警護するために本件けん銃等を所持していることを確定的に認識しながら，それを当然のこととして受け入れて認容していたものであり，そのことをスワットらも承知していたこと」などを考慮して共謀を認めた（最決平15・5・1刑集57巻5号507頁）。

次に，形成された共謀に基づき，犯罪行為が共同して実行された場合に，共同正犯が成立する。CASE 8-2 ❶では，XとYがともにA殺害の計画を練った点において共謀が認められ，この共謀に基づき，XとYが役割を分担[13]して，A殺害を遂行した点に犯罪行為の共同実行が認められる。こうして共同正犯が成立する場合には，実行行為の全部を分担しなくとも，共同して実現された結果の全部について責任が問われることになり，XとYには，殺人既遂の共同正犯が成立する。

共同正犯において，直接的に犯罪結果を実現していない共犯者についても，その犯罪結果全体について，共同「正犯」として扱われるのは，それぞれの共犯者が，共謀を通じて相互に心理的な拘束を施し，また，役割を分担することによって，相互に利用・補充しようとしているからである。このように共犯者の**相互利用補充関係**を通じて，共犯者各自が及ぼした因果性が犯罪結果へと結びつき，共犯者各自の行為が一体となって犯罪結果を実現したといえる場合に，実行共同正犯が成立する。

2 共謀共同正犯の成否

CASE ● 8-3
❶ Xは，組織的に詐欺を行う集団のリーダーとして，YとZに命じて，被害者となりそうな人物をリスト化する者，リストに

[13] 暴行・脅迫と財物奪取（強取）という2つの行為から成り立つ，強盗罪のような結合犯（⇒241頁[27]）においては，それぞれの別個の行為を分担する場合にも共同正犯が成り立つ。例えば，Xが暴行・脅迫を分担し，Yが強取を分担することによって，両者の間に強盗罪の共同正犯が成立する。

> 載ったターゲットに電話をかける者，被害者が振り込んだお金をATMから引き出す者を集めさせると，YとZを通じてそれらの者に役割に応じて詐欺を実行させた。
> ❷　Xは，Aが自宅に多額の現金を保管しているとの情報を聞くと，その現金を盗み取ろうと計画を練り，YとZを誘って，Xが送迎役，Yが見張り役，Zが実行役を担うことにした。そこで，その3人はA宅の近くに行き，Aが自宅を留守にしたすきに，事前の計画に従ってZがA宅に忍び込んで現金を奪い，ごく短時間の間に，その3人は現場を後にすることができた。

　実行行為の全部または一部を分担した実行共同正犯とは異なり，共謀に参加した者の一部が犯罪の共同実行に出た場合に，犯罪の実行行為を分担していないがその共謀には参加している者にも共同正犯を認めることはできるであろうか。ここでは，いわゆる**共謀共同正犯**の成否が問題となる。

　60条は，共同正犯について「2人以上共同して犯罪を実行した者」と規定しているが，その文言からは，共同正犯の成立は実行共同正犯を前提としているように読み取れる。しかし，判例は，犯罪の実行を分担する者だけでなく，犯罪の実行自体には関与していないが，共謀に加わって犯罪の実現を主導した者についても，当該犯罪の共同正犯に当たると解している。すなわち，「共謀共同正犯が成立するには，2人以上の者が，特定の犯罪を行うため，共同意思の下に一体となって互いに他人の行為を利用し，各自の意思を実行に移すことを内容とする謀議をなし，よって犯罪を実行した事実が認められなければならない。したがって右のような関係において共謀に参加した事実が認められる以上，直接実行行為に関与しない者でも，他人の行為をいわば自己の手段として犯罪を行ったという意味において，その間刑責の成立に差異を生ずると解すべき理由はない」と判示した判例がある（最大判昭33・5・28刑集12巻8号1718頁）。この判例は，共犯における「共同」の本質について共同意思主体
⇒234頁
説に基づく理解を示しつつ，共謀共同正犯の実質については間

接正犯に類似するものであると理解しているといえる。

　判例は，**CASE 8-3 ❶**のように，実行行為者の背後にいる「黒幕」について，単なる教唆犯（⇒4）として罰するのではなく，共同正犯として罰するのがより適当であると考えているのであろう。ただし，共謀共同正犯には，このような上下関係のある支配型のほかに，上下関係のない対等型もあると指摘されている。例えば，**CASE 8-3 ❷**のように，犯罪の遂行にとって不可欠な役割をそれぞれが分担する場合などが想定される。犯罪の実現にとって，共謀（＝当事者における合意形成）に基づく一連の行為[14]の開始から最終的な結果惹起行為[15]を経て，結果発生に至る過程が問題であるとすると，実行行為の分担はしていないが，犯罪実現に至る過程を主導した者や，重要な役割を果たして犯罪の実現にとって不可欠といえる重大な寄与をした者については，共謀共同正犯として処罰することが適当であるといえよう。

　ただし，このように実質的な観点から共謀共同正犯を理解する場合には，これと教唆犯，従犯との区別が問題となる。ここで，教唆犯にとどまると評価されるのは，犯罪の実現について第三者を唆したが，自らが犯罪の遂行を主導するわけではなく，犯罪実現の最終的な決定がその第三者に委ねられていた場合ということになろう。また，従犯にとどまると評価されるのは，犯罪実現のために結果惹起を行う者を援助したが，その援助が代替可能なものであったか，犯罪実現にとって軽微な寄与をしたにすぎない場合ということになろう。

⇒220頁

[14] 一般的には，情報収集・計画の立案・道具の準備→現場への送り届け→現場での見張り→実行行為の遂行→現場からの逃走といった時系列が想定されるのであり，共謀は，実行行為の遂行以前の段階において，（順次）形成されるべきものである。

[15] 例えば，未遂犯，原因において自由な行為の議論においても，結果惹起行為の開始よりも遡って結果発生の具体的な危険が発生した場合には，未遂犯の成立が検討されている（⇒176頁，198頁）。たしかに狭義の結果惹起行為は正犯性を基礎づける中核にあるとはいえるが，それだけが正犯性を基礎づけるわけではないと思われる。

4 教唆犯

1　教唆犯の意義

　教唆犯とは，人を教唆して犯罪を実行させることをいう（61条1項）。**CASE 8-2 ❷**では，XによるYへの唆しだけでは教

唆犯は成立しない。Yがその唆しに従って殺人の実行を決意し，実際に殺人の実行行為に出てはじめて[16] Xは殺人既遂，あるいはその未遂の教唆犯として処罰される。

教唆犯と認められた者には，「正犯の刑を科する」ことになる（同項）。これは，正犯と同様の刑で実際に処罰することを意味するのではなく，正犯に適用される処罰規定の法定刑の範囲内で処罰しうることを意味する。なお，拘留または科料（⇒第11章 270頁）のみで処罰される罪の教唆者は，それを罰する特別の規定がなければ処罰されない（64条）。

教唆者をさらに教唆する間接教唆については，教唆者と同様に正犯の刑を科する（61条2項）。間接教唆者を教唆する再間接教唆については，明文の規定がないが，判例は再間接教唆だけでなく，さらなる順次教唆についても同項で処罰しうることを認めている（大判大11・3・1刑集1巻99頁）。

[16] これに対して，教唆によって被教唆者が犯罪実行の決意が生じたことのみによって犯罪として処罰される場合のことを独立教唆犯という。独立教唆犯は，爆発物取締罰則4条，破壊活動防止法38条以下など特別刑法において処罰される。

2　教唆犯の要件

教唆犯の成立には，①人を教唆すること，②その人（＝被教唆者）が犯罪を実行すること，という要件が必要である（61条）。

「**教唆**」することとは，他人を唆して，ある特定の犯罪を実行する決意を生じさせることをいう。ただ漠然と「何か犯罪をしろ」と指示するだけでは教唆に当たらない。また，犯罪実行の決意を生じさせるように唆すにあたって，命令，懇願など，その手段・方法は問わないと解されている。

次に，教唆行為の結果，被教唆者が犯罪の実行を決意して，それを実行することによって教唆犯は成立する。原則的に共犯は，共犯単独の行為（教唆犯では唆し行為）に基づいて処罰されるべきではなく，正犯の実行着手に従属して処罰されるべきとする「共犯の従属性」が問題になっている（⇒216頁）。したがって，教唆行為をしたが，正犯（＝被教唆者）が犯罪の実行に着手しなかった場合（**教唆の未遂**）は，不可罰となる。

3 未遂の教唆

教唆犯が認められるための故意としては，以上のような客観的要件に対応して，被教唆者に犯罪の実行を決意させ，これを実行させる認識が必要である。では，教唆者において，被教唆者に対して犯罪の実行に着手させるが，未遂に終わらせる意思しかなかった場合（**未遂の教唆**），教唆者に教唆犯の成立を認めることができるであろうか。例えば，XがYに対して，Aを殺害するよう唆したが，実際にYがA殺害の行為に出た場合には，Xはこれを阻止するつもりでいた場合に問題になる。ここでは，Yが殺人の実行着手に及んだ際に，殺人未遂罪の限度でXに教唆犯が成立しうるともいえる。しかし，共犯の行為と正犯による結果発生との間に因果関係が必要なのであって，正犯による結果発生が共犯の構成要件に含まれていることを前提とすると，教唆の故意には，正犯による結果惹起の認識までもが必要であると解される。したがって，未遂の教唆は，教唆犯の成立にとって必要な故意を欠くとして，不可罰である[17]。

5 幇助犯

1 幇助犯の意義

幇助犯とは，正犯を幇助することをいい，幇助者は従犯であると規定される（62条1項）。幇助行為をしただけでは幇助犯は成立しない。教唆犯と同様に，正犯が犯罪を実行してはじめて幇助犯が成立する。CASE 8-2 ❸のように，けん銃を提供することによって，実際に正犯による殺人の遂行を援助した場合に殺人罪の幇助犯が成立する。

従犯の刑は，正犯の刑を減軽したものである（63条）。これは正犯に対する宣告刑よりも軽くすることを意味しない。正犯に適用される刑罰法規の法定刑を減軽した刑によって処断する

[17] これと関連して，おとり捜査が問題になる。例えば，捜査機関が捜査対象者を誘って犯罪を実行させ，その瞬間にその者を逮捕する場合（いわゆるアジャン・プロヴォカトゥール）が想定される。この場合も未遂の教唆と同様に，教唆犯の成立にとって必要な故意がないとして不可罰にすることが考えられる。

ということである（68条以下参照⇒第11章6）。なお、教唆犯と同様に、拘留または科料のみで処罰される罪の幇助者は、特別の規定がなければ処罰されない（64条）。また、従犯を教唆した者には、従犯の刑を科すると規定されている（62条2項）。

幇助犯は、自らが犯罪の実行行為を分担しない点で、教唆犯と同様に、狭義の共犯に分類される。ただし、教唆犯には正犯の刑が科されることからすると、幇助犯は教唆犯よりも軽い共犯類型ということになる。すなわち、教唆犯は、正犯に犯罪の決意を生じさせることによって、当該犯罪実現の起点になるのに対して、幇助犯はもともと犯罪の決意をもった正犯の犯罪実行を容易にさせた[18]にすぎない。したがって、幇助犯の悪質性は教唆犯のそれに劣るといえる。
⇒227頁

2　幇助犯の要件

幇助犯の成立には、①正犯を幇助すること、②その正犯が犯罪を実行すること、という要件が必要である。

(1) 幇助の意義

「**幇助**」するとは、正犯による犯罪の実行を容易にすることである。例えば、正犯に対して凶器や開錠用具といった道具を渡すこと（物理的幇助）、また、正犯に対して助言・激励すること（心理的幇助）など、その方法・態様は問われていない。正犯と幇助者との間に意思連絡がなく、幇助者によって一方的に正犯の犯罪実行が容易になった場合（**片面的幇助**）であっても、幇助犯の成立は認められる。例えば、判例では、Yによって賭博場が開かれるのを知ったXが客をその賭博場に誘い込んだ事案において、Xに賭博場開帳罪（186条2項）の幇助犯の成立が認められた（大判大14・1・22刑集3巻921頁）。たしかに行為者相互の意思連絡は犯罪の共同実行を基礎づけるのであり、共同正犯の成立には行為者相互の意思連絡の有無が問題となる。
⇒223頁

[18] 幇助は、正犯の実行行為に先行するか、付随して行われる必要があるということである。正犯の実行行為が終了した後に、これを幇助することはありえない。したがって、事後従犯は従犯とはならず、例えば、犯人蔵匿罪（103条）や盗品等関与罪（256条）のように、独立した犯罪として処罰されることになる。

しかし，幇助犯においては，正犯による犯罪実行を通じて結果への因果性があるかないかだけが問題になるのであって，幇助犯の成立にとって意思連絡の有無は必要条件とはいえず，正犯に知られることなく幇助者がその犯罪の遂行を援助した場合も幇助犯の成立が認められる。

▶ 幇助は作為だけでなく，不作為によってもなされうる。例えば，Xは，内縁の夫YがXの3歳になる子供Aに暴行を加えているのを知りながら，これを放置して，結果的にAが死亡したという事案において，下級審判決は，一定の監視・制止行為によって[19] Yによる暴行を阻止することが可能であったとして，Xにつき，不作為による，傷害致死罪（205条）の幇助犯の成立を認めた（札幌高判平 12・3・16 判時 1711 号 170 頁）。この判決では，XがYを監視・制止しなかったことによって，Yの暴行は容易になったとして，不作為による幇助が認められている。他方で，この判決は，犯罪の実行をほぼ確実に阻止しえたか否かは，不作為による幇助を認めるための要件にはならないとした。なお，作為の実行行為者が存在する場合は，結果発生に至る因果をこの者が作り出しており，これに対して不作為の関与者は劣後的な立場にあるのであるから原則的に正犯にはなりえない。

[19] Xには，Aを保護するべき保障人的地位にあること，つまり，作為義務があることが前提となる（⇒56頁）。

(2) 正犯による犯罪の実行と幇助の因果性

次に，「共犯の従属性」という観点に基づき，幇助行為によって援助を受けている正犯が実際に犯罪の実行行為に出た場合に従犯は成立する。ここで問題となるのは，幇助犯の成立にとって，幇助行為と正犯による結果発生との間に，どのような因果関係があれば十分といえるかということである。すなわち，**幇助の因果性**の内容を検討しなければならない。例えば，CASE 8-2 ❸を少し変えて，YはXによるけん銃の提供を受けていたが，自分自身が用意していたナイフを使用してAを殺害したという場合，Xによるけん銃の提供がなければAは死ぬことはなかったとはいえないため（いずれにせよAはYに

よって刺殺されるため），Xの幇助行為とAの死との間には条件関係（⇒第2章②2 37頁）がなく，そのため両者の間には因果関係がないようにみえる。因果関係がなければ，Aの死をXの幇助行為に帰責させることはできず，従犯は成立しないとも考えられる。しかし，この場合であっても，Yの殺害行為がXの幇助行為によって心理的な影響を受けていたのであれば，Xの幇助行為について不問に付すことは疑問である。

そこで，学説の中には，幇助行為と結果との間に因果関係は不要であり，幇助行為によって実行行為の遂行が容易になったといえるのであれば，幇助犯の成立を認めることができるという主張がある。しかし，共犯の処罰根拠について，正犯の行為を介してともに結果を惹起したという点に求める限り，⇒217頁 この見解は支持できない。

この問題に関して，参考になるのは，次のような事案である。すなわち，Xは，Yが宝石商Aをビルの地下室で射殺して強盗を行う計画を立てていることを知って，けん銃の発射音が外部に漏れないよう地下室の入口戸の周りを目張りするなどした。しかし，Yは計画を変更して，走行中の自動車内でAを射殺した。その際，Xは別の車でYの自動車に追従していたというものである。下級審判決（東京高判平2・2・21判タ733号232頁）は，当該目張り行為について実際のA殺害に役立ったとはいえないとした。また，同判決は，Yが当該目張り行為を認識したことの証明もないことから，当該目張り行為がYの犯意を維持・強化したとはいえないとして，当該目張り行為に基づく強盗殺人罪（240条）の幇助犯の成立を否定した[20]。

この判決から読み取れるのは，幇助行為が実際の結果発生にとって物理的に役に立っておらず，また，心理的に正犯の犯意を維持・強化したといえないのであれば幇助犯の成立を否定するべきという基準である。この判決の結論は支持することができるが，幇助行為が正犯による結果発生について因果性を有す

[20] ただし，当該判決では，車による追従行為がYを精神的に心強くしたとして，この点からXに従犯の成立を認めている。

る必要があるという観点からすると，幇助犯の成立を認めるためには，幇助行為が正犯による結果発生を物理的・心理的に促進するものでなければならない。実質的には，正犯の実行行為を通じて結果発生の可能性を高めただけでは不十分であり，幇助行為があることによって時間的に結果発生が早められた，または，法益状態がより悪化した，法益侵害がより容易になったという結果の具体的な変更が必要になると思われる。

　物理的幇助が問題になる場合，例えば，正犯に武器を提供する場合には，その武器の提供がなければ傷害結果の発生が早まることがなかった，身体状態がより悪化することがなかった，身体状態の悪化がより容易に生じることがなかったといえる限り，その幇助行為は結果発生に対して因果性をもつといえる。これに対して，心理的幇助が問題になる場合，例えば，正犯に対する助言・激励が結果発生に対して因果性をもつといえるかは，一見すると判断が困難である[21]。仮に助言・激励がなかったとして，法益状態がより悪化することはなかったといえるかは直ちに判断できない場合もあるからである。しかし，その判断が困難だからといって，正犯に対して何らかの心理的影響を与えさえすれば十分であると解してしまうと，幇助犯の成立範囲が無限定になる。例えば，犯行現場に居合わせたり，犯行を見届けるだけで幇助犯の成立を認めるのは不当である。したがって，幇助の心理的因果性が問題になる場合では，単に正犯の犯意を維持・強化するだけでは足りず，正犯が行為に出る**積極的な動機を与える**か，正犯が行為に出ることを諦める**消極的な動機を取り除く**といった具体的な働きかけが幇助犯の成立にとって必要になると思われる。

[21] なお，例えば，正犯に武器を提供した場合に，その幇助行為が結果発生に対して物理的因果性をもたなかったとしても，正犯が武器の提供を受けて犯意を強くしたなど，心理的な影響があるならば，結果発生に対する心理的因果性の有無を検討することになる。

共犯の諸問題

CASE ● 8-4

XとYは，Aを痛めつけることを計画して，XがAに対してバットでその手足を殴り，続いてYがAの頭部をバットで殴ったところ，Aは頭部に致命傷を負って死亡した。しかし，その行為の際に，XはAに傷害結果を負わせるつもりであったのに対して，YはAを殴り殺すつもりであった。

1 共同の本質と錯誤の処理

共犯は，2人以上の者が共同して犯罪を実現する場合に成立するが，そこでいう「共同」の対象は何であろうか。共同正犯の事例を念頭に置くと，**行為共同説**は，ある事実的な「行為」を共同すると考える。これに対して，**犯罪共同説**は，ある特定の「犯罪」を共同すると考える。この両者の対立に関して，**CASE 8-4** では，XとYとの間に共犯関係[22]が成り立つであろうか。

共犯者の間において認識のずれ，すなわち錯誤が生じている場合，犯罪共同説によれば，XとYはある一定の犯罪を共同したとはいえず，その間には共犯関係が成立しない。したがって，Xには傷害罪の単独正犯，Yには殺人既遂罪の単独正犯が成立する。しかし，犯罪共同説によっても，構成要件において犯罪類型の重なり合いが認められるのであれば，その限度で共犯関係が成立するとの指摘がある（**部分的犯罪共同説**）。これによれば，上述の場合，殺人と傷害は，傷害致死罪の限度で重なり合いが認められ，Xには傷害致死罪の共同正犯が成立する。また，Yには殺人既遂罪の単独正犯と傷害致死罪の共同正犯が成立し，後者の罪はより重い前者の罪に吸収して評価されることになる（⇒第9章 ② (2)）。これに対して，行為共同説に

[22] この問題は正犯と教唆犯，従犯といった狭義の共犯との間にも問題となりうる。例えば，狭義の共犯が傷害の故意しかなかったのに，正犯が殺人の故意をもって被害者に加害行為をなした場合などが想定される。

よれば，XとYはAに対する加害行為を共同して，それぞれの犯罪を実現しようとしており，Xには傷害致死罪の共同正犯，Yには殺人既遂罪の共同正犯が成立する。そもそも共犯関係が成り立つ場合には，ある具体的な行為に関与することが前提となっており，共犯者はその関与に対する認識，意思といった内部的態度についてそれぞれ責任に問われるとすると，犯罪自体を共同するのではなく，行為の共同という観点から解決を導くのが妥当であろう。

ただし，行為共同説によるにしても，各自の行為について，なぜ「共同」したと評価されうるのであろうか。ここでは，当事者の間に，ある行為を行おうとする共同意思主体が形成されたならば，その意思主体のもとでの活動が行為の共同としてみなされるとする**共同意思主体説**の発想も考慮する必要がある。

2　身分犯と共犯

CASE● 8-5
政治ブローカーXは，公務員Yに対して，企業家Aから賄賂として金銭を受け取るように働きかけ，YがAから金銭を受け取る場に同席し，その金銭の一部を仲介料の名目で受け取った。

CASE● 8-6
違法カジノバーの常連客Xは，賭け事に興味があるが未経験のYと連れ立ってカジノバーに入り，2人で多額の金銭を賭けてカジノを楽しんだ。

(1) 真正身分と不真正身分

犯罪の成立にとって，ある一定の身分[23]が行為者に必要となる場合がある。そのような犯罪のことを**身分犯**という。例えば，**CASE 8-5** では収賄罪（197条1項）が問題になるが，賄賂を収受する者に公務員という身分があってはじめて収賄罪は成立する。また，**CASE 8-6** では賭博罪（185条）と常習賭博罪（186

[23] 判例によると，身分とは「一定の犯罪行為に関する犯人の人的関係である特殊の地位又は状態」であると定義されており（最判昭27・9・19刑集6巻8号1083頁），麻薬輸入罪における「営利の目的」（麻薬及び向精神薬取締法64条2項・65条2項）といった主観的要素や，常習賭博罪（186条1項）における「常習者」といった属人的状態についても身分と解されている。

条1項）が問題となるが，賭博行為をする者に常習者という身分があることにより，賭博罪よりも重い常習賭博罪が成立することになる。CASE 8-5 のように，犯罪の成否に関わる身分を真正身分（構成的身分）といい，CASE 8-6 のように，刑の加重に関わる身分を不真正身分（加減的身分）という。問題となるのは，身分犯に身分のない者が関与した場合に，非身分者についていかなる共犯が成立するのかということである。

(2) 非身分者の関与と 65 条による処理

　刑法は，65 条において，その場合における処理を規定しており，同条 1 項は，「犯人の身分によって構成すべき犯罪行為に加功したときは，身分のない者であっても，共犯とする」と規定[24]し，また，同条 2 項は，「身分によって特に刑の軽重があるときは，身分のない者には通常の刑を科する」と規定する。すなわち，同条は，1 項において身分の連帯性を規定し，2 項は身分の個別性を規定していることになる。一見すると，両者の規定は矛盾しているようであり，両者の規定をいかに整合的に理解するかが問われることになる。

　学説には，同条 1 項が構成的身分犯に関する規定であり，同条 2 項が加減的身分犯に関する規定であると理解するものがある。例えば，CASE 8-5 では，同条 1 項によって，公務員の身分のない X には収賄罪の共犯が成立し，CASE 8-6 では，同条 2 項によって，常習者の身分のない Y には，賭博罪の限度で共犯が成立することになる。しかし，構成的身分犯であれば非身分者にもその共犯が成立し，加減的身分犯であれば非身分者には加減的身分犯からみて「通常の刑」に当たる犯罪の共犯しか認めないことの実質的な理由が明らかでない。

　▶　学説には，同条 1 項について，非身分者にも身分犯の共犯の成立を認めるものと理解し，他方で，同条 2 項については，特に加減的身分犯に関与した非身分者の科刑を規定するものと理解する

[24] 真正身分犯において，非身分者は自ら義務違反をなし，あるいは，その犯罪の実行行為をなすことができないことから，同項の「共犯」とは教唆犯，幇助犯に限るとする見解がある。しかし，非身分者であっても事実上の行為を身分者と共同して実行することは可能である。したがって，同項の「共犯」とは，共同正犯，教唆犯，幇助犯のいずれも含むと解される。

ものがある。また，判例は，占有者という身分と業務者という身分が必要になる業務上横領罪（253条）に，その両者の身分がない者が関与した場合など，二重の身分犯に全く身分のない者が関わった場合には，その非身分者に成立する共犯において罪名と科刑が分離することを認め，同条1項によって業務上横領罪の共犯が成立するとしつつ，同条2項によって通常の横領罪（252条1項）の刑を科するという処理を行っている（最判昭32・11・19刑集11巻12号3073頁）。

(3) 違法身分と責任身分

　65条を犯罪論における実質的観点から考察すると，同条1項は違法性を基礎づける身分（違法身分）に関する規定であり，同条2項は責任を基礎づける身分（責任身分）に関する規定であると理解するべきであろう。違法性は原則的に法益侵害に基づくと理解する限り，違法性は連帯的に作用するのであり，責任は行為者個人に向けられた非難であると理解する限り，責任は個別的にしか作用しない。このような観点から，違法身分に関わる犯罪については同条1項によって非身分者にもその罪の共犯を認め，責任身分に関わる犯罪については同条2項によって非身分者にはその罪の共犯を認めず，「通常の刑」に当たる犯罪を限度に共犯の成立を認めることになる。例えば，収賄罪における公務員という身分は当該犯罪の違法性を基礎づけるものであるから違法身分であり，非身分者が関与した場合も同条1項によって収賄罪の共犯が成立することになる。他方で，業務上横領罪における業務者という身分は通常の横領罪に比べて責任を加重する責任身分であると理解する限り，業務性のない単なる占有者が関与した場合は同条2項によって通常の横領罪を限度に共犯が成立することになる。

　▶ ただし，形式上は同条1項が構成的身分犯について規定し，同条2項が加減的身分犯について規定しているために，加減的違法

身分,構成的責任身分に関わる犯罪[25]の共犯の取扱いが問題になる。いかなる犯罪が違法身分に関わるのか,それとも責任身分に関わるのかを検討することは刑法各論上の課題ではあるが,規定の文言の制約を超えて被告人にとって不利益に解釈することは許されない。したがって,加減的違法身分に関わる犯罪に関与した非身分者には,同条1項を適用することはできず,同条2項を適用することが考えられる。他方で,文言の制約を超えたとしても,被告人にとって有利に解釈することは許されることから,構成的責任身分に関わる犯罪に関与した非身分者には同条2項を準用・適用して,共犯としては不可罰にすることが考えられる。

(4) 非身分者に身分者が関与する事例の処理

以上では,身分者の行為に非身分者が関与した場合を想定して検討したが,逆に,非身分者の行為に身分者が関与した場合の取扱いも問題となる。まず,構成的身分犯について検討すると,例えば,私人Yが自らの職権を濫用する行為に公務員Xが加担した場合には,そもそもYの行為を犯罪に問うことができない以上,Xには公務員職権濫用罪(193条)の共犯の成立を認めるべきでない。これに対して,加減的身分犯について検討すると,例えば,非常習者Yの賭博について常習者Xが幇助した場合,判例では65条2項を適用することによりXに常習賭博罪(186条1項)の幇助犯の成立が認められている(大連判大3・5・18刑録20輯932頁)。ある犯罪に関する身分が属人的性質をもつといえるのであれば,65条2項を反対解釈することにより,このような判例の結論を導き出すことは妥当といえる。他方で,身分が実行行為の性質に関連づけられるものであれば,実際には教唆,幇助という形態で関与しているにすぎない身分者に65条2項を適用して身分犯の共犯を認めるのは疑問ということになる。したがって,常習賭博罪における常習性が賭博行為の性質に関連づけられると解すると,常習性がない賭博行為の幇助について常習賭博罪の幇助犯の成立を認める

[25] (そのような理解でよいか争いがあるものの)例えば,特別公務員職権濫用罪(194条)における「特別公務員」という身分は,公務員職権濫用罪(193条)との関係から,加減的身分であるが違法身分であるとも理解されており(加減的違法身分),また,保護責任者不保護罪(218条後段)における「保護責任者」という身分は,217条において単純不保護罪が規定されていないことから,構成的身分であるが責任身分であるとも理解されている(構成的責任身分)。

ことはできないと思われる。

3　過失の共犯

> **CASE 8-7**
> ＸとＹが共同して道路工事をしていたところ，道路が陥没する事故が発生し，事故に巻き込まれたＡが死亡したが，どちらの不注意によって陥没事故が発生したのか，あるいは両者の不注意が相まって陥没事故が発生したのかは明らかにならなかった。

(1)　過失の教唆・幇助犯

過失犯について共犯の成立を認めることは可能であろうか。61条1項でいう「教唆」，62条1項でいう「幇助」については，故意が必要であると解されるので，過失の教唆犯，過失の幇助犯は認められない。

▶ 教唆犯については，他人に犯罪実行の決意を生じさせることが要件になっているため（⇒227頁），過失犯に対する故意の教唆も認められない。幇助犯については，結果発生を物理的に促進したといえる限りにおいて，過失犯に対する故意の幇助の成立は理論的に考えられる。ただし，過失犯を利用して犯罪結果を実現しているのであれば，結局，故意に基づく間接正犯の成立を認めるべきである（⇒221頁）。例えば，Ｘは，サバイバルゲーム愛好家Ａのモデルガンを本物の銃とすり替えたが，Ａは本物の銃と気づかずにゲームの相手側にその銃を発射して殺害した場合，Ｘには，Ａの過失行為を利用した殺人罪の間接正犯を認めれば足りる。

(2)　過失の共同正犯

最も問題になるのは，「過失の共同正犯」を認めることができるのかということである。**CASE 8-7**では，ＸとＹの過失行為とＡ死亡との間の因果関係が不明である以上，ＸとＹをそれぞれ業務上過失致死罪（211条）の単独正犯として処罰することはできない。しかし，過失の共同正犯を認めることがで

きるのであれば，XとYを業務上過失致死罪の共同正犯として処罰することが可能となる。

60条は，2人以上が共同して犯罪を実行したことを共同正犯であるとしており，文言上は，例えば，過失致死傷罪の共同実行が排除されているわけではない。判例は，基本的に過失の共同正犯が成立することを認めており，「業務上過失致死傷罪の共同正犯が成立するためには，共同の業務上の注意義務に共同して違反したことが必要である」と述べたもの[26]がある（最決平28・7・12刑集70巻6号411頁）。

(3) 注意義務の共同性と危険行為の共同性

これに対して，過失犯においては結果発生の認識がない以上，共同して特定の犯罪を実行する意思を認めることができないとして，過失の共同正犯を否定する見解がある。この見解によると，判例のいう「共同の注意義務」についても，単なる相互的な監督義務を認めているにすぎないとして，過失の単独犯がそれぞれ同時に成立するのかを検討すれば足りることになる。たしかに結果惹起について意思連絡がない場合，故意の共同正犯がないとはいえる。しかし，過失犯においても結果惹起の危険のある行為自体については，共同し，あるいは分担することは可能であり，その行為自体について意思連絡があるのであれば，結果発生に対してその行為を媒介して物理的・心理的因果性を共同して及ぼしたと解することができると思われる。もちろん，ただ単に当該行為に関与していたというだけでは不十分であり，それぞれの行為者が結果発生に至る過程において重要な役割を果たしているなど，共同正犯と評価することができるだけの重大な寄与が必要である。また，それぞれの行為者には，結果発生の具体的な予見可能性があってはじめて過失の共同正犯が成立しうる。

⇒30頁
▶ 傷害致死罪といった結果的加重犯についても，共犯が成立する

[26] この事案では，花火大会会場と最寄り駅を結ぶ歩道橋で多数の参集者が折り重なって転倒し，死傷者が出た事故（明石歩道橋事件）において，管轄の警察署副署長である警察官Xと雑踏警備計画の責任者である警察官Yとの間に業務上過失致死傷罪の共同正犯が成立するかが問われた。判例は，両者の負うべき具体的注意義務が共同のものではなかったとして，その共同正犯の成立を否定した。

かが問題になる。すなわち，学説の理解によると，結果的加重犯については，基本犯における危険な行為から生じる重大な結果については過失が必要であるから，過失の共犯を否定する立場では，基本犯を限度に共犯の成立を認めるべきではないかという疑問が生じる。しかし，基本犯を構成する危険な行為について，共同，あるいは分担し，意思連絡もあるのであれば，前述したのと同様の観点から結果的加重犯についても共犯の成立が認められると思われる。

4 承継的共犯

CASE ● 8-8
YがAから金品を強取するためにAに暴行を加え，Aが抵抗できなくなった時点でXが現れたところ，XはYと意思を通じてAから金品を奪った。

CASE ● 8-9
YがAに対して暴行を加えていたところ，途中から参加したXもYと一緒になってAに暴行を加え，Aに傷害を負わせた。

(1) 問題となる事例

先行者により犯罪の実行行為がなされた後に，後行者がこのことを認識したうえで，途中からその実行行為に関与する場合，先行者に成立する犯罪全体について後行者にも共犯が承継的に成立するだろうか。例えば，Yの犯行に途中から関与したXについて，**CASE 8-8** では強盗罪の共同正犯，**CASE 8-9** では傷害罪の共同正犯の成否を検討しなければならない。

(2) 承継的共犯の肯定説と否定説の対立

共犯における罪名の従属性を強調すると，Yについて成立する強盗罪，あるいは傷害罪全体につき，Xにもその共犯の成立を認めてもよいことになろう（⇒①**2**(2)）。また，強盗罪と

いった結合犯[27]のように，その全体について一罪が成立する場合，その一罪の成立に関与した者は，たとえその犯罪遂行の途中で関与したとしてもその一罪全体について共犯の成立を認めるべきとも考えられる。しかし，共犯者の間で必ず罪名を一致させなければならないわけではない。また，結論的に一罪しか成立しない場合であっても，その一罪を基礎づける複数の行為は個別に評価することが可能である。したがって，後行者も共犯として全面的に先行者と同じ責任を負うとは直ちにいえない。

そこで，後行者が先行者の行為を積極的に利用したといえる場合に，後行者にも承継的に共犯が成立することが考えられる。CASE 8-8 では，Yによって作り出されたAの抵抗不能状態を利用してXがAから金品を奪っている以上，Xに強盗罪の共同正犯が認められるとする説がある。しかし，XはYの暴行行為自体に物理的・心理的に因果性を及ぼしていない以上，因果性の及んでいない事実を基に強盗罪全体の共同正犯を認めることは不当であろう。そこで，強盗罪の一部を構成する強取には因果性を及ぼし，その法益侵害に対する関与を果たしたといえることから，Xに強盗罪の共同正犯，あるいは幇助犯を認めるとする説もある。しかし，この結論についても，自らの関与以前の出来事については因果性を及ぼすことができない以上，やはり強盗罪全体の共犯を認めることはできない。因果的共犯論を前提とする以上，自らが関与した後の出来事につき，因果性が及ぶ範囲において共犯の成立を認めるべきである。したがって，Xについて，CASE 8-8 では，せいぜい窃盗罪の共同正犯，CASE 8-9 では，途中から関与した行為に基づく傷害結果の範囲において傷害罪の共同正犯を認め，関与行為に基づいて傷害結果が発生したのか否かが不明であれば暴行罪を限度に共同正犯を認めるべき[28]であろう。

⇒217頁[2]

[27]
結合犯は，犯罪を構成しうる，複数の行為が合わさって1個の犯罪が認められる場合をいう。例えば，強盗罪では，暴行脅迫と財物奪取という2つの行為が合わさって1個の強盗罪が成立する。

[28]
ただし，争いはあるが，同時傷害の特例（207条）を適用することにより，Xに傷害罪の成立を認める余地はある（⇒245頁[31]も参照）。

(3) 承継的共犯の事案を扱った判例

判例には，CASE 8-9 に類似した事案において，後行者の共謀加担前に，先行者が既に生じさせていた傷害結果と，後行者の共謀およびそれに基づく行為とは因果関係を有することはないから，共謀加担後の傷害を引き起こすに足りる暴行によって被害者の傷害の発生に寄与したことについてのみ，傷害罪の共同正犯としての責任を負うと指摘したものがある（最決平 24・11・6 刑集 66 巻 11 号 1281 頁）。このような結論からすると，判例は承継的共犯について全面的に肯定する立場にはなく，むしろ否定する立場に親和的であろう。ただし，このような判例が示されたにせよ，強盗罪のような結合犯においては，今後，判例が承継的共犯の成立を認める可能性はあると思われる（上記最高裁平成 24 年決定における千葉勝美裁判官補足意見参照）。

5 共犯からの離脱

CASE ● 8-10
A 殺害の共謀を行った X と Y のうち，X は Y に対して「俺はやめた」と言って去っていったが，それでもなお Y が A 殺害を実行した。

(1) 因果性の遮断

犯罪が実現する過程において，ある関与者がその犯罪への加担を取りやめた場合，その関与者をなお共犯として処罰することはできるであろうか。CASE 8-10 では，X に殺人罪の共犯が成立するかが問題となる。

共犯の処罰根拠が結果惹起に対する因果的な寄与にあるとすると（因果的共犯論）、⇒217頁[2]自らが及ぼした物理的・心理的因果性が結果へと結びついているといえる限り，その関与者が犯罪への加担を犯罪遂行過程の途中で取りやめたとしても，なおその関

与者には共犯の成立が認められる。この観点からすると，逆に，自らが及ぼした物理的・心理的因果性が結果へと結びつくことを遮断したのであれば，その遮断した関与者には「共犯からの離脱」を認めて，共犯の成立[29]を認めるべきではない。

(2) 共謀関係の解消

「共犯からの離脱」が認められる通常の例は，共謀関係が解消された場合である。CASE 8-10 では，A 殺害が実行される前の段階で，X が Y に対して離脱するとの意思表示を行い，Y がそのことを了承したのであれば，殺人罪について「共謀関係の解消」が認められ，それ以降，Y が単独で殺人を実行したとしても，X は殺人罪の共犯とはならない。ただし，離脱の意思表示とその了承があれば，どのような場合であっても「共犯からの離脱」が認められるというわけではない。

(3) 首謀者の離脱が問題になる事例

例えば，ある関与者が犯罪遂行について指導的な役割を果たしている場合，単なる離脱の意思表示だけでは，自らが及ぼした物理的・心理的因果性を除去したと直ちにはいえない。当初の共謀に基づく動機づけが他の関与者に残っている場合や，その指導によって他の関与者による準備行為や実行行為の開始が認められる場合があるからである。下級審判決では，殺人の共謀を配下の者 Y たちと行った暴力団の幹部 X が，その実行の前になって Y に対して現場にいる配下の者を連れて帰るように指示したが，現場に赴いた Y とその他の者たちが殺人を実行したという事案につき，指導的役割を果たす者において「共謀関係がなかった状態に復元させなければ，共謀関係の解消がなされたとはいえない」として，X に殺人罪の共謀共同正犯の成立を認めている（松江地判昭 51・11・2 刑月 8 巻 11 = 12 号 495 頁）。具体的には，この事案では，X において，自ら現場に赴

[29] ただし，離脱するよりも前に成立した犯罪については，その限度で共犯となりうる。実行の着手前の段階では予備罪の共犯，実行の着手後の段階では未遂犯の共犯が考えられる。また，離脱する以前に結果が発生している犯罪については当然その限度で既遂犯の共犯となりうる。

きYたちを説得して連れて帰るといった積極的行動もあってはじめて共犯からの離脱が認められる。

(4) 準備行為などをした者の離脱が問題になる事例

犯罪遂行の首謀者でなくとも，現に準備行為，実行行為をした者については，その行為に基づく物理的因果性の除去も必要であろう。例えば，判例では，XがYたちと強盗の共謀を行い，犯行現場の下見をしたうえで，犯行当日は現場の住居前で待機していたが，当該住居に侵入したZたちに対して見張り役Yが電話で「犯行をやめた方がよい，先に帰る」と一方的に伝え，XはYたちと現場を離脱したが，残されたZたちはそのまま強盗を遂行したという事案が問題となった。判例は，Xにおいて離脱した後の「犯行を防止する措置を講ずることなく待機していた場所から見張り役らと共に離脱したにすぎず，残された共犯者らがそのまま強盗に及んだものと認められる。そうすると，Xが離脱したのは強盗行為に着手する前であり，たとえXも見張り役の上記電話内容を認識した上で離脱し，残された共犯者らがXの離脱をその後知るに至ったという事情があったとしても，当初の共謀関係が解消したということはできず，その後の共犯者らの強盗も当初の共謀に基づいて行われたものと認めるのが相当である」として，Xには強盗についても共同正犯の成立が認められるとした[30]（最決平21・6・30刑集63巻5号475頁）。

[30] このように，離脱の意思表示とその了承があったとしても，その意思表示をした者によって既に作り出された危険が残っている限り，共犯からの離脱は認められない。

(5) 一方的な共犯関係の解消が問題になる事例

以上に対して，離脱の意思表示とその了承がなくとも共犯からの離脱が認められる場合はあるのであろうか。例えば，XはYたちと一緒にAに対して暴行を加え傷害を負わせたが（第1暴行），XとYが口論となり，YはXの顔面を殴って失神させ，その後，YたちはXをその場に放置してAを他の場所

に連行してさらにAに暴行を加え傷害を負わせた（第2暴行）事案が問題となる。この事案について，下級審判決では，当該共犯関係がYによるXへの暴行とXの放置によって一方的に解消され，第2暴行後の傷害だけでなく，第1暴行によって生じたといえるか不明であるAの傷害についてもXに共同正犯の成立を認めることはできない[31]とした（名古屋高判平14・8・29判時1831号158頁）。この事案において，Xは，失神させられることにより，Yたちによる第2暴行の遂行を物理的にも心理的にも促進したとはいえないことから，第2暴行による傷害結果の発生につき，Yたちとの間に共犯関係を認めることができないといえよう。

[31] ただし，この判決は，第1暴行によるものといえるか不明である傷害について，同時傷害の特例（207条）を適用することにより，Xに傷害罪の成立を認めている。

(6) 共犯の離脱と中止犯の成否

例えば，XとYが共謀したうえで，ある犯罪について実行の着手をなした後，Xが，Yによる実行行為を制止するなどして結果の発生を阻止した場合にも，Xに共犯からの離脱を認めることができる。さらに，任意性が認められる限り，Xには中止犯（43条但書）（⇒第7章④）が認められよう。この場合，Yによるさらなる実行行為があって結果が発生したとしても，その結果発生は当初の共謀に基づくものとはいえないので，Xにはその結果発生につき共犯の成立を認めることができない。

CHECK

- □ 1　直接正犯と間接正犯の違いはどこにあるだろうか。
- □ 2　共犯における3つの類型について，その違いはどこにあるだろうか。
- □ 3　正犯と共犯をどのように区別すればよいだろうか。
- □ 4　間接正犯が正犯として扱われる根拠はどこにあるだろうか。
- □ 5　間接正犯の類型にはどのようなものがあるだろうか。

- ☐ 6 共犯において自らが直接的に関与していない犯罪の遂行について，これを処罰することができる根拠はどこにあるだろうか。
- ☐ 7 共謀共同正犯について，実行共同正犯と同じように処罰できる根拠はどこにあるだろうか。
- ☐ 8 教唆の未遂が処罰されないのはなぜだろうか。
- ☐ 9 幇助はどのような場合に認められるだろうか。
- ☐ 10 幇助行為と結果との間に因果関係は必要だろうか。
- ☐ 11 共犯者の間に錯誤が生じているにもかかわらず，共犯の成立を認めることはできるであろうか。
- ☐ 12 身分犯に身分のない者が関与した場合に，共犯の成立を認めることはできるか。
- ☐ 13 過失犯についても共犯の成立を認めることはできるであろうか。
- ☐ 14 犯罪が実現される過程の途中から関与した者について，その犯罪全体の共犯を認めることはできるであろうか。
- ☐ 15 犯罪が実現される過程の途中で離脱した者について，その犯罪の既遂犯の共犯を認めることはできるであろうか。

CHAPTER 9

第 **9** 章

罪 数 論

　これまでの章で，犯罪が成立するための条件は明らかになった。それに照らして，「複数個」の犯罪成立が認められた場合に，それらの相互関係はどのように扱ったらよいのだろうか。これが「罪数」の問題である。本章では，様々なケースをもとにして，この罪数関係の処理の仕方を概観する。

CASE ● 9-1
1歳のAの母親Xは、Aを自宅に置き去りにして行方をくらましました。

CASE ● 9-2
Xは、Aとけんかになり、かっとなって、Aの顔面をたて続けに手拳で3回殴打した。

CASE ● 9-3
Xは、警察官Aを殺害してけん銃を奪い取ろうと思い、建設用の「びょう」が発射される改造銃でAを狙って撃ったところ、発射されたびょうがAの胸を貫通し、さらに、道路の反対側にいた通行人Bにも命中して、AとBが負傷した。Xは、Aを狙って発射したびょうがA以外の人にまで命中するとは思っていなかった。

1 罪数論の意義

(1) 罪数論とは何か

「罪数」とは、行為者に複数の犯罪が成立しうる場合に、それらの相互関係をどのように考え、どのように処理するかという問題である。この問題は、2つのレベルに分かれる。第1に、そもそも行為者に犯罪が何個成立するのか（成立するのは一罪なのか、数罪なのか）という問題が生じうる。これが**成立犯罪の個数の問題**である。第2に、複数個の犯罪（数罪）の成立が認められた場合には、次に、それらの数罪がどのように処理されるかという問題が生じる。これが**数罪の場合の罰条適用の問題**である。

(2) 罪数の判断のプロセス

それでは、罪数の評価がどのように下されるかについて、そ

の思考プロセスを具体的に見てみよう。

a）**構成要件に該当する事実が1個しかない場合**（単純一罪）

例えば，XがAのポケットに入っていたスマホをすりとったとしよう。この場合には，窃盗罪（235条）に該当する事実が1個認められるだけであり，Xには窃盗罪一罪が成立するだけである。このように，犯罪の構成要件に該当する事実が1個しかない場合を，**単純一罪**という。この場合は，罪数論に関わる話はこれで終わりである。

b）**構成要件に該当する事実が複数個あるが，それらが結局，1個の構成要件該当評価に帰する場合**（法条競合，包括一罪）　これに対して，犯罪の構成要件に該当する事実が複数個認められる場合がある。この場合には，それらの相互関係が問題となる。

例えば，**CASE 9-1** のXによる置き去りは，218条の「幼年者……を保護する責任のある者がこ……の者を遺棄し」（保護責任者遺棄罪）に該当する。しかし，この行為は，行為主体について何ら限定のない217条の「幼年……のために扶助を必要とする者を遺棄した」（遺棄罪）という文言にも該当している。つまり，1つの置き去りが，2つの条文に同時に該当していることになる。しかし，218条は，行為主体が保護責任者である場合について特に規定した遺棄罪の加重類型であって，「一般法」である217条に対して「特別法」の位置づけにある。だから，**CASE 9-1** において，218条だけでなく217条も同時に適用するならば，これらの規定の立法趣旨に反して，Xに対して不必要な二重評価を下すことになってしまう。この場合は，構成要件該当事実は2個ある（遺棄と保護責任者遺棄という記述が成り立つ）が，結局，特別規定である218条の構成要件に該当するという評価が優先し，保護責任者遺棄罪一罪が成立することになる。このような場合を**法条競合**（⇒②(1)）という。

また，**CASE 9-2** において，Xの行為は，暴行罪（208条）の構成要件に3回該当しているということができる。しかし，

このように1回の同じ意思決定に基づき、Aという同一の被害者に対してたて続けに行われた行為を、あえて暴行罪「3罪」であるとするのは、罪数の評価として形式的に過ぎ、実態に合わないと考えられる。そこで、このような場合には、3個の構成要件該当事実を包括して、暴行罪一罪が成立する、と解されることになる。このような扱いを**包括一罪**（⇒2(2)）という。

　法条競合、包括一罪の場合には、犯罪構成要件に該当する事実それ自体は「複数個」数え上げることができるのだが、それらは結局「1個」の構成要件該当評価に収斂（れん）することになるのである。

　以上のa)またはb)に当たる場合には、成立する犯罪は一罪である。これらの場合を（後述の科刑上一罪と対比して）**本来的一罪**と呼ぶこともある。これに対して、犯罪構成要件に該当する事実が複数個あり、かつ、それらが1個の構成要件該当評価に収まらない場合には、数罪の犯罪が成立していることになる（ここまでが、「犯罪の成立の個数」のレベルの問題である）。

　c) 成立した数罪が、1回の処罰に服させるべきものと評価される場合（科刑上一罪）　次に、数罪が成立した場合であっても、刑法は一定の場合に、これらの数罪をまとめて1回の処罰に服させるための制度を設けている。これを**科刑上一罪**という。後述するように（⇒3）、このような場合としては、**観念的競合**と**牽連犯**がある。

　d) 成立した数罪が、科刑上も数罪として扱われる場合（併合罪）　最後に、成立した数罪がc)の科刑上一罪の場合に当たらないならば、それらの数罪は、科刑上も数罪として扱われる。このような数罪が、裁判において同時に審判の対象とされた場合を、**併合罪**という。

　以上のc)とd)が、「数罪の場合の罰条適用」の問題に当たる。

CHART 9.1 罪数

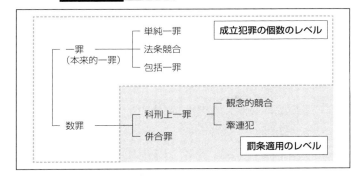

本来的一罪

ここでは，単純一罪の場合は除いて，法条競合と包括一罪の具体例を概観しておこう。

(1) 法条競合

法条競合とは，問題の行為が，複数の条文の構成要件に同時に該当するが，それらの条文が一般法と特別法の関係にあり，特別法に当たる規定が一般法に当たる規定の適用を排除することが立法の趣旨であるため，問題の行為に対してそれらの条文を同時に適用すると，その行為に対する不当な多重評価になってしまうという場合である。218条（保護責任者遺棄罪）と217条（遺棄罪）や（**CASE 9**-1 を参照），業務上横領罪（253条）と横領罪（252条）のように，一方が他方の加重類型に当たり，かつ，加重類型の規定の方にだけ適用対象を限定する要件が付加されていて，基本類型の規定の方は（加重類型に該当する事例にも適用できるような）包括的な文言となっている場合には，特別法に当たる加重類型の規定による構成要件該当評価が優先し，加重類型に当たる犯罪一罪が成立する。殺人罪（199条）と殺人未遂罪（203条，199条），傷害罪（204条）と暴行罪（208条）

などの関係も，これと同じである。

また，結合犯とその中に含まれる犯罪との関係も，これと同じように考えられることになる。例えば，Xが窃盗を犯し，その後で逮捕を免れるために暴行を行った場合には，Xの行為は事後強盗罪（238条）の構成要件と同時に，その中に含まれている窃盗罪（235条）の構成要件にも該当しうる。このように，結合犯が犯された場合に，その中に含まれている犯罪も同時に成立すると解するならば，それは不当な二重評価になってしまう（そのような適用は立法趣旨の中で想定されていない）。そのため，この場合も法条競合として，結合犯に当たる方の犯罪一罪のみが成立することになる。

(2) 包括一罪

包括一罪とは，複数個の構成要件該当事実が認められるものの，それらは1回の条文の適用（1個の構成要件該当評価）によって包括的に評価できる，または包括的に評価されるべきである，と解される場合の総称である。包括一罪とひと言で言っても，その中には様々なタイプのものが含まれる（以下では，そのうちの主要なタイプを例示する）。もっとも，これらの場合に共通しているのは，それらの複数個の構成要件該当事実を「数罪」として評価するのは行き過ぎであり，それらの事実はなお1回的な構成要件該当評価（「一罪」）によってまかないうる範囲内にとどまっている，という評価であるといえよう。

a）接続犯　同一の構成要件に該当する行為が，同一の法益主体に対してたて続けに行われた場合には，それらを一罪として評価する場合がある。このような場合は**接続犯**と呼ばれ，**CASE 9-2** のXによる暴行がこの場合に当たる。その他，接続犯の例としては，同一の倉庫から一晩の間に数回にわたって米俵合計9俵を盗み出したという場合につき，窃盗罪一罪が成立するとした判例などがある（最判昭24・7・23刑集3巻8号

1373 頁)。

　b）**集合犯**　問題の条文それ自体が構成要件該当事実の反復を予定している場合には，その条文に該当する複数の構成要件該当事実が，まとめて「一罪」として評価されうる。これを**集合犯**という。例えば，常習賭博罪（186 条）などの常習犯，わいせつ物頒布罪（175 条）などの営業犯，無免許医業罪（医師法 17 条・31 条 1 項 1 号）などの職業犯においては，それに該当する 1 つ 1 つの行為（1 回ごとの賭博，わいせつ物の販売，無免許による医行為）が逐一「一罪」とカウントされてこれらの犯罪が「数罪」成立する，というわけではなく，複数の行為をまとめて，これらの犯罪「一罪」を犯したもの，と評価されることになる。

　c）**狭義の包括一罪**　問題の条文それ自体が，相互に段階的に手段・目的の関係，原因・結果の関係に立つような数種類の犯罪構成要件を列挙している場合に，それらの数種類の行為が一連のものとして行われた場合には，それらの行為はまとめて一罪として評価されうる（**狭義の包括一罪**）。例えば，公務員 X が賄賂を要求し，約束し，最終的に収受したという場合，「要求」「約束」「収受」は各々がそれ自体として収賄罪（197 条 1 項）を構成する行為として規定されているが，X は同一の賄賂の収受に向けた一連の行為を行ったにすぎないから，X の行為全体をまとめて収賄罪一罪が成立するにとどまる（大判昭 10・10・23 刑集 14 巻 1052 頁）。

　d）**吸収一罪**　1 個の行為によって複数の異なる犯罪構成要件に該当する事実が発生したが，それらの犯罪の法定刑（ひいては違法性の大きさ）に大きな差があるために，そのうちの 1 つの犯罪が成立すると解すれば十分であり，その犯罪成立の評価の中で他の犯罪に対する評価も尽くされていると考えられる場合がある。この場合には，重い罪一罪を成立させ，他の軽い罪は，重い罪の評価の中に吸収されたものとして扱われること

がある（**吸収一罪**）。例えば、Xがけん銃を発砲してAを射殺したが、その際に弾丸が貫通したことによってAの着衣にも穴が開いたとすると、Xは殺人罪と器物損壊罪の構成要件に該当する事実を生じさせたことになる。しかしこの場合には、殺人罪の成立を認めれば、器物損壊罪の評価はその中で尽くされていると解する余地がある。

e）**連続犯** 上記a）の場合のような時間的・場所的な接続性はないが、同一の立場・状況のもとで、同一の被害者に対して同じ犯罪行為が繰り返し行われた場合に、これらを包括して一罪と解する場合がある[1]。例えば、A所有の不動産を管理していたXが、自己の金策のためにAの不動産に勝手に抵当権を設定し、その後、その不動産を勝手に売却したという場合には、Xは横領罪の構成要件に2回該当していることになるが、このように、Aの不動産を占有している状況やAからの委託関係に変化がない間に、同じ不動産について複数回の横領行為が行われた場合には、これらをまとめて横領罪一罪として評価すれば足りるものと解される。

f）**混合的包括一罪** 複数の異なる犯罪構成要件に該当する行為がたて続けに行われたが、それらの犯罪の実質的な違法内容が重なり合っており、そのうちの1つの犯罪（重い罪）を成立させれば、他の犯罪（軽い罪）に関する評価もそこに包括できると考えられる場合には、重い罪一罪のみの成立が認められうる（**混合的包括一罪**）。例えば、Xが、Aと口論になってAを殴ったが、殴られたAが怯えている様子を見て「これは金も奪える」と思い、Aを脅して財布を奪ったという場合には、暴行罪と強盗罪に当たる行為がたて続けになされているが、この場合には、Xに重い強盗罪一罪の成立だけを認め、暴行罪の評価もそこに包括されていると解することが可能である。

[1] これは、旧刑法においては、**連続犯**（旧刑法55条）として「科刑上一罪」の一種として規定されていたが、現行刑法では廃止された。

(3) 共罰的事後行為・共罰的事前行為

　以上のように，複数の（同一の，または異なる）犯罪構成要件に該当する行為が別々に行われたが，それらが包括一罪として評価され，一罪の成立だけが認められるという場合，そこで包括的に評価されている各行為は，仮にその1つ1つを取り出して考えた場合にも，それぞれについて犯罪が成立しうる。例えば，上記(2)e)の横領の事例では，先行行為と後行行為の2つの行為が起訴されたとしても，包括して横領罪一罪の成立が認められるものと考えられたが，その場合，Xの先行行為（抵当権の設定行為）にだけ，または後行行為（売却行為）にだけ横領罪が成立し，そのとき他方の行為には横領罪が成立していない，というわけではない。両方の行為についてそれぞれ横領罪は成立しうるが，その評価が一罪として包括される，というだけである。2つの行為とも犯罪自体は成立しうるのだが，2つの行為を合わせても「一罪」でいわば頭打ちとなり，「二罪」にはならないということである。このような関係を指して，そこで「一罪」の評価に包括されている犯罪行為のことを**共罰的事後行為・共罰的事前行為**などと呼ぶ。したがって，一方の行為について何らかの事情でその罪責が問われない場合でも，他方の行為だけで横領罪一罪が成立する。

3　科刑上一罪

　科刑上一罪とは，成立した数罪を「1回の処罰」で済ませるための制度であり，刑法は，そのような処理を認める場合として，観念的競合と牽連犯とを規定している（54条）。この場合，成立した数罪のうちで最も重い罪の法定刑によって処断されることになる（54条1項）。これは，成立した数罪がそのまま「数罪」として扱われ，刑の加重が行われる併合罪（⇒4）の場

合と比べると，被告人にとって有利な扱いである。このような有利な扱いが認められている実質的な根拠は，科刑上一罪に当たる場合は，数罪として扱われる併合罪の場合と比較してその違法性・責任が類型的に低い，という点に求めることができる。

(1) 観念的競合

「1個の行為が2個以上の罪名に触れ」る場合（54条1項前段）を**観念的競合**という。CASE 9-3のように，改造銃の「1個の発射行為」によって数罪（Aに対する強盗殺人未遂罪とBに対する強盗殺人未遂罪）に当たる場合が，その典型例である。このように，1個の行為によって数罪に当たる場合には，行為者はただ一度の機会に1回の決意によって犯罪に出ているのであって，そのつど新たに決意して複数回にわたり犯罪に出た，という併合罪の場合と比べると，その違法性・責任の程度は低いと考えられる。

問題となるのは，「1個の行為」というものがどのような基準で認められるのか，という点である。判例は，観念的競合にいう，行為が「1個」の場合とは，「法的評価をはなれ構成要件的観点を捨象した自然的観察のもとで，行為者の動態が社会的見解上一個のものとの評価を受ける場合」である，としている（最大判昭49・5・29刑集28巻4号114頁）。

(2) 牽連犯

「犯罪の手段若しくは結果である行為が他の罪名に触れるとき」（54条1項後段）も，科刑上一罪としての処理が認められる。この場合を**牽連犯**という。これは，複数の犯罪の間に類型的に「手段・目的」（または「原因・結果」）の関係が存在する場合に，そのような複数の犯罪は1回の機会に一連のものとして犯されることが通常であると考えられることから，これらの犯罪をまとめて科刑上一罪としての扱いとしているものである。

牽連犯が認められるためには，第1に，その罪質から見て類型的に，問題の犯罪の間に「手段・目的」の関係が認められるのでなければならない（抽象的牽連性）。そのため，判例において牽連犯が認められるのも，一定の犯罪に限られている。抽象的牽連性が認められている典型例としては，住居侵入罪（130条）と住居内で犯される各種犯罪，文書偽造罪（155条等）と偽造文書行使罪（158条等）および詐欺罪（246条），が挙げられる。牽連犯が認められるためには，第2に，行為者自身がそれらの犯罪を「手段・目的」の関係として意図していたことも必要である（具体的牽連性）。

(3) かすがい現象

　本来ならば，併合罪の関係に立つべき数罪が，いずれも1個の同じ犯罪との間で科刑上一罪の関係に立つ場合には，その全体が科刑上一罪として扱われる。

　例えば，XがAの住居に侵入し，住居内にいたAとBをそれぞれ包丁で刺殺したという場合を考えてみよう。A，Bを包丁で刺殺した場合，Aとの関係で成立する殺人罪とBとの関係で成立する殺人罪は，本来ならば併合罪の関係に立つはずである。しかし，これら2つの殺人罪は，いずれも，A宅への住居侵入という1個の住居侵入罪と牽連犯の関係に立つため，住居侵入罪と2個の殺人罪の全体が科刑上一罪として処理されることになる。この場合，住居侵入罪が，本来ならば併合罪の関係に立つはずの2つの殺人罪を「かすがい」のようにつなぎ，その全体を科刑上一罪の関係にしているので，このような場合のことを**かすがい現象**と呼ぶ。

4 併合罪

　以上とは異なり，「確定裁判を経ていない2個以上の罪」の

成立が認められる場合は，刑法上，**併合罪**として扱われる（45条前段）[2]。併合罪とされることの法的効果は，以下のとおりである。

①刑が吸収される場合がある（吸収主義）。犯された複数の罪のうち，最も重い罪について「死刑」が選択された場合には，その死刑のみが科され（46条1項本文），また，最も重い罪について無期懲役・禁錮刑が選択された場合には，その無期懲役・禁錮刑のみが科される（46条2項本文）。

②刑が加重される場合がある（加重主義）。有期懲役・禁錮刑が選択される場合には，「その最も重い罪について定めた刑の長期にその2分の1を加えたものを長期とする。ただし，それぞれの罪について定めた刑の長期の合計を超えることはできない」（47条）。すなわち，有期懲役・禁錮刑が科される場合には，犯された複数の罪のうち，最も重い罪の法定刑の上限を1.5倍に加重したものを処断刑の長期とし[3]，それに基づいて量刑を行うことになる。

また，罰金刑が選択される場合には，「それぞれの罪について定めた罰金の多額の合計以下で処断する」（48条2項）。すなわち，罰金刑が科される場合には，それぞれの犯罪の法定刑（罰金刑）の上限額の合計を上限とした処断刑を作り，それに基づいて量刑を行う。

③刑が併科される場合がある（併科主義）。無期懲役・禁錮刑が選択された場合，罰金・科料は併科される（46条2項但書）。有期懲役・禁錮刑が選択された場合，罰金・拘留・科料は併科される（48条1項・53条1項）。罰金刑が選択された場合，拘留・科料は併科される（53条1項）。拘留・科料が選択された場合には，複数の拘留・科料は併科される（53条2項）。

[2] 45条後段は，「ある罪について禁錮以上の刑に処する確定裁判があったときは，その罪とその裁判が確定する前に犯した罪とに限り，併合罪とする」と規定しており，禁錮以上の確定判決後に犯された罪については，併合罪とならない。これは，また別途，独立して処断される（このような場合を**単純数罪**という）。

[3] ただし，加重の上限は「30年」とされている（14条2項）。

CHECK

- □ 1 「罪数論」とは，何を決めるための議論か。
- □ 2 法条競合が認められるのは，どのような場合か。
- □ 3 包括一罪が認められる場合には，どのようなものがあるか。
- □ 4 観念的競合が認められるのは，どのような場合か。
- □ 5 牽連犯が認められるのは，どのような場合か。
- □ 6 いわゆる「かすがい現象」が認められるのは，どのような場合か。

CHAPTER

第 **10** 章

刑法の適用範囲

　犯罪の成立要件も，いよいよ最終章となった。本章では，問題の事件が，「場所」または「時間」との関係で，およそ刑法の適用を受ける範囲内に入るものなのかどうか，という点について考える（これは本来，一番はじめに考えるべき問題なのかもしれないが……）。例えば，日本人が外国で起こした殺人事件には，およそ日本の刑法が適用されるのだろうか（「場所的適用範囲」の問題）。また，犯罪事件が起こった後に刑法が改正され，その犯罪に対する法定刑が重くなったという場合に，その重くなった刑を科すことができるのだろうか（「時間的適用範囲」の問題）。これらの「刑法の適用範囲」の問題が，本章の検討テーマである。

1 場所的適用範囲

CASE ● 10-1
　外国船舶内において，外国籍のＸが外国籍のＡを刃物で刺し，Ａが死亡した。刺した時点（実行行為の時点）では，その船舶は日本の領海内にあったが，Ａが死亡した時点（結果発生の時点）では日本の領海を出て公海上を航行中だった。

CASE ● 10-2
　Ｘは，賭博が法令上許されている外国に行って賭博をしてみたいと思い，日本国内において，海外事情に詳しいＹに相談した。Ｙは，Ｘが賭博の許されているＡ国に渡航するための準備を手伝い，ＸはＡ国に渡航して賭博をした。

CASE ● 10-3
　Ｂ国籍のＸは，Ｃ国船舶に乗船し，その船舶が公海上を航行している間に，その船上で殺意をもって日本人を殺害した（Ｂ国，Ｃ国はいずれも日本以外の外国である）。

(1) 国内犯：属地主義の原則

　犯罪が「どこ」で行われた場合に，日本の刑法典が適用されるのか。これが，**刑法の場所的適用範囲**と呼ばれる問題である。刑法1条1項は，「この法律は，日本国内において罪を犯したすべての者に適用する」と規定し，行為者・被害者の国籍を問わず「日本国内」（日本の領土，領海，領空内）でなされた犯罪に対しては日本刑法の適用があるとする。したがって，例えば外国籍の行為者が，外国籍の被害者を殺害した場合でも，殺害が行われた場所が日本国内であれば，日本刑法199条（殺人罪）が適用される。このように，刑法が適用される範囲を国内という領域によって画する規定方式を**属地主義**と呼ぶ。日本の刑法典はこの属地主義を原則としたうえで，その例外として，2条以下で，日本国外でなされたとしても日本刑法の適用がある犯

罪を限定的に列挙する、という方式をとっている（これについては後述(3)）。

さらに1条2項は、「日本国外にある日本船舶又は日本航空機内において罪を犯した者についても、前項と同様とする」と規定し、日本人所有の船舶（船舶法1条にいう日本船舶。最決昭58・10・26刑集37巻8号1228頁）、日本国籍の航空機内でなされた犯罪に対しても、日本刑法の適用があるとしている。このように、国外にある自国の船舶・航空機内に刑法の適用範囲が及ぶとする規定方式を**旗国主義**と呼ぶ[1]。例えば、外国の領海を航行中の日本船舶内でなされた殺人には、やはり行為者・被害者の国籍を問わず、日本刑法199条の適用がある。

(2) 犯罪地

このように、日本国内でなされた犯罪には日本刑法の適用がある。それでは、「日本国内において罪を犯した」とは、具体的にどういう意味なのだろうか。**CASE 10-1** では、Xによる殺人の実行行為がなされた場所（行為地）は日本国内だが、Aの死亡結果が発生した場所（結果地）は日本国外である。この殺人は「日本国内において」犯されたといえるだろうか。さらに、例えば外国にいる共犯者Yが、この船舶に電話をかけてXにAの殺害を指示したのだとすると、このYに日本刑法を適用することはできるだろうか。

これは、犯罪がなされた場所（犯罪地）が「日本国内」だといえるためには、犯罪を構成するどの部分が日本国内で生じている必要があるか（その犯罪の「実行行為」が日本国内でなされていればよいのか、「結果」が日本国内で発生すればよいのか）、という問題である。判例および通説は、その犯罪の構成要件に該当する「行為」または「結果（の一部）」が日本国内で生じていれば足りる、と解している（**遍在説**）。この見解に従えば、**CASE 10-1** では殺人の実行行為が日本国内で行われている以上、Xに対

[1] 自国の船舶・航空機内には自国の事実的支配が及んでいると考えれば、旗国主義も属地主義と同じ発想に立つ原則といえる。もっとも、外国の領海・領空内にある自国の船舶・航空機につき、その内部だけが「自国の領域」であるかのように考えることはできないとして、船舶・航空機の「国家所属性」という点に旗国主義の根拠を求める説明もある。

して日本刑法199条が適用され，殺害を指示したYもその共犯として日本刑法の適用を受ける[2]。

これに対して，CASE 10-2のYに賭博罪の共犯（幇助犯）が成立するかは問題である。Xによる賭博の「結果」は日本国内で発生していないが，Yが賭博の「幇助行為」を行ったのは日本国内である。そうすると，遍在説によれば，Yに日本刑法（賭博幇助罪）が適用されるようにも思われる。しかし，賭博罪の規定（185条）は，日本社会において「勤労の美風という健全な経済的風俗」を維持するために設けられたものであり，A国のように賭博を解禁している国の社会において日本同様の経済的風俗を維持させようとする目的をもった規定ではない。そうすると，A国で賭博がなされても，それはそもそも日本刑法185条の構成要件に該当する事実でないから，Yに幇助犯が成立する余地もないと考えられる。

(3) 国外犯の処罰

日本の刑法典は，日本国外で行われた犯罪（**国外犯**）に対しても，いくつかの場合にはその適用がある旨を定めている（2条～4条の2）。以下，それらの場合を見てみよう。

刑法2条（すべての者の国外犯）は，同条に列挙されている犯罪に限り[3]，「日本国外において……犯したすべての者に」日本刑法の適用する，と規定している。これは，自国（日本）の重大な利益を侵害する犯罪については，犯罪がなされたのが日本国外であっても，かつ，どの国籍を有する者によって犯された場合であっても，一律に自国（日本）の刑法典を適用する，という**国家保護主義**の考えに基づく規定である。

刑法3条（国民の国外犯）は，同条に列挙されている犯罪に限り[4]，「日本国外において」それらの罪を犯した「日本国民に」日本刑法を適用する，と定めている。このように，犯罪を行ったのが自国民である場合には，その場所が国外だったとし

[2] 他方で，遍在説によれば国内犯（刑法1条）の適用範囲が広くなりすぎると考え，法益侵害（またはその危険）という「結果」の発生地に着目して犯罪地を決すべきだ，と主張する反対説もある（結果説）。この見解に従えば，CASE 10-1のXには殺人未遂罪（203条・199条）の罪責を問うことができるにとどまるだろう。

[3] 刑法2条は，内乱，外患誘致，通貨偽造・行使，公文書偽造をはじめとした犯罪を列挙している。そのほか，特別刑法においても，刑法2条の例に従うとされる犯罪は多数存在する（例えば，「航空機の強取等の処罰に関する法律」における，いわゆるハイジャックの罪など）。

[4] 刑法3条は，放火，私文書偽造，強制わいせつ，強制性交等，殺人，傷害（致死），保護責任者遺棄（致死傷），逮捕監禁（致死傷），略取誘拐，名誉毀損，窃盗，強盗（致死傷），詐欺，恐喝，業務上横領などの犯罪を列挙する。

ても自国の刑法を適用する，という規制のあり方を**積極的属人主義**という。この積極的属人主義を採用する3条は，同条に列挙されている種類の犯罪に限っては，日本国民である以上，日本国外にいるときも日本の刑法典が発する禁止・命令に忠実であるべきだ，という考え方（忠実義務説）に基づく規定として説明されてきた。しかし近時は，このような説明に代えて，3条を**代理処罰主義**に基づく規定だとする見方も有力である。

▶ 日本人Xが日本国外（A国）において殺人を犯し，そのまま日本に帰国してしまった場合には，「自国民不引渡しの原則」（逃亡犯罪人引渡法2条9号）によりXはA国に引き渡されず，A国は，Xに対する刑罰権を行使できない。そこで，刑法3条は，XをA国に引き渡す代わりに，日本がA国のために代理処罰をする，ということを定めた規定だと考えることもできる。しかし，この考え方に立つ場合には，日本刑法によるXの処罰はあくまで外国のための代理処罰なのだから，Xを処罰できるためには，Xの行為が，日本刑法だけでなく，その外国（上の例ではA国）の刑法上も犯罪に当たるものである，という要件（**双方可罰性の要件**）が必要になるだろう。

刑法3条の2（国民以外の者の国外犯）は，同条に列挙されている犯罪に限り[5]，「日本国外において日本国民に対して」それらの罪を犯した「日本国民以外の者に」日本刑法を適用する，と定めている。このように，自国民が犯罪の被害者になった場合に，自国の刑法を適用する，という刑法適用のあり方を**消極的属人主義**という。この消極的属人主義を採用した3条の2は，日本国民の保護という目的から，日本国民の生命・身体等に対する重大な犯罪については，日本国外で日本国民以外の者が行った場合でも日本刑法を適用する，という**国民保護主義**の考え方に基づくものである。CASE 10-3のXは，この3条の2に基づき，日本刑法199条（殺人罪）の適用を受けることになる。

▶ 刑法3条の2は，平成15（2003）年の刑法改正で追加された。その改正の1つのきっかけになったのが，CASE 10-3とほぼ同

[5] 刑法3条の2は，強制わいせつ，強制性交等，殺人，傷害（致死），逮捕監禁（致死傷），強盗（致死傷）などの犯罪を列挙する。

じ事案の事件である（平成14〔2002〕年の「TAJIMA 号事件」。パナマ船籍の船舶が公海上を航行中，フィリピン国籍のXが，その船上で日本人を殺害した事件）。同事件では，犯罪の行われた場所が日本国外（公海上）であり，Xの国籍国であるフィリピンには積極的属人主義の規定がなかったため，船籍国であるパナマの対応を待つほかなかった。

刑法4条（**公務員の国外犯**）は，同条に列挙されている犯罪に限り[6]，「日本国外において」それらの罪を犯した「日本国の公務員に」日本刑法を適用するものとしている。日本の公務の適正を（日本国外においても）守るという，一種の国家保護主義の考えに基づく規定だといえる。

刑法4条の2（**条約による国外犯**）は，刑法典第2編（刑法各則）に定められた犯罪のうち，「条約により日本国外において犯したときであっても罰すべきものとされているものを犯したすべての者に」日本刑法を適用する，としている。各国が，ある犯罪を世界中から無くすために，その犯罪についての国外犯処罰規定をそれぞれ自国の刑法に設ける，という内容の条約を締結する場合がある。4条の2は，日本がこのような条約を締結した場合に日本刑法を国外犯に適用できるようにする，という目的で，昭和62（1987）年の刑法改正において設けられたものであり，世界各国と歩調を合わせて国際社会全体の利益を図るという**世界主義**の考えに基づく規定である。

[6] 刑法4条は，逃走援助，虚偽公文書作成，公務員職権濫用，収賄などの犯罪を列挙する。

時間的適用範囲

> **CASE ● 10-4**
> Xが○○罪に当たる行為をした後，その裁判の前に刑法が改正されて，○○罪の法定刑の上限が引き下げられた。

(1) 刑の変更と廃止

問題の行為がなされた後で，刑罰規定が変更，廃止または新設された場合に，裁判においては，行為時の規定，裁判時の規定のどちらを適用すればよいのだろうか。これが刑法の**時間的適用範囲**と呼ばれる問題である。

まず，以前は犯罪とされていなかった行為を犯罪として処罰する刑罰規定が「新設」された場合には，その規定が施行される前になされた行為に対して，その規定を適用することは許されない（**遡及処罰の禁止**。憲法 39 条。⇒第 1 章②4）。

次に，**刑法 6 条**は，「犯罪後の法律によって刑の変更があったときは，その軽いものによる」と規定している。「**刑の変更があったとき**」とは，法定刑など，問題の行為に対して予定されている刑の内容・程度について法改正があった場合のことを意味する[7]。したがって，6 条が定めているのは，①行為後に，行為者にとって不利な（刑を加重する方向の）変更がなされた規定は，行為者の行為に対して（遡って）適用しない，②行為後に，行為者にとって有利な（刑を減軽する方向の）変更がなされた規定は，行為者の行為に対しても適用する，という 2 つの原則であるということになる。したがって，**CASE 10-4** の X には，この原則②により，改正後の刑法が適用されることになる[8]。

最後に，問題の行為の後で，その行為を処罰対象とする刑罰規定が「廃止」された場合には，その行為者に対して「免訴」の判決が言い渡されることになる（**刑の廃止**。刑事訴訟法 337 条 2 号）。

もっとも，刑を廃止し，または減軽方向で変更する改正法が，その附則において，その改正法の施行前になされた行為については「なお従前の例による」という**経過措置**を定める規定を置いている場合には，改正前になされた犯罪との関係で，その後

[7] なお，「刑の執行猶予」（⇒274頁）の条件に関する法改正があっても，それは「刑の変更」に当たらない，とするのが判例である（最判昭 23・6・22 刑集 2 巻 7 号 694 頁　など）。「刑の執行猶予」は刑の内容それ自体ではなく，その執行方法を構成するものにすぎない，というのがその理由である。

[8] どちらの規定の定める刑が「軽い」かは，刑法 10 条（刑の軽重）に従って判断する。

の「刑の廃止」や「刑の変更」があったことにはならない。

(2) 他の法令の変更と刑の変更・廃止

　ある刑罰規定における犯罪成立要件の一部について，その規定が他の法令に委任されている場合には[9]，他の法令の改正の結果として刑の変更や廃止が生じることがある。

　例えば判例は，昭和24（1949）年当時，旧関税法と大蔵省令によって関税法の適用に関しては外国とみなされていた奄美大島への密輸出などを行ったとして，関税法違反の罪で起訴された事件において，犯罪後の昭和28（1953）年の政令により奄美大島が日本の地域とされ，外国とみなされなくなったことにより，「刑の廃止」があったとして，被告人に免訴の言渡しをした（最大判昭32・10・9刑集11巻10号2497頁）。

[9] 例えば，自動車運転死傷行為等処罰法3条2項が，「自動車の運転に支障を及ぼすおそれがある病気として政令で定めるものの影響により……」として，同条に該当する病気の具体的な規定を政令に委任しているのがその一例である。

CHECK

- □1　日本の刑法典は，どのような場所で行われた犯罪に対して適用されるか。
- □2　犯罪の行われた場所は，どのようにして決めるのか（それは「行為」がなされた場所か，「結果」が発生した場所か）。
- □3　行為の後で刑の「変更」または「廃止」があった場合，刑法の適用はどのようになされるか。

CHAPTER

第 11 章

刑罰の種類

　ある行為につき犯罪の成立が認められた場合，原則的に行為者には刑が言い渡される。刑罰は刑法によってあらかじめ規定されており，生命を奪う死刑，自由を奪う懲役・禁錮と拘留，金銭を奪う罰金と科料，これらの刑に対して付加的に科される没収・追徴から成り立っている。

1 刑罰の体系

　ある行為につき裁判において犯罪の証明があったときは，行為者に対して刑が言い渡される。刑法は，刑罰について，独立して言い渡すことのできる主刑と，主刑に伴って言い渡すことのできる付加刑を定めている（9条）。主刑は，死刑，懲役，禁錮，罰金，拘留および科料であり，その軽重は原則としてこの順序[1]による（10条1項本文）。付加刑は，没収であるが，没収ができない場合には追徴が認められることがある（19条の2）。

[1] ただし，無期の禁錮と有期の懲役とでは禁錮の方が重く，また，有期の禁錮の長期が有期の懲役の長期の2倍を超えるときも，禁錮の方が重いと規定されている（10条1項但書）。

2 死　刑

　死刑は，生命を奪う刑罰である。刑法は，死刑について，刑事施設内において絞首して執行すると定めている（11条1項）。憲法は，生命を奪う刑罰があることを予定しているようにみえるが（憲法31条），他方で，「残虐な刑罰」を禁止しており（憲法36条），絞首という方法をとる死刑が「残虐な刑罰」に当たるのではないかとの疑問がある。これに対して判例は，死刑は合憲であり，「残虐な刑罰」に直ちに当たるとはいえないとの判断を示している（最大判昭23・3・12刑集2巻3号191頁など）。

▶　世界の主要国をみると，日本や中国，アメリカ[2]などには死刑制度があり，実際に死刑を執行しているが，世界全体でみると，死刑制度それ自体を廃止している国，死刑制度はあるが執行を停止している国も多数ある。日本では，平成26（2014）年に内閣府によって実施された世論調査によると，8割を超える者が「死刑もやむを得ない」と回答しているが，その判断のもととなるべき死刑の現状に関する情報公開については十分であるとはいえない。今後も死刑の情報公開をすすめ，死刑の存否につき十分な議論を行うべきではないだろうか。

[2] 連邦，州によって立場が異なっており，一部の州は死刑制度を廃止している。

3 懲役・禁錮・拘留

懲役・禁錮・拘留は，自由を奪う刑罰である。刑法は，それらについて，刑事施設に拘置することによって執行すると定めている。懲役は「所定の作業」を行うことが義務づけられているが，禁錮，拘留はこれが義務づけられていない。懲役と禁錮には，無期刑と有期刑があり，有期刑の場合は1月以上20年以下の間で定められ，有期刑を加重する際には30年まで引き上げることができ，これを減軽する際には1月未満に引き下げることができる。他方で，拘留の刑期は，1日以上30日未満の間で定められる（以上につき，12条・13条・14条・16条）。

▶ 再犯の防止（特別予防）という観点からみると，自由の剥奪だけでは具体性のある社会復帰効果が生じないように思われる[3]。社会復帰という観点からは，懲役と禁錮を区別する意義がなく，両者を「自由刑」として単一化することが考えられる。ただし，その単一化の際には，「所定の作業」の義務づけと職業訓練との関係性，受刑者に適した矯正プログラムの義務づけ，自由刑と社会内処遇の関係性といった点を改めて検討する必要があるように思われる。

[3] 応報や一般予防という観点からみると，受刑者が甘受するべき害悪は人道的なものである限り何でもよいということになろう。

4 罰金・科料

罰金・科料は，一定額の金銭を奪う刑罰である。罰金は，1万円以上とされており，その上限は定められていない。これを減軽する際には，1万円未満に引き下げることができる[4]（15条）。他方で，科料は，1000円以上1万円未満とされている（17条）。罰金・科料を完納することができない場合には，ある一定の期間，刑事施設に設置された労役場に留置され（18条），所定の作業を科される。

[4] 同じ罰金額であっても資力によって負担感，苦痛の大きさは異なるであろう。そこで刑事責任の程度は日数の多寡で表し，その1日当たりの金額は被告人の資力に応じて決定する「日数罰金制」を導入することも考えられる。

5 没収・追徴

没収は，対象物の所有権を剥奪する処分である。ただし，これは付加刑であって単独では言い渡すことができない[5]。没収の対象となる物は，犯罪行為を組成した物（組成物件），犯罪行為のために利用した物，または利用しようとした物（供用物件），犯罪行為によって作り出された物（生成物件），犯罪行為によって取得した物（取得物件），犯罪行為の報酬として得た物（報酬物件），生成・取得・報酬物件の対価として得た物（対価物件）である。没収の対象物が犯人以外の者に属する物であっても，この第三者が犯罪の後に事情を知りつつその物を取得した場合には，当該物を没収することができる（以上につき，19条）。組成物件の没収の場合を除き，拘留または科料のみに当たる罪については，特別の規定がない限り，没収を科することができない（20条）。なお，生成・取得・報酬物件，対価物件については，没収不能となった場合，その価額を**追徴**することができる（19条の2）。

> [5] 没収の性格については，対象物が再度犯罪に利用されることを防ぐ点，犯人が不当に得た利益を剥奪する点，第三者没収が認められうる点をみると，刑罰的性格だけでなく，非刑罰的性格（保安処分）もあわせ持つといえよう。

刑の適用

被告人に言い渡すべき刑（**宣告刑**）を確定するためには，刑罰法規の各本条で規定された刑（**法定刑**）をまず基礎にしなければならない。法定刑をもとにして，科刑上一罪の処理（⇒第9章③，255頁），刑種の選択，刑の加重減軽を経て得られた刑の枠（**処断刑**）の中から裁判所は宣告刑を決定することになる。

刑の加重軽減は，再犯加重，法律上の減軽，併合罪の加重，酌量減軽の順序でなされる（72条）。再犯加重における「再犯」とは，懲役に処せられた者がその執行を終わった日またはその執行の免除を得た日から5年以内に罪を犯した場合において，

その者を有期懲役に処することをいう（56条）。その刑は、その罪について定めた懲役の長期（上限）の2倍以下となる（57条）。「法律上の減軽」は、過剰防衛や未遂犯など刑法上の定型的な減軽事由に基づくものであり、その減軽の方法は68条による。「併合罪の加重」は、併合罪（⇒第9章❹257頁）となった罪のうち、有期懲役・禁錮に処するときは、その最も重い罪について定めた刑の長期を1.5倍にしたものを長期とする（47条）。「酌量減軽」は、犯罪の具体的な情状[6]を考慮すると、法定刑または法律上の加重減軽を経て形成された処断刑の最下限で処罰することがなお重すぎる場合に、さらに低い刑を処断刑として形成することをいう（66条・67条）。その減軽の方法は68条による（71条）。

[6] ここでいう犯罪の情状とは、犯罪行為自体に直接関係のある事情だけでなく、年齢、境遇、前科、犯罪後の事情そのほか諸般の事情を含むと解されている。

▶ なお、犯罪が成立したとしても、刑の免除事由があるときは、「刑の免除」が言い渡される（刑事訴訟法334条）。刑法上、「刑の免除」と「刑の減軽」は、それぞれどちらか一方だけが規定される場合もあれば、この両者が並んで規定される場合もある。したがって、刑法においては「刑の免除」事由、「刑の減軽」事由、「刑の減免」事由が存在する。

また、過剰防衛（36条2項）に関する条文のように、「その刑を減軽し、又は免除することができる」と規定される場合もあれば、中止犯（43条但書）に関する条文のように、「その刑を減軽し、又は免除する」と規定される場合もある。前者の場合については、刑の任意的減免事由を定めたものとされ、刑が減軽または免除となるか否かは裁判官の判断によることとなり、過剰防衛が成立したとしても、刑の減軽または免除が認められない場合がある。これに対して、後者の場合については、刑の必要的減免事由を定めたものとされ、中止犯の成立が認められるときには、裁判官はその刑について必ず減軽するか、または免除しなければならない。

したがって、それぞれの事由については、任意的なものと必要的なものが存在するのである。具体的にみると、刑の任意的免除事由、刑の任意的減軽事由、刑の任意的減免事由と刑の必要的免

CHART 11.1　刑の減免事由

	任意的	必要的
減軽	法の不知（38条3項） 自首等（42条） 障害未遂（43条本文） 強盗・強制性交等罪の未遂（241条2項本文）	心神耗弱（39条2項） 従犯（63条） 身の代金目的略取等罪の被略取者の解放（228条の2）
免除	放火予備罪（113条但書） 殺人予備罪（201条但書） 親族による犯人蔵匿等罪と証拠隠滅等罪の遂行（105条）	内乱予備・陰謀罪と内乱等幇助罪の自首（80条） 私戦予備・陰謀罪の自首（93条但書） 配偶者等による窃盗罪等の遂行（244条1項，251条，255条） 配偶者等による盗品等関与罪の遂行（257条1項）
減免	過剰防衛（36条2項） 過剰避難（37条1項但書） 偽証罪の自白（170条） 虚偽告訴等罪の自白（173条）	中止未遂（43条但書） 身の代金目的略取等予備罪の自首（228条の3但書） 強盗・強制性交等罪の中止（241条2項但書）

除事由，刑の必要的減軽事由，刑の必要的減免事由は **CHART 11.1** のように分類することができる。

　そこで，「法律上の減軽」を経て処断刑が形成される場合を具体的にみてみると，例えば，傷害致死罪（205条）の構成要件に該当する行為につき，過剰防衛が成立して「刑の減軽」が認められる場合には（36条2項），その罪の法定刑が「3年以上の有期懲役」であることをもとにして（なお，有期懲役の上限は20年である。⇒③），68条3号に従ってその長期（上限）と短期（下限）をそれぞれ2分の1にすることにより，「1年6月以上10年以下の懲役」という処断刑が形成される。これに対して，「併合罪の加重」を経て処断刑が形成される場合を具体的にみてみると，例えば，詐欺罪（246条）と横領罪（252条）が併合罪となる場合，詐欺罪の法定刑（10年以下の懲役）と横領罪の法定刑（5年以下の懲役）を比較して前者の刑が重いため，前者の刑を加重することになる。すなわち，詐欺罪の法定刑の長期

である10年を1.5倍した15年の懲役が併合罪の刑の長期となるため，「15年以下の懲役」という処断刑が形成される[7]。そして，このように形成された処断刑の枠の中で実際の宣告刑が定められることになる。

被告人に言い渡される刑は必ず執行されるわけではない。その言渡しの際に，ある一定の要件に基づき，その全部の執行を一定の期間，猶予することができる（25条）。これを**刑の全部執行猶予**という。執行猶予の言渡しが取り消されることなく，猶予の期間が経過した場合には，刑の言渡しは効力を失う（26条・26条の2・26条の3・27条）。また，現在においては，**刑の一部執行猶予**制度も導入されている（27条の2〜27条の7）。この制度においては，実刑部分の刑の期間に施設内処遇がなされ，残りの猶予部分の刑における執行猶予期間に保護観察に付することで引き続き社会内処遇がなされることが想定されている。このように施設内処遇と社会内処遇を連携させることによって再犯防止を総合的に図るものと理解されている。

懲役・禁錮に処せられ，実際に刑事施設に収容された場合，その収容期間の満了前[8]であっても，「改悛の情」があるときは，行政官庁の処分によって仮に釈放されることがある。これを**仮釈放**[9]という。仮釈放が取り消されることなく，無事に仮釈放期間（残りの刑の期間）が経過したときは，刑の執行は終了する（以上につき，28条・29条）。仮釈放は，受刑者に対して，仮釈放の取消しという心理的強制を働かせつつ，早期の社会復帰の実現を図る制度とみることができる。

[7] なお，併合罪を構成する罪について定めたそれぞれの刑の長期の合計を超えることはできない（47条但書）。

[8] 有期刑についてはその刑期の3分の1，無期刑については10年を経過していることが前提となる。ただし，無期刑の場合は，10年の経過で仮釈放が認められることはほぼなく，事実上は終身刑化していると指摘されている。

[9] 拘留（⇒③）と労役場留置（⇒④）の場合は，同様のものとして，仮出場の制度がある（30条）。

CHECK

- □ 1 主刑と付加刑の違いは何であろうか。
- □ 2 死刑とはどのような刑罰か。

- □ 3 　懲役・禁錮・拘留はどのような刑罰か。また，それらの違いはどこにあるのか。
- □ 4 　罰金・科料はどのような刑罰か。また，両者の違いはどこにあるのか。
- □ 5 　没収・追徴の対象となる物はどのようなものか。
- □ 6 　刑を適用するための一連の手続はどのようなものか。

事項索引

あ 行

あてはめの錯誤 …………………… 182
安全体制確立義務 ………………… 105
安楽死 ……………………………… 163
生駒トンネル事件 …………… 94, 99
意思的要素 ………………………… 70
一故意犯説 ………………………… 80
一般的正当行為 …………………… 150
一般法 ……………………………… 7
一般予防論 ………………………… 12
違 法 …………………… 4, 24, 111
違法一元論 ………………………… 118
　柔らかな—— …………………… 118
違法性 …………………… 23, 110
　可罰的—— ……………………… 117
違法性阻却事由（正当化事由）… 4, 24, 118
　超法規的—— …………………… 153
違法性の意識 ……………………… 181
違法性の意識の可能性 ……… 20, 181
違法性の意識不要説 ……………… 183
違法性の錯誤（法律の錯誤）… 170, 181
　事実の錯誤と——の区別 ……… 188
違法多元論 ………………………… 118
意味の認識 ………………………… 186
因果関係 …………………… 28, 35, 36
因果関係の錯誤 …………………… 80
因果的共犯論 ……………………… 217
因果の流れ ………………………… 61
陰 謀 ……………………………… 193
応報刑論 …………………………… 11
　相対的—— ……………………… 13
大阪南港事件 ……………………… 49
遅すぎた結果発生 ………………… 81

か 行

概括的故意 ………………………… 71
解 釈
　文理—— ………………………… 20
　目的論的—— …………………… 20
科刑上一罪 …………………… 250, 255
過 失 ……………… 31, 88, 89, 115, 169
　監督—— ………………………… 104
　管理—— ………………………… 104
　構成要件的—— ………………… 31
過失犯 ……………………………… 89
過剰避難 …………………… 139, 148, 190
過剰防衛 …………………… 119, 131, 190
かすがい現象 ……………………… 257
加重主義 …………………………… 258
可罰的違法性 ……………………… 117
仮釈放 ……………………………… 274
科 料 ……………………………… 270
間接正犯 …………………… 214, 219
監督過失 …………………………… 104
観念的競合 ………………………… 256
管理過失 …………………………… 104
危惧感説 …………………… 94, 95, 98
危険共同体の関係 ………………… 140
危険の現実化 ……………………… 37, 47
危険の引受け ……………………… 126, 162
危険犯 ……………………………… 33
旗国主義 …………………………… 262
騎士道事件 ………………………… 136
既遂犯 ……………………… 33, 192
期待可能性 ………………………… 189
規範的障害 ………………………… 220
客体の錯誤 ………………………… 75, 79
客観的違法論 ……………………… 113
客観的未遂論 ……………………… 194, 201
吸収一罪 …………………………… 253
吸収主義 …………………………… 258
急迫性 ……………………………… 123
急迫不正の侵害 …………………… 122

狭義の共犯	215
教　唆	227
――の未遂	227
未遂の――	228
教唆犯	215, 226
共同意思主体説	234
共同正犯	214, 223
過失の――	238
共謀――	225
実行――	223
共罰的事後行為	255
共罰的事前行為	255
共　犯	213, 214
――からの離脱	242
――の錯誤	233
――の従属性	216
過失の――	238
狭義の――	215
広義の――	215
承継的――	240
正犯と――の区別	218
身分犯と――	234
共　謀	223
共謀共同正犯	225
挙動犯	32, 179
緊急行為	150
緊急避難	139, 190
禁　錮	270
偶然防衛	128
具体的事実の錯誤	74
具体的な危険	195, 198
具体的符合説	77, 78
具体的予見可能性説	95, 96, 99, 100
クロロホルム事件	198
経過措置	266
形式的三分説	60
刑事未成年者	170, 173
継続犯	34
刑の一部執行猶予	274
刑の減軽	272

刑の減免	272
刑の全部執行猶予	274
刑の任意的減免	272
刑の廃止	266
刑の必要的減免	272
刑の変更	19, 266
刑の免除	272
刑　罰	7, 268
刑　法	6, 7
――の時間的適用範囲	266
――の場所的適用範囲	261
刑法各則	2, 27
刑法各論	7, 27
刑法総則	2, 7, 27
刑法総論	2, 7, 28
刑法典	7, 261
刑法の謙抑性・補充性	8
結　果	28
結果回避可能性	66, 92, 107
結果回避措置の必要性の認識可能性	
	91, 109
結果回避措置の履行可能性	91, 109
結果行為	175
結果的加重犯	30
結果犯	32, 36
結果無価値論	113, 115, 194
結合犯	241
原因行為	175
原因において自由な行為	175
厳格故意説	183
現在の危難	142, 149
牽連犯	256
故　意	30, 68, 69, 115, 169
構成要件的――	31
未必の――	71
故意犯	69
故意犯処罰の原則	69
行為意思	116, 197
行為計画	197
行為の危険性	47, 51, 197, 201

行為無価値論 …………………113, 115, 194
　　二元的―― ………………………………114
広義の共犯 ……………………………………215
合憲限定解釈 ……………………………………17
構成要件 ………………………………3, 23, 26, 27
　　――の違法推定機能 ………………24, 111
構成要件該当性 ……………………………3, 23, 27
構成要件モデル ………………………………176
構成要件要素 ……………………………………28
　　客観的―― ……………………………………28
　　主観的―― ……………………………………29
拘　留 ……………………………………………270
国外犯 ……………………………………………263
　　公務員の―― …………………………………265
　　国民以外の者の―― …………………………264
　　国民の―― ……………………………………263
　　条約による―― ………………………………265
誤想過剰防衛 ……………………………………135
誤想避難 …………………………………………149
誤想防衛 …………………………………………135
国家保護主義 ……………………………………263
混合的包括一罪 …………………………………254

さ 行

罪刑法定主義 ……………………………………15
最後の手段 ………………………………………8
罪　数 ………………………………………247, 248
作　為 ……………………………………………53
　　――の可能性 …………………………………55
　　――の容易性 …………………………………55
作為義務 …………………………………………55
作為義務違反 ……………………………………55
作為犯 ……………………………………………53
錯　誤
　　あてはめの―― ………………………………182
　　違法性の―― …………………………………181
　　因果関係の―― ………………………………80
　　客体の―― ……………………………………75
　　事実の―― ……………………………………74
　　法益関係的―― ………………………………159

方法の―― …………………………………………75
自救行為 …………………………………………153
死　刑 ……………………………………………269
事実の錯誤 …………………………………74, 185
　　――と違法性の錯誤の区別 …………………188
　　具体的―― ……………………………………74
　　抽象的―― ……………………………………82
　　法律的―― ……………………………………188
自招危難 …………………………………………147
自招侵害 …………………………………………125
実行共同正犯 ……………………………………223
実行行為 …………………………………………28
実行中止 …………………………………………204
実行の着手 ………………………………………195
実行未遂 …………………………………………192
実体的デュー・プロセス ………………………21
質的過剰 …………………………………………132
社会的相当性 ………………120, 151, 152, 156, 162
シャクティパット事件 …………………………53
従犯（幇助犯） ……………………………215, 228
主観的違法要素 ……………………………114, 115
主観的違法論 ……………………………………112
主観的未遂論 ………………………………194, 201
主　刑 ……………………………………………269
準　用 ……………………………………………136
障害未遂 …………………………………………193
条件関係（事実的因果関係） ……………36, 37
条件説 ……………………………………………39
状態犯 ……………………………………………35
条　例 ……………………………………………16
処断刑 ……………………………………………271
白地刑罰法規 ……………………………………16
侵害犯 ……………………………………………33
心神耗弱 …………………………………………171
心神喪失 …………………………………………171
心神喪失者等医療観察法 ………………………173
真正不作為犯 ……………………………………54
信頼の原則 ………………………………………108
推定的同意 ………………………………………161
数故意犯説 ………………………………………80

制御能力	171	注意義務違反	89, 90
制限故意説	183	中止行為	206
正当化事由 →違法性阻却事由		中止犯（中止未遂）	193, 204
正当業務行為	152, 162	抽象的事実の錯誤	82
正当防衛	119	抽象的符合説	83
正　犯	214	懲　役	270
世界主義	265	直接正犯	214
責　任	4, 24, 165, 166	追　徴	271
責任説	185	同意傷害	155
責任阻却事由	25, 168	同意能力	158
責任能力	170	道義的責任論	167
責任無能力者	24	同時存在の原則	174
責任モデル	177	特別刑法	7
責任要件	4, 168	特別法	7
積極的加害意思	124	特別予防論	13
絶対的不定刑	18		
先行行為	63	**な　行**	
宣告刑	271	二元的行為無価値論	114
相当因果関係	37	任意性（中止犯）	209
相当因果関係説	41, 45	認識的要素	70
双方可罰性の要件	264		
遡及処罰の禁止	18, 266	**は　行**	
属人主義		排他的支配（因果経過の支配）	62, 61
消極的――	264	パターナリズム	10, 155
積極的――	264	罰　金	270
即成犯	35	早すぎた構成要件の実現	197
属地主義	261	犯　罪	7
尊厳死	163	犯罪地	262
		犯罪論	7, 22
た　行		犯罪論体系	2, 5
第三者の行為の介入事例	44	反対動機の形成可能性	70, 83
対物防衛	126	判断基底	41, 51, 203
代理処罰主義	264	判　例	19
他行為可能性	167, 169	被害者の行為の介入事例	50
ダートトライアル事件	162	被害者の同意	153
単純一罪	249	錯誤による――	159
単純数罪	258	引受け	63
単独正犯	214	避難意思	144
着手中止	204	避難行為	142, 144
着手未遂	192	非犯罪化	10

付加刑	269
不作為	53
不作為犯	54
真正——	54
不真正——	54
不真正不作為犯	54
不正の侵害	126
不能犯	193, 200
併科主義	258
併合罪	250, 258
米兵ひき逃げ事件	35, 44
遍在説	262
弁識能力	171
防衛意思	127
防衛行為の必要性・相当性	129
法益	8, 32
個人——	8
国家——	8
社会——	8
法益関係的錯誤	159
法益衡量	119, 151, 152
法益の均衡性	146, 148
法益の要保護性	121, 153, 155
法確証の利益	120
包括一罪	250, 252
混合的——	254
法源	19
幇助	229
——の因果性	230
不作為の——	230
片面的——	229
法条競合	85, 249, 251
幇助犯　→従犯	
法定刑	3, 271
法定的符合	76
法定的符合説	76, 80, 83, 102
法の不知	182

方法の錯誤	75, 79
法律主義	15
法律的事実の錯誤	187
法律の委任	16
法律の錯誤　→違法性の錯誤	
法令行為	150
補充性（緊急避難）	145
保障人的地位	56, 104
没収	271
本来的一罪	250

ま 行

未遂	33
未遂犯	33, 116, 191, 192
未必の故意	71
身分	29, 234
身分犯	29, 200, 234
明確性の原則	17
目的	31, 116
目的刑論	12
目的犯	32, 116

や 行

予見可能性	93
因果経過の——	98
具体的結果発生の——	96
結果回避措置を課す前提としての——	95
被害者の——	101
予備	193
予防的責任論	168

ら 行

量的過剰	133
倫理	9, 112
類推解釈の禁止	20
連続犯	254

判例索引

大審院・最高裁判所

大判明 43・10・11 刑録 16 輯 1620 頁 …………………………………117
大連判大 3・5・18 刑録 20 輯 932 頁 ………………………………237
大判大 4・2・10 刑録 21 輯 90 頁 ……………………………………58
大判大 6・9・10 刑録 23 輯 999 頁 …………………………………203
大判大 7・11・16 刑録 24 輯 1352 頁 ………………………………199
大判大 7・12・18 刑録 24 輯 1558 頁 …………………………………59
大判大 11・3・1 刑集 1 巻 99 頁 ………………………………………227
大判大 13・8・5 刑集 3 巻 611 頁 ……………………………………183
大判大 14・1・22 刑集 3 巻 921 頁 ……………………………………229
大判昭 6・12・3 刑集 10 巻 682 頁 ……………………………………171
大判昭 10・10・23 刑集 14 巻 1052 頁 ………………………………253
大判昭 12・6・25 刑集 16 巻 998 頁 …………………………………209
大判昭 12・9・21 刑集 16 巻 1303 頁 …………………………………211
大判昭 12・11・6 大審院裁判例⑾刑 87 頁 …………………………127
大判昭 13・3・11 刑集 17 巻 237 頁 ……………………………………59
最大判昭 23・3・12 刑集 2 巻 3 号 191 頁 …………………………269
最判昭 23・6・22 刑集 2 巻 7 号 694 頁 ……………………………266
最判昭 24・7・23 刑集 3 巻 8 号 1373 頁 …………………………252
最判昭 25・7・6 刑集 4 巻 7 号 1178 頁 ……………………………221
最判昭 25・7・11 刑集 4 巻 7 号 1261 頁 ………………………………86
最大判昭 26・1・17 刑集 5 巻 1 号 20 頁 ……………………………175
最判昭 26・8・17 刑集 5 巻 9 号 1789 頁（無鑑札犬事件）………188
最判昭 27・9・19 刑集 6 巻 8 号 1083 頁 ……………………………234
最決昭 32・9・10 刑集 11 巻 9 号 2202 頁 ……………………………211
最大判昭 32・10・9 刑集 11 巻 10 号 2497 頁 ………………………267
最判昭 32・10・18 刑集 11 巻 10 号 2663 頁 …………………………182
最判昭 32・11・19 刑集 11 巻 12 号 3073 頁 …………………………236
最大判昭 33・5・28 刑集 12 巻 8 号 1718 頁 …………………………225
最判昭 33・9・9 刑集 12 巻 13 号 2882 頁 ……………………………60
最判昭 33・11・21 刑集 12 巻 15 号 3519 頁 …………………………159
最判昭 34・2・5 刑集 13 巻 1 号 1 頁 ………………………………133
最決昭 36・11・21 刑集 15 巻 10 号 1731 頁（心筋梗塞事件）………40
最判昭 37・3・23 刑集 16 巻 3 号 305 頁 ……………………………203
最決昭 40・3・9 刑集 19 巻 2 号 69 頁 ………………………………195
最判昭 41・12・20 刑集 20 巻 10 号 1212 頁 …………………………108

最判昭 42・10・13 刑集 21 巻 8 号 1097 頁	108
最決昭 42・10・24 刑集 21 巻 8 号 1116 頁（米兵ひき逃げ事件）	44, 48
最決昭 43・2・27 刑集 22 巻 2 号 67 頁	177
最判昭 44・12・4 刑集 23 巻 12 号 1573 頁	129
最判昭 45・7・28 刑集 24 巻 7 号 585 頁	196
最判昭 46・11・16 刑集 25 巻 8 号 996 頁	128
最大判昭 49・5・29 刑集 28 巻 4 号 114 頁	256
最大判昭 49・11・6 刑集 28 巻 9 号 393 頁（猿払事件）	16
最大判昭 50・9・10 刑集 29 巻 8 号 489 頁（徳島市公安条例事件）	18
最判昭 50・11・28 刑集 29 巻 10 号 983 頁	128
最決昭 52・7・21 刑集 31 巻 4 号 747 頁	124
最判昭 53・7・28 刑集 32 巻 5 号 1068 頁	77, 80
最決昭 54・3・27 刑集 33 巻 2 号 140 頁	85
最決昭 55・11・13 刑集 34 巻 6 号 396 頁	156
最決昭 58・9・21 刑集 37 巻 7 号 1070 頁	223
最決昭 58・10・26 刑集 37 巻 8 号 1228 頁	262
最決昭 59・7・6 刑集 38 巻 8 号 2793 頁	51
最判昭 60・9・12 刑集 39 巻 6 号 275 頁	128
最大判昭 60・10・23 刑集 39 巻 6 号 413 頁（福岡県青少年保護育成条例事件）	22
最決昭 61・6・9 刑集 40 巻 4 号 269 頁	83
最決昭 62・3・26 刑集 41 巻 2 号 182 頁（騎士道事件）	136
最決昭 62・7・16 刑集 41 巻 5 号 237 頁（百円札模造事件）	184
最決平元・3・4 刑集 43 巻 3 号 262 頁（後部荷台同乗事件）	103
最判平元・11・13 刑集 43 巻 10 号 823 頁	129
最決平元・12・15 刑集 43 巻 13 号 879 頁	66
最決平 2・11・20 刑集 44 巻 8 号 837 頁（大阪南港事件）	49
最決平 5・11・25 刑集 47 巻 9 号 242 頁（ホテル・ニュージャパン事件）	106
最判平 8・2・8 刑集 50 巻 2 号 221 頁	21
最判平 8・11・18 刑集 50 巻 10 号 745 頁	19
最判平 9・6・16 刑集 51 巻 5 号 435 頁	123
最決平 9・10・30 刑集 51 巻 9 号 816 頁	222
最決平 12・12・20 刑集 54 巻 9 号 1095 頁（生駒トンネル事件）	100
最決平 13・10・25 刑集 55 巻 6 号 519 頁	223
最判平 15・1・24 判時 1806 号 157 頁	92
最決平 15・5・1 刑集 57 巻 5 号 507 頁	224
最決平 15・7・16 刑集 57 巻 7 号 950 頁（高速道路侵入事件）	51
最決平 16・1・20 刑集 58 巻 1 号 1 頁	223
最決平 16・2・17 刑集 58 巻 2 号 169 頁	50
最決平 16・3・22 刑集 58 巻 3 号 187 頁（クロロホルム事件）	198
最決平 16・10・19 刑集 58 巻 7 号 645 頁（高速道路停車事件）	50

最決平17・7・4刑集59巻6号403頁（シャクティパット事件）……………………59
最判平20・4・25刑集62巻5号1559頁 ……………………………………………173
最決平20・5・20刑集62巻6号1786頁 ……………………………………………125
最決平20・6・25刑集62巻6号1859頁 ……………………………………………134
最決平21・2・24刑集63巻2号1頁 …………………………………………………134
最決平21・6・30刑集63巻5号475頁…………………………………………………244
最決平21・12・7刑集63巻11号1899頁 ……………………………………………164
最決平24・11・6刑集66巻11号1281頁 ……………………………………………242
最決平28・7・12刑集70巻6号411頁 ………………………………………………239
最決平29・4・26刑集71巻4号275頁 ………………………………………………125
最大判平29・11・29刑集71巻9号467頁 …………………………………………116

高等裁判所

福岡高判昭28・11・10高等裁判所刑事判決特報26号58頁……………………………203
東京高判昭35・2・17下刑集2巻2号133頁…………………………………………58
広島高判昭36・7・10高刑集14巻5号310頁 ………………………………………204
東京高判昭41・10・26刑集21巻8号1123頁（米兵ひき逃げ事件控訴審）…………44
東京高判昭42・6・23刑集22巻2号74頁 …………………………………………177
東京高判昭44・9・17高刑集22巻4号595頁（黒い雪事件）………………………184
大阪高判昭44・10・17判タ244号290頁 ……………………………………………209
東京高判昭45・11・26判タ263号355頁 ……………………………………………147
東京高判昭54・5・15判時937号123頁 ……………………………………………179
大阪高判昭56・9・30高刑集34巻3号385頁 ………………………………………179
東京高判昭60・12・27刑集43巻3号277頁（後部荷台同乗事件控訴審）…………103
東京高判平2・2・21判タ733号232頁………………………………………………231
大阪高判平10・3・25刑集54巻9号1206頁（生駒トンネル事件控訴審）…………99
大阪高判平10・6・24高刑集51巻2号116頁 ………………………………………149
札幌高判平12・3・16判時1711号170頁……………………………………………230
名古屋高判平14・8・29判時1831号158頁…………………………………………245
大阪高判平14・9・4判タ1114号293頁 ……………………………………………138
東京高判平24・12・18判時2212号123頁 …………………………………………143

地方裁判所

東京地判昭40・9・30下刑集7巻9号1828頁 ………………………………………58
前橋地高崎支判昭46・9・17判時646号105頁………………………………………58
松江地判昭51・11・2刑月8巻11＝12号495頁……………………………………243
東京地八王子支判昭57・12・22判タ494号142頁 …………………………………58
仙台地石巻支判昭62・2・18判時1249号145頁……………………………………156

判例索引 ● 283

千葉地判昭 62・9・17 判時 1256 号 3 頁……………………………………………131
横浜地判平 7・3・28 判時 1530 号 28 頁……………………………………………163
大阪地判平 7・10・6 刑集 54 巻 9 号 1125 頁（生駒トンネル事件第一審）…………99
千葉地判平 7・12・13 判時 1565 号 144 頁（ダートトライアル事件）……………162

簡易裁判所

堺簡判昭 61・8・27 判タ 618 号 181 頁 ……………………………………………146

刑法総論
Criminal Law: General Part

2019年11月25日　初版第1刷発行
2024年 8 月 5 日　初版第7刷発行

著　者　内　田　幸　隆
　　　　杉　本　一　敏

発行者　江　草　貞　治

発行所　株式会社　有　斐　閣
　　　　郵便番号 101-0051
　　　　東京都千代田区神田神保町 2-17
　　　　https://www.yuhikaku.co.jp/

印刷・株式会社理想社／製本・牧製本印刷株式会社
Ⓒ 2019, Y. Uchida, K. Sugimoto. Printed in Japan
落丁・乱丁本はお取替えいたします。
★定価はカバーに表示してあります。
ISBN 978-4-641-15065-2

|JCOPY| 本書の無断複写(コピー)は、著作権法上での例外を除き、禁じられています。複写される場合は、そのつど事前に(一社)出版者著作権管理機構(電話03-5244-5088, FAX03-5244-5089, e-mail:info@jcopy.or.jp)の許諾を得てください。